행복은 자연산이 아니라 양식입니다

김기원 지음

좋은 책으로 하나님의 사람을 만들어 가는
엘 맨

행복은 자연산이 아니라 양식입니다

김기원 지음

머리말

기독교 역사는 순교자의 피를 거름으로 하여 부흥해 왔습니다. 선지자의 길은 환영 받는 길이라기보다는 고난 받고, 핍박의 대상, 순교의 대상 1순위입니다.

하나님을 거역하는 나라나 지배자는 결국 다 망하고 말기 때문에 외치고, 경고하고, 권고해야 합니다. 그러나 위험부담과 목숨을 각오해야 될 때가 많습니다.

오늘 한국 교회가 순교할 일은 하지 않는 것이 지혜로운 일인지 저 자신도 혼란스럽습니다. 염려스러운 것은 염소를 보호하려다, 가룟유다의 심장을 상하지 않게 하려다, 가라지를 보호하려다가, 어진 양들, 제자들, 연약한 곡식들이 피해를 볼까하는 것입니다.

이번에 칼럼, 논설, 강론, 특강 등을 모아서 한 권의 책으로 내게 된 것은 그동안 수백 편의 글들을 더 많은 독자들과 나누었으면 하는 의도인 동시에 선조들의 피와 땀과 죽음으로 물려받은 자유 대한민국을 파괴하고자 하는 악한 자들의 계략이 결코 성공하지 못하도록 하는 데 협력해야 하며, 더불어 필자가 외치고 쓴 내용들이 마음대로 말할 수도 없고, 마음대로 쓸 수도 없는 시대가 만일에라도 오지 않게 하고자 하는 한 국민이요, 성직자요, 가정의 호주로서의 몸부림인 것입니다.

오늘 한국 교회는 사도 바울이 분토처럼 버린 것 같이 버리고 이름도 없이 빛도 없이 십자가의 길을 가는 자가 많은가 하면 사도 바울이 버린 것을 마음을 다하고, 뜻을 다하고, 목숨을 다하고, 온갖 정성을 다하여 찾고, 구하고, 두드리고, 보존하고, 자랑하며 살아가는 자들도 점점 증가 되는 느낌입니다. 그렇다면 분명한 것은 순교할 일은 결코 없을 것이며, 성도의 숫자는 줄어들어도 교인들의 숫자는 늘어날 것입니다.

누가 참 선지자의 소리를 듣기 좋아하겠습니까? 하나님은 좋아하시지만 세상은, 세상의 군왕들은 좋아하지 아니합니다. 나라가 무너지면 교회도, 가정도 보존될 수 없는 것이 자명한 사실인데도 땅이 없어도 밭은 있고, 하늘이 없어도 비는 온다는 괴리 속에 입도 벙긋 못하는 벙어리 강단에 임마누엘 싸인이 있을 리가 만무합니다.

평양 대부흥 100주년을 맞이하는 한국 교회는 말씀으로 돌아가는 운동, 회개 운동, 사랑 실천 운동이 호렙산에서 붙었던 불처럼 일어나기를 기대합니다.

30여 년간 글을 쓸 수 있도록 그리고 문서 선교를 중단 없이 계속하도록 인도하신 전능하신 하나님께 감사와 영광을 돌리며, 가족들에게도 언제나 감사한 마음을 가집니다. 또한 언제나 컴퓨터 입력에 수고해 주신 이연희 간사와 출판을 맡아 수고해 주신 엘맨 출판사 이규종 장로님께 감사를 드립니다.

특히 2007년도에 들어와서 10권의 저서를 출판할 계획을 가지고 진행하는 일에 기도해 주시고 앞장서서 협력해 주신 엘림BMS 대표 김영구 장로님과 선교위원회 위원장 조규동 장로님, 문서선교부 김기임 권사님, 윤길순 권사님, 김순희(A), 문미숙 집사님, 강남숙 집사님, 김영자B 집사님, 정춘자 집사님 외 여러분께, 그리고 수많은 기도의 후원자들, 그리고 애독자, 애청자들에게 감사를 드립니다.

2007. 6.

장위동 연구실에서
김기원 목사

차 례

머 리 말 ·· 5
공산주의는 확실히 사단의 작품입니다 ······················ 11
어용 여론에서 여론 무시로 ································· 14
四 無 四 有 ·· 15
『무식충만』이냐? 『작전계획』이냐? ······················ 17
바겐세일을 바겐세일 하는 시대 ····························· 19
문 화 충 돌 ·· 21
명칭 · 지위 사기 홍수시대 ································· 24
구호 사기 선전 사기 ······································· 26
기획혼란과 선동 아이디어 ·································· 29

애국적 색깔론과 반역적 색깔론자 ··························· 31
꼴불견 + 꼴값하다 ··· 33
개가 들어도 운다 ·· 34
마귀가 가장 싫어하는 사람들 ······························· 36
똥 뀐 놈이 성 낸다 ·· 38
갈등을 선동하면 갈등 구조가 된다 ·························· 40
「사기」 전성기가 되지 않도록 ······························ 42
한마디로 「가관」 입니다 ··································· 45
쓴웃음, 비웃음, 코웃음 ····································· 47
이것은 패변입니다 ··· 48

사육이냐? 양육이냐? ······································· 50
공산주의와 기독교는 공존할 수 없다 ······················· 51
"양극화"라는 용어 자체를 사용하지 마십시오 ··············· 53
우리 사회는 양극화가 아닙니다 ····························· 54
우리 사회가 왜 양극화가 심하단 말입니까? ················· 57
정부는 거짓말 양식장(養殖場)인가? ························ 59
"유식이"는 출장가고 "무식이"가 보초 서는 나라 ············ 61

양심에 똥칠한 자가 그리운 시대이다 ·· 62
혼란한 시대의 「올바른 국가관」 ·· 63
우리 민족과 군인이 나아갈 길 ··· 70
『 3가지 평준화의 꿈 』 이루어지면 망하는 꿈이다 ······················· 73
『군대가 살아야 나라가 산다』 ··· 75
『 공산화된 베트남은 사단의 성공 』 ·· 82
아 아 잊으랴! (안보교육 교안) ··· 86
권면(56사단 6.25 상기 구국기도회) ·· 92
『사기 당한 국민들』 ··· 94
『정신감정』 의뢰 ·· 96

『이판사판? 오락가락?』 ·· 97
『양극화』가 아닌데 ·· 99
하나님, 내 사랑하는 조국을 위해 기도합니다 ······························ 101
아! 그리운 똥이여! 보고 싶은 똥이여! ······································ 103
가룟유다의 구제론 ·· 105
농촌에 살고 싶은 나라가 건강한 나라다 ···································· 107
할리우드 액션 Hollywood Action ··· 109
풋것도 필요하고 쉰 것도 필요합니다 ··· 110
세계가 하나님의 이미지가 되는 날까지 ······································ 111
「성공」이 무엇인지 정리도 되지 않은 성공 이야기 ····················· 113

행복 DNA ·· 115
나의 삶이 생방송 되어도 부끄럽지 않기를 ································· 117
영적 산소를 제공하는 작품들이 되기를 ······································ 119
사단 문화와의 전쟁 ··· 120
다같이 체질 개선을 위한 몸부림을 합시다 ································· 122
그 아버지와 그 아들 ·· 124
그 어머니와 그 딸 ··· 125
야곱의 우물 옆에서 목말라 지친 인생 ······································· 126
사단은 안다 ·· 128
배 타고 가다가 배 깎아 먹고 배탈 난 이야기 ····························· 130

사단의 역사 감정법 ··· 132
함량미달 남편, 불량품 주부 ······································ 135
「내 평생소원 이것 뿐」 바리새인 되는 것 ···················· 137
예수님이 좋아하는 교회가 되었으면 ··························· 140
조스코로스와 유우코로스 ·· 142
담백한 사랑 이야기 ··· 144
「예배장사」 연합행사 ··· 145
성령의 기름을 부으소서 ·· 146
문화를 거듭나게 하는 사명자 ····································· 147
하나님께 잘 보이기 위한 몸부림 ································ 157

선택은 자유이지만 결과(열매)는 자유가 아닙니다 ········ 159
Happy Together ··· 164
행복위원회 ··· 167
말의 실수를 점검합시다 ·· 170
그 어머니와 그 아들 ·· 171
신령한 정보 ·· 172
나그네 정신과 떠돌이 정신 ·· 174
멀미가 없는 해가 되었으면 ·· 176
『이미지 메이킹을 합시다』 ··· 177
GMS 국제화 포럼 마무리 기도 ··································· 181

코스모스문예의 브랜드가치를 높이려면 ······················ 183
문화신문에 기대하는 것 ·· 185
부활절 감사 예배 및 예배극 ······································· 186
(사)한국기독교 문화예술총연합회 - 제3회 시상식 - ···· 187
인사말씀(한국기독교 문화예술 대상식) ······················· 189
"Better half in Jesus Christ" ······································ 191
읽을거리 없는 신문을 만드느라 얼마나 수고가 많습니까? ··· 194
청계천이 열리듯이 ·· 196
청계천은 살아났건만 ··· 198
제4회 기독교 문화예술 대상식에 즈음하여! ················· 200

작품의 향기 ·· 201
나의 강단 열두 가지 철학 ·· 203
나의 목회 열두 가지 교훈 ·· 205
나의 리더십 열두 가지 노력 ··· 207
신년에 기대하는 것(기독여성신문) ······································· 209
기독여성신문 창간 2주년을 축하합니다 ······························ 210
격려사(56사단 기도회) ··· 211
「사랑하기 때문에」 사모의 길이 행복합니다 ······················· 213
크리스쳔 공동체 지도자론 ·· 224
『Nominalizm Christian』 (명목상 크리스쳔) ························ 231

예수는 아무나 믿나? ·· 235
주여! 내게 생수를 주옵소서 ·· 238
나를 찾아 감사하라 ·· 240
근심을 끄고 살자 ··· 243
평생 무제한 무료 통화 쿠폰 ·· 246
사랑은 양식(養殖)이다 ·· 252
『보이는 떡과 보이지 않는 떡』 ·· 257
예수님의 눈물과 분노와 스트레스 ·· 259
서로의 의무를 다하는 가정 ·· 265
모범적 신앙 부부 ··· 266

가정을 신앙으로 무장하자 ·· 267
교만을 치유하면 기적이 일어난다 ·· 268
행복은 자연산이 아니라 양식(養殖)하는 것입니다 ················ 273
사람은 거듭나야 된다 ·· 275
기도를 업그레이드하자 ··· 280
성경적 기업 경영의 원리 (1) ··· 284
성경적 기업 경영의 원리 (2) ··· 285
맛있는 직분생활 ··· 289
능력을 발휘하는 성도 ·· 294
인자되신 예수님의 살과 피 ·· 300

공산주의는 확실히 사단의 작품입니다
(요 8:44 참고)

공산주의는 변증법적 유물사관에 의한 혁명 사상으로 무신론이며 반종교적입니다. 공산주의는 사상뿐 아니라 경제적으로도 자본주의와 대립하는 독재 경제조직이며, 정치적으로는 자유민주주의를 부정하는 독재정치형태입니다. 그러기에 정치도 경제도 절대 부정에서 이루어집니다.

독재체제는 체제 자체가 부정으로 이루어지기 때문에 거기에는 정치나 경제, 모든 분야가 부정이라는 용어가 없습니다. 그것은 모든 부분 100%가 부정체제이기 때문입니다.

공산주의 이론의 원천은 마르크스와 엥겔스의 사상이지만 북한의 공산주의는 독일의 헤겔철학도 프랑스의 사회주의 사상도 영국의 데카르트의 경제학 이론도 아닙니다. 본래의 공산주의 사상의 세 종류의 원천과도 거리가 멀다는 것입니다.

북한의 공산주의는 오로지 김일성 주체사상과 우상화(신격화)와 종교화인 세계 유일의 공산주의 체계입니다. 그러므로 과거 구소련의 공산주의나, 중국의 공산주의와도 다른 북한만의 공산주의인 것입니다.

에른스트 트릴치는 예수님의 가르침을 사랑의 공산주의라고 불렀습니다. 모두가 하나님께로 나와서 하나님께로 돌아가듯이 그리고 하나님께서 무상으로 인간에게 주어진 것이기에 공동으로 소유되는 것이라고 했습니다.

그러나 이러한 이론은 그 실현과정에서 독재자의 선전도구에 불과했지, 공동소유보다는 지배자들과 지배 계급층의 세상을 만드는 결과가 되었습니다. 또한 공산주의의 유일의 목적은 계급투쟁으로 자신들이 독재 권력을 완전히 소유하는 그 날까지 반동분자를 처벌하여 프로 독재를 누리는 것입니다. 그래서 인간을 국가의 도구, 독재가의 도구로 만들고 어린아이 때부터 사육하는 것입니다. 그러므로 공산주의는 너무나 확실한 사단의 작품입니다.

1. 공산주의는 가장 잔인한 폭력주의이기에 사단의 속성과 동일합니다.

악의 영이 어두움의 권세를 가지고 잔인하게 역사하듯이, 공산주의자들은 잔인합니다. 사단의 대표적인 속성이 거짓말과 잔혹성입니다.

공산주의는 자본가도 때려잡고, 국가도 전복시켜 계급 없는 사회를 만들어야 된다고 주장하며 노동자 농민의 세상을 만들기 위해서는 거짓말이나 방화, 공개처형을 해도 심지어 부모나 형제까지 고발하고 처형해도 괜찮다고 하는 것입니다.

스탈린은 1936년에서 1938년, 2년 사이에, 10월 혁명 이전에 공산당에 입당한 사람 90%를 죽였고, 그 후에 입당한 사람은 50%, 군장성급은 60%를 처형했다고 했습니다(『Great Terror』란 책에서). 그리고 비밀경찰 두목 에조프가 스탈린에게 바친 사형자 명단이 책으로 383권인데 모두 4,500만 명을 죽였다고 했습니다.

모택동은 공산혁명 핑계로 6,300만 명을 죽였습니다. 공산주의는 가장 잔인한 폭력주의요 인권말살주의이기에 사단의 작품입니다.

2. 공산주의는 종교말살과 무신론 사상이기에 사단의 작품입니다.

공산주의에서는 종교는 인간이 만든 것이고, 인간이 하나님을 만들어 섬긴다는 것입니다. 특히 교회는 노동자 농민의 원수이기 때문에 교회를 먼저 파괴하고 없애야 한다고 주장하고 있습니다. 공산주의 국가에는 교회가 없습니다. 한 두 개 있는 것은 공산당의 통제를 받는 전시용인 것입니다. 그리고 공산혁명을 일으키면서 교회를 불사르고, 신자들을 가장 잔인한 방법으로 죽였던 것입니다.

공산주의는 하나님을 대적하는 사상이기에 사단의 사상이요, 사단의 작품입니다. 후르시쵸프는 그가 서기장이 된 다음에 공포하기를 3년 안에 크리스천을 다 말살한 후 마지막 한 사람 남은 것을 전국에 TV에 보인 후 처치하여 크리스천들 씨를 말려버리겠다고 공포했는데 그 안에 자기가 먼저 죽어버렸습니다.

만일 공산주의자가 하나님을 믿는다면 그는 가짜 공산주의자이거나, 가짜로 하나님을 믿거나 둘 중의 하나입니다.

3. 공산주의는 영혼의 존재를 인정하지 않는 유물주의 사상이기에 사단의 작품입니다.

공산주의는 영혼의 존재나 가치뿐 아니라 정신의 가치도 인정하지 않습니다. 인간을 물질로 구성된 고기 덩어리로 본다는 것입니다. 사단은 절대 인간의 가치를 인정하지 않습니다. 사단의 자비, 인자를 보았습니까? 그러기에 사람 죽이는 것을 짐승 죽이는 것과 하나도 다름이 없습니다.

유물론은 보이지 않는 것의 존재를 인정하지 않습니다. 그러기에 사단의 작품입니다.

4. 공산주의는 거짓과 불가능한 이론으로 사람을 유혹하여 망하도록 만들기 때문에 사단의 속성입니다.

공산주의 경제관은 망할 수밖에 없는 경제관입니다. 공산주의의 모든 경제는 독재자 일인 개인용입니다. 독재 권력으로 있는 자의 것을 빼앗아 자신들이 삼킵니다. 이것이 바로 사단의 전법입니다.

크리스천이 사단의 전법을 따르고 사단의 사상을 따른다면 그는 이미 그리스도인이 아닌 것입니다. 공산주의는 확실히 사단의 작품입니다. 그러기에 망하고, 실패하고야 맙니다. 저주받고야 맙니다.

어용 여론에서 여론 무시로

한때는 여론을 앞세워 정책의 옳고 그름을 드러내고, 국민의 공감대를 얻으려고 했습니다. 그러다 보니 나중에는 어용 여론 기관까지 생기게 되고, 여론을 조작해 주기도 했습니다. 그러나 지금은 그렇게 앞세우던 여론도 거의 무시되는 것 같습니다. 거의 무시란 표현 보다 완전 무시되는 것이 아닌가 싶습니다.

이유인즉, 여러 기관에서 신문이나 여러 매체를 통해 여론 수치가 발표되었고, 청와대에서 여론 조사 전문 기관을 의뢰해 실시한 여론 조사가 2005년도에는 99회였고, 2006년도 9월 까지는 85회였다고 합니다.

그리고 용역비도 20억 1천만 원이라고 하는데, 그것이 전혀 반영되지 않는 여론 실태 파악으로 끝나는 여론 조사였다는 사실입니다. 10% 초반에 머물고 있는 대통령 지지율도 알 것인데, 이렇게 민심과 역주행 하고 있으니 어용 여론보다 더 무서운 것이 여론 무시라고 할 수 있습니다.

누가 뭐래도 민주주의는 퇴보하고 있고, 법도 질서도 편리에 따라 적용도 되고, 무시도 되는 현실을 걱정하지 않을 수 없습니다.

선동적인 여론에 이용당하는 민중의 소리도 어리석은 결과를 가져오지만, 국민의 여론을 무시하는 집권자들의 오기는 더 무섭고 불안하며 「국민 해 먹기 힘드는 나라」로 만들어 가는 것입니다.

지금 해외로 나가는 기업이 세계적인 비전을 가지고 나가느냐? 너무나 힘드니까 도피성이냐? 기러기 아빠가 10만 명이 넘어서는 서글픈 저들의 생활이 왜 일어나고 있는지를 한번쯤은 생각해 주었으면 합니다.

더 이상 여론 무시가 되지 않는 나라가 되고, 시대가 되도록 했으면 합니다. 그래서 여론의 수치가 점점 올라가서 백성들에게 인정받는 지도자가 되고, 정부가 되었으면 합니다.

지금 백성들은 너무 지쳐 있고, 머리는 혼란스럽습니다. 백성을 조금이라도 생각하는 마음이 있었으면 합니다.

四無四有

　세상에는 있어야 할 것은 없고, 없어야 할 것은 있는 경우가 많습니다. 그러기에 세상이기도 합니다. 그러나 인간이 시대와 세상을 잘 다스리고 지혜롭게 관리하면 없어야 할 것이 줄어들고, 있어야 할 것이 많아지는 것입니다. 그동안 우리나라가 이룬 경제적 발전과 민주주의의 발전은 세계에 유래가 없는 역사와 현실이었습니다. 세계가 200년 걸린 경제 발전을 우리는 37년 만에 이루었고 모든 면에 획기적인 변화를 가져왔습니다. 그러나 최근에 들어 모든 면에 퇴보가 아닌 추락 상태에 있습니다. 이것은 필자의 부정적인 시각이 아닌 사실이요, 현실이요, 체감입니다. 적어도 80%이상이 느끼는 공감입니다.

4무(四無)는

① 국민이 없는 정치입니다.
　국민의 생각이나 고통을 외면, 무시하는 정치입니다. 사실이 아니라고 하더라도 결과는 그렇습니다.

② 여론이 없는 정치입니다.
　5.31선거나 10.25선거의 몰패가 바로 국민의 정부에 대한 여론인데 여론을 100% 무시합니다. 그러니까 여론은 없습니다.

③ 잘한 것이 없습니다.
　골고루 못하고 있습니다. 어느 하나 전진한 것이 없습니다. 권력의 손 안에서 터지자 아무리 싸매려고 해도 엄청난 것이 터져 나오니 권력이 넘어갔을 때를 상상해 볼 수 있습니다.

④ 미래가 없습니다.
　과거에 매달려 있고, 퇴보를 연구하는 느낌입니다.

4유(四有)는

① 코드가 있습니다.
자나 깨나 코드 인사입니다. 예를 들면 동장 투표에 떨어진 사람을 장관에 기용합니다. 코드 인사 외에는 사람이 없습니다. 오직 코-드만 있습니다.

② 간첩이 있습니다.
간첩 전성시대입니다. 간첩이 대모하는 세상이 되었습니다. 역적 역사관이 옳다고 생각하도록 하는 시대입니다.

③ 과거만 있습니다.
캐캐묵은 것 캐내어 뒤집어 버립니다. 과거의 잘못도 있겠지만 잘한 것이 더 많았기에 이만큼 온 것 아니겠습니까?

④ 오직 퇴보만 있습니다.
정치, 경제, 교육, 문화, 예술, 골고루 다방면에 퇴보입니다.

필자는 그 어느 당도 아니며, 정치적 야망이라고는 1%도 없습니다.

다만, 나라를 사랑하는 국민의 한사람이요, 무신론, 유물주의는 철저히 패가망신 한다는 사실을 역사적으로 배워 알고 있는 한 사람일 뿐입니다. 국가의 정체성을 흔드는 망국 정치인이 사라질 때 이 나라는 다시 일어설 것입니다.

『무식충만』이냐? 『작전계획』이냐?

요즈음 계속 「양극화」 극복이니, 「양극화」 심각하다느니 강남과 강북을 비교하고, 부자와 가난한 자를 비교하고, 온갖 통계와 수치를 발표하면서 「양극화」를 해결해야 된다고 방송, 신문, 인터넷 등에서 떠들어대고 있습니다.

정말 한심하기 짝이 없고, 「좌파정권」의 작전에 이용당하고 있는 사실을 모르고 있는 「무지 충만」 「무식 충만」에 가슴 치지 않을 수 없습니다.

「양극화」는 이념 용어이지, 경제 용어도, 사회 전반에 사용할 수 있는 용어가 아니라고 생각합니다. 공산화시키는 과정에 언제나 예외 없이 써먹었던 무기이라는 사실을 모르고 이용당하거나, 자기도 모르는 사이에 세뇌 및 오염되고 있으니 한심하고 답답한 심정입니다.

언제나 공산화 과정에 사용하는 교과서가 「갈등구조」를 만들고 「양극화」를 세뇌시켜 적대감을 부추기고 「부정부패」를 물고 늘어짐으로, 개혁의 목적이 아닌 공산화시키는 도구로 사용했던 것입니다. 소수의 부정을 전체의 부정으로 선동하고, 사람들의 뇌를 죽이고 감정적 도구로 만들어 선동, 선전에 동요되도록 하는 일이나, 청년들의 타락을 부추겨 거기에 빠지도록 만들어 비전이나 꿈을 상실하도록 만드는 일이나(바다이야기) 모두가 공산화 프로그램에 일종인 것입니다.

지금까지 「실미도」나 「동막골」, 「태극기 휘날리며,」 「괴물」 그 외에도 무수한 영화나 사극들이 반미와 좌파사상을 가미시켜 국가 정체성과 역사관을 바꾸고자 하는 의도가 충분한 간교한 목적이 있는 작품이 아닌 「선전물」이었다는 사실을 모르는 자들이 얼마나 많은지 정말 통탄할 일입니다.

심지어 기독교 TV에까지 「양극화 극복」이라는 프로그램을 만들어 내보내고 있으니 이만저만 무식이 아닌 「무식 충만」이 아닐 수 없고 공산화의 도구화되고 있다는 사실을 알아야 합니다.

양극화는 공산주의 민주주의 외에는 없습니다.

빈부의 격차, 수준의 격차, 실력의 격차를 양극화라고 한다면, 남자와 여자도 양극화요, 발과 손도 양극화요, 소나무와 풀도 양극화요, 고래와 멸치도 양극화요, 키 큰 사람과 키 작은 사람도 양극화요, 장교와 사병이 양극화요, 기업주와 사원이 양극화요, 교수와 학생이 양극화요, 양극화가 아닌 것이 어디 있습니까?

상인과 농민이 양극화라면 장사하는 사람 없이 농민이 살 수 있으며, 농민 없이 상인이 살 수 있느냐는 것입니다.

성경에도 다섯 달란트 주고, 두 달란트 주고, 한 달란트를 종에게 맡긴 비유가 있는데 이것도 주인이 양극화시켰다고 하겠느냐는 것입니다.

내부를 분열시켜 국민의 마음, 가족 간의 마음을 찢어 놓고, 불만 조성하여 공산화 무적을 달성코자 하는 사단의 종들의 작전이요, 사악한 계략이 있음을 알아야 합니다.

그러므로 「양극화」라는 용어 자체를 사용하지 말아야 하고, 무지해서 이용당하지 말고, 사기 전술이 완전히 실패하도록 해야 합니다.

바겐세일을 바겐세일 하는 시대

최근에 그 어느 때 보다, 백화점이나 상점마다 바겐세일이 많습니다. 어떤 경우는 좀 부풀려서 말하면 365일 바겐세일을 하고 있습니다.

이것은 사업의 불경기가 심하다는 증거이기도 하고 그래서 재고 상품을 처분하는 수단이기도 합니다.

바겐세일이 많으면 서민에게는 유행되는 옷을 제때는 사 입지 못했으나, 늦게라도 사 입을 수 있는 기회가 주어진 것은 좋지만, 아무리 바겐세일을 해도 형편이 여의치 않는 경우는 아무런 의미도 없는 것입니다.

그러나 이유 여하를 막론하고, 바겐세일이 많은 것은 좋은 현상이 아닌 것입니다. 진짜 바겐세일은 비싸게 팔아도 얼마든지 팔 수 있는데, 소비자들에 대한 보답으로 일정기간 싸게 구입할 수 있는 기회를 주므로 그동안 판매 되었던 많은 수입의 일부를 소비자들과 나눈다는 의미가 되어야 하는 것입니다. 오늘날 바겐세일 홍수는 그런 차원이 아닌 것이 분명합니다.

저는 오늘 백화점이나, 여러 상가에 상품들을 바겐세일 하는 것을 논하고자 하는 것이 아니라, 정계에도, 종교계에도, 그 외에 여러 분야에 바겐세일 홍수 시대라는 것입니다.

얼마나 인물이 귀했으면 어제 그저께 특사로 풀려난 정범자를 당장 사면에다 복권까지 시키고, 좌경화된 자들이 신성하고도, 나라의 미래를 결정하는 교육 분야에 우후죽순으로 깔려 있느냐는 것입니다.

게다가 간첩, 이념활동(좌경)을 학문 연구라고 말도 안 되는 소리를 하는 지도자(악한)들이 없나, 실력도, 경험도 없는 자들을 마구잡이로 곳곳에 낙하시켜 즉, 비전문가일지라도 코드인사들을 막무가내로 배치시키는 것은 정말 인사 바겐세일인 것입니다.

나라의 장래와 운명을 결정하는 자리에 수많은 경험자와 실력자들을 폐품처리하고 실력과 경험과 자격에 있어서는 머리에 쇠똥도 마르지 않은 자들을 투입시키는 것은 괴상한 바겐세일인 것입니다.

그뿐 아닙니다. 필자가 더 말하고 싶은 것은 종교계의 바겐세일입니다. 타종교에 대해서는 무관심하고, 잘 모르니까 말할 수 없고 기독교에 목사 안수를 바겐세일 하는 교단 또는 신학교가 적지 않습니다.

일정한 기간의 훈련과 과정도 없이, 사명이란 미명하에 아니 그것보다는 신학교 운영난 해소와 교단 부풀리기를 위해 그 거룩하고도 중요한 사명직을 바겐세일 하니, 그 바겐세일의 혜택을 받는 자들이 어찌 올바른 사명 완수 가능하겠느냐는 것입니다.

구원의 은총은 바겐세일이 아닙니다. 예수님은 제자양육을 바겐세일 하지 않았습니다. 하나님께서 선지자를 부르시고 세우실 때 바겐세일 하지 아니하셨습니다.

하룻밤에 자란 콩나물이 기둥감이 되고, 새들이 깃들일 수 있는 나무가 되겠습니까? 그리고 말하기도 싫은 바겐세일이 적지 않습니다.

교회마다 직분을 바겐세일 하는 경우도 점점 많아지고 있습니다. 신문에 수십, 수백의 임직자 명단을 보면서 그럴 필요가 있느냐는 생각과 함께 직분이 바겐세일 되지 않았으면 하는 마음입니다.

오늘날 한국 교회의 문제의 핵심 중 하나는 교회의 직분이 직권화되고, 또 직분을 바겐세일 했기 때문입니다. 맡은 직분과 믿음이 비례해야 되는데, 직분은 큰데 믿음이 적은데서 오는 문제인 것입니다.

믿음이 커야 될 위치에 있는데, 믿음이 적은 것은 책망의 대상이요, 문제의 핵심이 되는 것입니다. 모래 위에 세운 집은 넘어지는 법입니다. 교회가 약할수록, 경쟁이 심할수록 바겐세일이 심할 수 있는 것입니다.

오늘날 영적 경기 불황으로 직분 바겐세일이 심해지고 있는 것이 아닌가 생각합니다. 믿음의 실력, 봉사의 실력, 인격의 실력이 갖추어진 자들이 일군이 될 때 교회는 든든히 세워져 갈 수 있는 것입니다.

바겐세일 홍수시대, 바겐세일을 바겐세일 하는 불황과 혼란이 없었으면 합니다.

문화충돌
(요 8:47)

인간은 문화를 떠나서 살거나, 문화를 외면 또는 무시하고는 살 수 없습니다. 산다는 그 자체가 문화영역입니다. 하나님께서 창조하신 우주 만물 속에, 그리고 인간이 살아가고 있는 모든 피조 세계가 모두 문화 영역인 것입니다.

그러므로 사람이 거듭나면 문화도 거듭나게 되고, 모든 문화 영역이 선하게 사용되지만, 사람이 거듭나지 않으면 모든 문화 영역도 타락내지 악하게 사용될 수 있는 것입니다.

예를 들면 주방에서 사용되는 칼 한 자루만 하더라도 옛날(구석기시대, 신석기시대)보다는 많은 발달을 가져왔습니다. 그러나 그 칼이 강도의 손에 들려 질 때는, 가정주부가 주방에서 음식을 맛있게 장만하는 도구가 아니라 살인 무기가 되는 것입니다.

하나님께서 인간을 구원하신 방법도 그리스도가 인간과 같은 방법으로 이 땅에 성육신 하신 것입니다. 그것은 하나님의 인간을 구원하시는 방법이 인간 문화 수준에 맞게 눈높이를 맞추신 것입니다. 그러므로 진리나 복음은 절대적이지만 문화는 역사적이고 상대적입니다.

그런데 오늘 우리가 사는 세상은 그 어느 때 보다 문화 충돌이 심하다고 생각합니다. 타문화권과의 문화의 차이 내지 충돌은 필연적인 사실이지만, 지금 논하고자 하는 것은 한 나라에서 그것도 국토의 크기를 따질 때, 아주 작은 나라 중에 한 나라인 우리나라 속에서 기성세대와 청소년세대, 민주주의와 공산주의, 그리고 여러 분야에서 문화충돌이 심각한 지경에까지 이르렀다고 볼 수 있습니다.

어른들의 중요한 얘기가 청소년들에게는 전혀 중요하지 않으며, 좌경사상

자들의 정치, 경제, 문화 모든 영역의 생각이 일반인들의 사상과는 문자 그대로 양극화 현상인 것입니다(양극화는 이념용어지, 경제나 다른 영역에 사용되는 용어가 아니라고 생각함-필자의 의견).

트롯도 음악과 락, 또는 발라드풍의 음악과는 너무나 차이가 많습니다. 기성세대는 부를 수도 없고, 재미도 느끼지 못하는 정도의 차이입니다. 그리고 요즈음 청소년들이 마구 만들어내는 신종어를 기성세대가 어떻게 알 수 있으며, 국가의 정체성, 결혼관, 가치관, 도덕관이 추돌이 아닌 충돌의 상태에 있다고 해도 과언이 아닙니다.

오늘날 사악법이라고 말하기도 하는 사학법이 사학의 기본 정신을 송두리째 파괴해 버리는 충돌은 사회주의 문화와 교육제도와 민주주의의 문화와 교육제도 간의 충돌이 일어나지 않을 수 없는 법인 것입니다.

우리는 미신 문화와 반기독교적인 문화를 어떻게 하면 예수 그리스도의 복음인 믿음, 소망, 사랑의 문화로 적극적으로 변화되고, 거듭나게 할까 하는 것이 기독교 문화인들의 사명이요, 문화 사역의 본질이 되어야 합니다.

하나님의 사랑의 복음이 그 시대의 문화와 언어로 전달되어야 하는데, 오늘처럼 문화의 충돌이 심한 현실에서 그 해결점을 찾아야 합니다. 기독교 문화는 하나님의 사랑의 복음을 바탕으로 한 하나님이 창조하신 본래 인간으로 회복되는 것이 목표인데 이것이 바로 예수 그리스도의 성육신으로 통해 이루어 놓으신 인간 구속을 통한 구원 역사인 것입니다. 그리고 구원받은 자들을 통해 삶에 적용되는 하나님 사랑, 이웃 사랑이 바로 기독교 문화라고 할 수 있습니다.

오늘날 비기독교 문화와 무신론 유물주의 문화는 구별되어야 합니다. 즉, 비기독교 문화는 예수 그리스도의 이름으로 구속되고 거듭나게 해야 하지만, 우상이나, 공산주의 문화는 반기독교 문화요, 적그리스도 문화이기에 타협의 여지가 있을 수 없고, 성령의 능력으로 완전 폐기 처분해야 합니다.

문화 충돌은 문화추돌과 문화 추월과는 다른 차원이며, 다른 문화들을 상대적으로 존중해 주고, 선교의 유용한 도구로 사용되는 차원의 문화와는 다른 것입니다.

지금 우리나라는 기독교 인구의 증가는 세계 기독교 역사상 유래 없는 발전을 가져 왔지만, 기독교 문화 정착에는 실패했다고 해도 과언이 아닙니다. 사회는 그렇다 치더라도, 교회마저도 기독교 문화가 아닌 요소가 너무나 많기에 이제부터라도 크냐, 작으냐, 많으냐, 적으냐 이전에 옳은 것인가, 틀린 것인가에 더 관심을 가져야 될 것입니다.

성전은 기도하는 집인데, 영성 상품 성전으로 전락한 결과 돌 하나도 돌 위에 남지 않는 결과를 가져왔다는 사실을 기억하며, 기독교 문화 정착에 성령의 도우심을 구하며 힘을 쏟아야 합니다. 그리고 부언할 것은 사단은 거듭날 수 없기에, 악령과 성령은 예수님 심판 때까지 충돌합니다. 말씀과 기도, 감사와 찬양은 충돌할 수 없지만 기도와 염불은 충돌이 불가피하며, 진리와 거짓, 참 신과 우상도 충돌이 불가피하므로, 그 소속된 문화와의 충돌도 필수적이므로 지혜롭게 대처하고 이겨내야 할 과제입니다.

명칭·지위 사기 홍수시대

"명칭"이나 "지위"를 사칭하는 조직이나 지위를 고발합니다. 이 고발은 합의에 의해 취소할 길이 있습니다. 그 합의는 다시는 그런 사기를 하지 않겠다고 하나님께 회개하는 것입니다.

그것은 "세계"라는 명칭입니다.

세계는 200개국이 넘습니다. 그런데 세계의 대표나 그 일에 관심을 가지고 있는 자들의 모임인양 "세계"란 용어를 붙이고 있는데, 알고 보니 가까운 일본 사람 한 사람도 거기에 동참하지 않는 한국 사람 몇 명만의 조직이라는 사실입니다. 이것은 용어 사기요, 언어 사기입니다. 그러고도 하나님 앞이나 교계 앞에 양심의 가책이 없다면 할 말이 없습니다.

물론, 할 말은 있을 것입니다. 세계 복음화의 비전을 가지고 출발했다느니, 하나님은 시작은 미약하나 창대케 해 주시고, 능치 못하신 일이 없다면 할 말이 없습니다. 그런데 "세계"란 말이 너무 많습니다. 그리고 모두 유사한 단체, 유사한 조직입니다.

만일, 불신 단체나 교회를 모르는 자들이, 세계란 말을 보고 기대하고 왔다가 크게 실망하고, 그 다음에 미칠 역기능을 생각해야 합니다. 목사인 저도 아는 분의 간절한 권유로 갔다가 창피해서 어쩔 줄 몰랐던 경험이 있기 때문입니다. 설립 총회를 한다고 고문이 누구 누구이고 해서 거절 못해 갔더니 14명이 모였는데, 12명이 이제 겨우 개척해서 열심히 자립을 꿈꾸는 멤버들이었습니다. 해도 해도 너무하다는 맘으로 돌아왔고, 그 다음부터는 안 나가기로, 그래서 사기 당하지 않기로 굳게 결심했습니다. 그 시간에 기도하고 원고를 썼다면 몇 편이나 나올 수 있는 시간을 허비한 것입니다.

그 다음 "총재"라는 용어입니다.

우리나라에서는 그동안 한국은행, 산업은행, 적십자사의 대표직을 총재라고 했습니다. 그런데, 요즈음 교계 총재 홍수시대입니다. 그것도 그만한 거대한 조직이면 몰라도 총재가 연간 선교비 몇 백도 내기도 힘들고, 몇 사람 모여서 총재조직을 만드는 것은 바람직하지 않다고 봅니다. 명예에 환장하면 앞뒤도 안 보이는 경우가 있겠지만, 너무 유명무실한 조직에 사기당할 수 있다는 사실입니다.

최근에 교계 지도자 모임에 가서 이런 얘기를 들었습니다. 어떤 분이 천국을 구경하고 왔는데, 그 중에 신기하고 놀란 것은 예수님이 천국 문에서 세계 각국에서 오는 자들을 일일이 악수하며 일어서서 칭찬하고 환영하는데, 한국의 지도자들이 오니까 앉아서 맞이하더랍니다. 그래서 "예수님 천국도 인종차별합니까?" 물으니까 "그런 것이 아니고, 내가 일어서서 맞이하면 얼른 내 자리에 한국의 목사들이 앉아 버릴까봐 내 자리 안 빼앗기려고 그런다"고 했답니다.

물론, 누가 지어낸 얘기지만 웃고 넘길 말이 아닌 줄 압니다. 그래서 좌우지간 천국은 가기는 가는구나 하고 예정교리 앞세워 위로 받으려고 하지 말고, 지도자가 살아야 교회가 살고, 교회가 살아야 나라가 살기에 이제 "명칭 사기" "지위 사기" 그만하고, 교계 신문사도 아무리 경영이 어려워도 광고비 낸다고 무조건 실어 주는 일은 절제했으면 합니다.

우리 코스모스 문예인들은 대단하지 않아도, 크지 않아도, 많지 않아도, 진실하게, 그리고 성실하게 살아가는 모습 그대로 보여 지기를 원합니다.

구호 사기 선전 사기

공산정권은 구호와 이론은 천국이고, 현실은 지옥입니다. 구호는 인민을 위한다면서, 현실은 인민을 독재자들의 소모품으로 취급하고 있습니다.

현재 좌파 정권의 두드러진 구호사기와 선전사기는

1. 개혁사기입니다.

본래부터 개혁의 의지가 있는 것이 아니라 정권 쟁탈 및 유지의 수단이었습니다. 개혁, 개혁 부르짖으면서 국민들에게 기대감을 심어 놓고는 정권을 쟁취하자마자-(쟁취라고 하는 이유는 방송 및 온갖 수단 방법이 다 동원되었고, 계획에도, 법에도 없던 전자 개표를 했기 때문입니다)-무개혁, 반개혁 정책으로 일관했습니다. 개혁은 발전과 안정, 부강을 위한 것이지 퇴보와 불안(무능과 실패)을 위한 것이 아닌 것입니다.

그러므로 모두가 찬란한 구호일 뿐, 개혁 실천의 의지는 어리석은 추종자들의 헛수고에 불과했습니다. 개혁의 의지가 단 1%라도 있었다면, 수많은 대형 게이트가 제대로 수사도 되지 않고 있으며 "바다이야기" 같은 일이 벌어질 수 있느냐는 사실입니다.

2. 작은 정부라고 선전하면서, 큰 정부 아니 어마어마하게 큰 정부, 수만 명의 공무원을 증가시키고, 위원회 조직으로 대통령 주변을 방어하고 있지 않습니까?

작은 정부가 위원회 풍년을 만들고, 국가의 돈을 마구잡이로 효과도 없는 해외 순방에 뿌리고 다니겠습니까? 아시다시피 온갖 위원회를 만들어 코드 인사를 투입시키는 자리를 만들지 않았습니까?

작은 정부라는 구호와 선전은, 방송과 공모한 철저하고도 계획적인 사기라고 생각합니다.

3. 인권 부르짖으며 비인격 정책 실현을 자행하는 사기 정책이 노출되고 있습니다.

인권은 자기들의 입맛에 맞는 인권이지 세계에서 2등 가라라면 서럽다는 북한의 참상과 인권에 대해, 종교 탄압과 처형 정치범 수용소의 참사에 대해서는 입도 뻥긋하지 않고 있지 않습니까?

인권은 간첩활동과 비전향 장기수, 국가 붕괴 조직에게 자유를 주는 인권에 불과하다고 생각합니다. 이것은 공개적인 사기 행각, 권력의 비호를 받는 사기 조직입니다. 인권위원회는 정말 웃기는 위원회요, 양심에 철판을 깐 위원회입니다.

4. 낡아 빠진 이념, 철저한 이념 코-드, 이념 정책, 이념 선전에 몰두하는 사기를 벌이고 있습니다.

「태극기 휘날리며」「동막골」「실미도」「괴물」 모두 반미 정서를 교묘히 투입 시켰고, 역사와 진실을 왜곡 또는 부정적으로 비판하는 고단수의 사기 전술이요, 정책하수인 역할인 것입니다.

방송은 국가를 파괴하면서 은근히 북한 정권의 정통성을 내비춰고, 전교조는 거짓말로 6.25를 북침으로 철없는 학생들에게 학습시키며 북한 찬양을 유도하고, 북한이 합법적인 정부도 아니고 김일성 부자의 개인 소유물에 불과한데도, 김일성 유일사상을 찬양하고, 가르치고, 선전하는 일에 열중하고 있으니 이 또한 사기 전술이 아니고 무엇이겠습니까?

5. 민주화, 민주화 부르짖으며 독재 정권 방법을 선택하고, 도와주고 따르는 것은 사기 행각이 체질화된 증거인 것입니다.

민주화의 의지가 있다면 5.31 국민의 뜻을 그렇게 묵살하고, 계속 막무가내로 밀어붙이는 사학법이나, 작통권, 그리고 완패에 대해 희한한 해석을 하지 않을 것입니다. 또한 "배딴다"는 말이나 철저한 코-드인사, 자기들의 복

제품만 자리에 앉히고, 진짜 여론이나 국민의 함성에 귀를 막고 밀고 나가는 것이 무슨 민주주의이고, 민주화입니까?

민주화라는 구호와 선전은 사기 중 사기요, 개가 들어도 웃기는 구호와 선전이 아닐 수 없습니다.

6. 부패정권 질타하면서 부패산업 정당화 시키고, 온갖 부정사건(게이트)을 힘으로 묻어 버리는 모순을 서슴없이 강행하는 사기에 백성들의 정신세계는 무엇이 선이고, 무엇이 악이며, 질서와 무질서의 경계가 무너지고, 판단과 선악의 혼란 속에 국민의 정신과 정서는 독한 감기약에 취한 것처럼 혼미해지고 있습니다.

이것이 기획 혼란이 아니고 무엇이겠습니까? 갈등, 혼란, 양극화 조성은 공산화시키는 과정에 만들어내는 작품이요, 프로그램이었던 것입니다. 과거에도 공산화 과정에 똑같이 써먹었던 방법입니다.

지금 우리는 1% 사학비리 때문에 99%를 다 비리사학으로 사로잡아 좌경꾼의 손아귀에 넣으려고 하고 있고, 1%의 부동산 투기업자 잡기 위해 99%를 희생시키는 현정권의 정책, 이대로 두고만 있어도 되는 것인지, 정말 안타까울 뿐입니다.

앞으로도, 계획된 사기가 그리고 바다이야기가 터지고, 해외 밀반출된 돈이 양심선언을 통해 터져 나오듯이 터져 나올 것이 뻔합니다. 구호사기, 선동 아이디어, 이벤트 사기 선동에 속지 말고, 사기꾼들이 발붙일 곳이 없는 세상을 만들어야 발전과 부강이 따를 것입니다.

사기 정책이 망해야 나라가 삽니다. 성실한 사람이 잘 사는 사회가 되어야 하고, 노력하는 자들이 잘 사는 국가가 되어야 합니다.

기획혼란과 선동 아이디어

요즈음 아니 최근 몇 년간 국민이 가장 많이 느낀 것은, 그것이 지식층이나 판단이 빠른 사람일수록 더욱 더 혼란을 체감하는 것입니다. 경제가 어렵고, 삶이 고달픈 것은 물론이고 그것보다 더한 것은 혼란스럽다는 것입니다.

무엇보다 국가 정체성이 흔들리고, 정치가 혼란스럽고 경제나 교육, 문화, 가치기준과 판단이 혼란스럽다는 것입니다. 심지어 군인들까지도 누가 주적인지 혼란스럽습니다. 이것은 현 정부가 만들어낸 기획혼란처럼 보이는 것으로 얼마든지 막을 수 있는 혼란을 이벤트 식으로 만들어내기 때문입니다.

정책의 혼란은 물론이고, 교육의 혼란은 온 백성이 다 알고 느끼는 혼란입니다. 경제정책, 부동산정책, 어느 하나 혼란을 일으키지 않은 것이 있으면 말해 보라고 말하고 싶은 것이 백성들의 심정입니다. 게다가 누가 죄인이며 누가 의인인지, 똑똑한 사람은 죄인이고, 어리석은 사람이 선한 사람인지, 어디까지가 노동자이고 착취자의 기준은 어디에 두고 있는지, 경찰과 군인이 소요 사태를 일으키는 자들에게 맞고 가만있으면서 진압하라고 합니다. 어느 역사가 바른 역사이며, 인권의 잣대와 기준의 적용이 사람마다 다른지, 국가의 돈을 통째로 비자금으로 먹는 것은 죄가 아니고, 기업의 돈을 받은 것은 죄인이고, 어디 혼란한 것이 한 두 가지이겠습니까? 게다가 한 두 사람의 부정이 그 분야의 전체의 부정인냥 선동하고, 온 매스컴을 동원하여 떠들어대는 것이 옛날이나 지금이나 좌파 정권의 선동 아이디어가 아닙니까?

아무리 머리 나쁜 사람이라도 간첩활동과 학문 연구는 구분할 줄 알고도 남을 것인데 아무리 양심에 콘크리트를 해도 남침을 북침이라고 우겨대지는 않을 것인데 이런 공산주의의 무조건 반복 주장으로 세뇌 하려는 자들이 활개치고 있으니 정말 혼란스럽지 않을 수 없습니다.

그러나 조금이라도 국가를 사랑하는 정신이 살아 있다면 이런 혼란에 판단이 흐려지지는 않을 것입니다. 그것은 돼지는 목욕을 시켜도 돼지요, 똥 발린 금도 금이기 때문에 우리는 기획혼란 원격조정과 선동 아이디어 수법에 속지 않는 지혜, 그리고 허리우드 액션이 아닌 중심과 삶의 변화, 이것이 우리 모두의 바람이요, 행복이 아니겠습니까?

애국적 색깔론과 반역적 색깔론자

개인이나 단체, 그리고 국가는 색깔이 분명해야 합니다.

역사적으로 볼 때, 그리고 어느 국가의 지도자를 막론하고 애국적 지도자들은 색깔이 분명했습니다. 우리는 분명한 색깔이 없는 자들을 회색분자라는 말을 사용하기도 했습니다.

오늘날 국회에서 색깔론을 공격의 무기로 사용하는 자들도 있습니다. 그러나 색깔론은 공격의 무기가 아니라 존경의 대명사입니다. 지금까지 우리나라를 지킨 자들은 색깔이 분명한 자들이었습니다. 그러나 우리나라가 어려움을 당해왔고, 선의의 피해를 뼈저리게 본 자들이 생긴 것도 색깔을 감추고 색깔을 속이고, 색깔이 필요없다고 하면서 속에 확실히 감추고 있는 반역적 색깔을 가진 자들 때문입니다.

이들은 독재와 살상과 공개처형, 인권말살의 붉은 피의 색깔을 끝까지 감추고 색깔운동을 해온 자들입니다. 이들은 나라를 파괴했고, 자기들이 원하는 색깔로 물들여지지 않을 때는 살인의 독기가 발동하여 가축을 도살하듯 사람들을 도살해 왔습니다.

대한민국은 자유 민주주의 색깔입니다. 그러나 좌익들은 붉은 살인의 피의 색깔을 천사의 세마포로 위장한 색깔사기꾼들의 체제인 것입니다. 색깔론을 공격하는 자들의 공통점은 저들의 색깔을 갖고 있으면서 감추고 있다는 것입니다. 이제 우리는 색깔 감별사가 되지 않으면 안 될 처지에 왔습니다.

개혁, 역사 바로 세우기, 과거사 정리, 자주 통일, 민족 통일, 학문 자유, 우리 민족, 민족 공조 등 온갖 환상적이고 이상적인 단어를 다 동원해서 백성을 속이는 「언어사기」속에 저들이 감추고 있는 반역적 색깔이 있다는 사실을 알고 그 애국적 색깔이 아닌 반역적 색깔을 폭로하고 고발해서 나라를 본래의 색깔로 지켜야 합니다.

우리가 알 것은 흰색은 검게 되기는 쉬워도 검은색이 희게 되기는 불가능한 것입니다. 마치 피가 고름은 될 수 있어도 고름이 피가 될 수는 없는 것과 같습니다.

오늘날 방송이나, 영화, 소설 등 여러 가지 작품이나 프로그램 속에 반역적 색깔을 교묘히 뿌리고 칠하고 있다는 사실을 알아야 합니다.

저는 최근 강원도를 다녀왔습니다. 아름답게 물든 단풍들의 각자의 색깔들이 조화를 이루어 감탄을 일으켰습니다.

우리는 각자가 가진 달란트와 지혜를 총동원하여 조화와 화합을 이루어갈 때 세계가 부러워하는 나라를 이루어 갈 것입니다. 하나의 색깔로 칠하여 통일하는 붉은 색깔, 그것은 생명도 조화도 아름다움도 없는 법입니다.

애국적 색깔을 더욱 더 진하게 하고, 감추인 반역적 색깔은 드러내어 분리수거하여 역사적 심판을 백주에 받아 완전 용도폐기 해야 될 것입니다.

꼴불견 + 꼴값하다

모양이나 하는 짓이 보기도 싫고 우스꽝스러운 상태를 「꼴불견」이라고 하고, 「꼴값한다」는 말은 격에 어울리지 않는 못난 행동을 의미합니다.

요즈음 우리 사회가 꼴불견 풍년시대인 데다가 꼴값 홍수시대라고 해도 과언이나 오판은 아닌 줄로 압니다.

때마다 꼼수로 국민을 유혹하고 속이려고 하면 한 두 번은 속지만 계속 속지는 않을 것입니다. 소수의 비리가 전체의 비리인 양 선동하고 감정 충동하는 일은 꼼수입니다.

더더구나 백성들을 이렇게 힘들게 하고, 실업자의 증가는 날씨 책임도, 역사책임도 아닌 정부 책임입니다. 5.31 지방선거는 「나라의 수준」이 낮아서 그런 것이 아니라, 수준 높은 백성들의 역사적 심판인데도, 그리고 여 참패는 84%가 대통령의 책임이라는 여론 조사(조선일보 한국 캘럽)가 나왔는데도 엉뚱한 소리만 쏟아 놓고 있고, 엉뚱한 고집만 부리고 있으니 필자가 보는 시각에는 꼴불견이 아닐 수 없습니다.

정말 나라 사랑하고 백성의 신음의 소리에 약간이라도 귀를 기울인다면 꼴값하는 것 같은 행동은 하지 않을 것입니다.

"천성산" 공사 중단으로 2조 5천억 피해를 보게 된 것도 방송, 언론 매체가 중 한 사람이 단식으로 반대하는 것을 정신없이 떠들어대고, 사람이 100일을 단식하고는 살 수 없는데 거짓 방송을 그대로 반복적으로 내보냄으로 이런 일이 일어나게 된 것이 아니겠습니까?

그리고 정부가 이런 극단적인 행동에 끌려 다녔다는 점이 꼴불견이 아닐 수 없다는 것입니다.

게다가 객기와 오기까지 첨가되어 더더욱 꼴사나운 작태들이 보여지지 않았으면 합니다.

정말 나라를 사랑하고, 국민을 사랑한다면 말입니다.

개가 들어도 운다

지금 우리는 스트레스 전성기에 살고 있습니다. 사람이 보리밥 먹다가 쌀밥 먹기는 쉽고, 버스 타다 자가용 타면 행복감을 느낍니다. 그런데 어찌된 셈인지 정부 통계와 발표와는 다르게 생활은 점점 쪼들리고 사회는 갈수록 혼란하고, 세금은 정신없이 올라가 어지럽고 멀미가 나는데도, 삶의 질이나 행복감은 퇴보 정도가 아닌 추락 상태인데도 엉뚱한 얘기만 하고 있으니 개가 들어도 "울고 싶어라"인 것입니다.

지금 젊은이들은 대학을 졸업해도 임시직까지 포함해도 46% 밖에 취업이 안 되며, 노숙자는 날마다 늘어나고, 정부의 빚은 무슨 이유인지 300조원을 육박하고 있습니다. 이런데도 핵 포기를 하지 않는 북한은 백성들에게는 혜택이 돌아가지 않는 지원을 천문학적인 예산으로 지원해 주지 못해 안달이 나는 정치인들이 있으니 대한민국 정치인인지 북한 경제부 장관인지 의심이 갈 정도입니다.

그러니까 개가 들어도 울 일이 아니겠느냐는 것입니다.

통일도 되어야 하고, 동족을 살리기 위해 도와야 된다는 것은 개가 들어도 맞는 말입니다. 그러나 통일도 민주 자유 통일이어야 하고, 동족도 정말 이용하기 위한 동족이 아닌 민족애에서 나온 동족이라야 되는 것인데, 그런 흔적은 눈을 씻고 보려 해도 보이지 않는 것 같습니다.

지금까지 짝 사랑하는 것 같고, 퍼다 주고 뺨 맞는 식의 정책과 지원이 계속 되어 왔는데도 계속적으로 밀어붙이니 개가 들어도 울지 않을 수 없는 것입니다.

국민의 70% 이상이 현 정부 때문에 스트레스를 받고 있다고 하는데 이제 결단을 내려 깨끗이 포기하고, 국민과 민족 앞에 사죄하므로 나라를 살려야 하지 않겠습니까?

자주 국방이란 환상적 구호에 매료당하는 무경험자들, 지구가 생긴 이후 자주 국방한 나라가 어디 있었는지, 단 한 나라라도, 한 번이라도 있었으면 알려 주었으면 합니다. 그러니까 개가 들어도 울 일이지요. 개가 들어도 웃는다는 말은 말도 안 되는 의미로 즉, 어이가 없다는 뜻인 줄 압니다.

　그러나 개가 들어도 운다는 말은 그 만큼 사태가 어려운데도 그것을 모르고 있거나 무시하는 것으로 개보다 못하다는 의미도 됩니다.

　하루 속히 개가 듣고 울지 않기 위해 언어사기, 통계사기, 여론사기, 사기고발, 정책사기, 약속사기(공약), 인권사기, 사기투표, 사기개표, 역사사기, 알권리사기, 이벤트사기를 이실직고하여 재정으로 회복되어야 합니다.

마귀가 가장 싫어하는 사람들

　마귀는 인간이 구원받고, 자유함을 누리며, 변화되는 것을 가장 싫어합니다. 마귀는 하나님과의 관계를 파괴하고 하나님과 화해를 방해하는 교활한 영물입니다. 그러기에 마귀는 선하게 살기를 노력하고, 의롭게 사는 자를 환난과 곤경에 빠트립니다. 마귀를 악령이라고 하는 것은 근본이 악하기 때문입니다.

　마귀는 본래 천사였는데 교만한 욕심으로 인해 하나님께 버림받은 타락한 천사들입니다. 그래서 공공연하게 하나님을 배반하고 하나님께 순종하기를 거부하면서 많은 사람들을 유혹하여 자신과 동질화시키려고 온갖 수단을 동원하여 활동하고 있는 것입니다.

　예수님의 오심은 마귀의 사역에 제동을 걸고, 일을 멸하기 위해 오시고, 십자가를 지셨습니다. 그러기에 예수님을, 예수님의 이름을 마귀가 가장 싫어하는 것입니다.

　특히 예수님의 피는 가장 무서워하고 도망가게 하는 영적인 능력이 있습니다. 뿐만 아니라 예수님의 이름으로 기도하는 자나 찬송으로 영광 돌리는 자, 그리고 하나님의 말씀을 믿고 인용하는 자를 무서워합니다.

　예수님께서 40일 금식기도 하신 후에 제일 먼저 찾아온 불청객이 마귀였습니다. 마귀는 성경 말씀을 이용하여 예수님을 시험했으나 예수님은 성경 말씀을 그대로 인용하여 마귀의 시험을 넉넉히 이기셨습니다. 마귀의 수하에는 악한 영들이 있고, 더러운 귀신들이 있습니다.

　우리는 날마다 교활하고 더러운 악한 영들의 유혹에 넘어가지 않고 승리해야 합니다. 죄는 우리를 무능하게 만들고 교만은 우리를 실패하도록 만듭니다. 우리는 우리에게 허락된 삶과 받은 달란트를 통해 마귀의 유혹과 마귀의 역사를 물리치고, 소멸시켜야 합니다. 더더구나 우리의 문화나 예술이 마귀의 손 안에 들어가 영혼과 정신을 죽이고, 타락하지 못하게 거룩한 영감에 의한 작품이 확산되도록 해야 합니다.

　오늘날 타락한 정보의 홍수 속에 복음의 문화는 설 자리가 없어지고 있습니다. 그렇지 않아도 유교문화의 뿌리와 불교 사상의 깊숙한 침투의 영향권에 살아온 우리의 삶의 역사 속에 복음문화로 거듭나게 하는 역사는 하나님의 강권적인 역사와 우리 모두의 문화 전쟁에서 반복적 승리를 하지 않으면 또 다시 옛 모습으로 돌아가는 악순환이 되고야 말 것입니다.

　문화가 변하지 않으면 아무것도 바뀐 것이 없다고 할 수 있고, 사람이 거듭나면 사랑도, 예술도, 문화도 거듭나므로 열매를 맺을 수 있는 것입니다.

　지금 마귀에게 인기 있는 문화가 활개를 치는 세상에 마귀가 가장 싫어하는 일을 밤낮으로 연구하고 기도하는 자들이 벌떼처럼 일어났으면 합니다.

똥 뀐 놈이 성 낸다

옛말에 "똥 뀐 놈이 성낸다"는 말이 있습니다.

아마 먹은 것이 소화되는 과정에, 밖으로 나오는 냄새나는 방귀를 뀌므로, 상대방이 그 악취에 코를 찡그리거나 인상을 찌푸리거나, 누가 방귀를 뀌었느냐고 말할 때, 방귀를 뀌고 미안해 하기는커녕, 도리어 화를 내는 경우를 말하는 것 같습니다.

아무리 생리적인 현상이라도 타인의 기분과 감각에 피해를 주었을 때는 미안해 할 줄 알아야 인간이지, 오히려 화를 내는 것은 되먹지 못한 인격이라고 단정할 수밖에 없습니다.

오늘날 사람들 중에는 공동체나 대인 관계에서 거꾸로 뒤집어씌우기 작전이나 자신의 부족과 실수를 미안해 하고 용서를 구하기보다 오히려 화를 내는 경우를 많이 봅니다. 특별히 지도자들(?)의 모습을 보면 얼굴에 철판을 깔았는지, 아니면 정신적인 결함이 본래부터 심한 것인지 반성이라고는 없는 모습을 봅니다.

점점 아이 키우기 어려운 사회가 되고, 내 아이는 그런 불량 선생들에게 맡길 수 없다고 조기 유학을 보내므로, 기러기 아빠가 10만 명이 넘는다고 합니다. 한국의 언론 자유는 세계에서 69위(북한은 194위)로 하락하고, 국가 부채는 천문학적인 숫자로 늘어나고, 방송은 권력의 전위대로 공영방송이라고는 할 수 없는 일들이 선거철만 되면 막무가내로 선전 도구가 됩니다. 국가 경쟁력은 작년 29위에서 38위로 9단계나 추락하고, 노숙자는 기하급수적으로 늘어나고 세금은 칼 든 강도보다 더 무섭게 빼앗아 가려는 발상을 발표하면서도 미안해하기는커녕 도리어 얼굴 붉히며 옛날을 탓하고, 기업인들을 탓하고, 미국을 탓하고, 반대 정당을 탓한다면 정말 「똥 뀐 놈이 성내는 격」이 아니고 무엇이겠습니까?

이제 지방 자치단체장을 투표할 날을 앞두고 벌어지는 모습들을 보면 이건 해도 너무합니다. 이젠 완전히 권력에 중독이 되어 심지어 환장을 했다고 할 정도인 경우를 봅니다.

최소한의 양심이라도 살아 있어야 사회의 혼란이 줄어들며, 이판사판으로 행동하기보다 정신을 차리고 양심으로 돌아가는 노력이 있어야 한 가닥의 희망이라도 남아 있을 것입니다.

갈등을 선동하면 갈등 구조가 된다

　사람이 사는 세상은 갈등이 있기 마련입니다. 그것은 인간의 내면적 갈등 뿐 아니라, 대인관계나 문화, 종교, 도덕, 정치, 교육 모든 분야에 있기 마련입니다. 갈등은 집단을 결속시키는 기능도 있지만, 보편적으로 갈등의 사회화는 필연적으로 역기능이 오기 마련입니다.

　마르크스는 「계급은 오직 갈등을 통해서만 스스로를 조직한다」는 주장 하에 갈등의 집단을 결속시켜 사회와 국가의 공산화를 실현했던 것입니다. 그러나 갈등의 종류가 무엇이든지 창조적이고 도덕적 변화는 갈등에서 시작되기도 합니다.

　그래서 사도 바울도 그 내면적 갈등이 신앙의 교차점이 되었음을 볼 수 있습니다. 그의 고백은 「내가 원하는 바 선은 하지 않고 도리어 원치 않는 바 악은 행하는 도다 ……선을 행하기 원하는 나에게 악이 함께 있는 것이로다 ……오호라 나는 곤고한 사람이로다. 이 사망의 몸에서 누가 나를 건져내랴」고 실토했습니다.

　오늘날은 그 어느 시대 못지않게 문화적, 종교적 갈등이 위기감을 느껴질 정도로 팽팽히 맞서고 있습니다. 우리의 경우는 구세대와 신세대, 부모와 자식 간, 많이 가진 자와 적게 가진 자 간의 갈등이 점점 깊어지고 있습니다. 차제에 말하고 싶은 것은, 갈등은 도피나 적대적 충동을 줄 것이 아니라 감소시키고, 이해시키고, 해소시켜 나가야 하는 것이 지도자의 리더십이요, 지혜일 것입니다.

　지금 우리는 갈등을 선동하므로 갈등 구조를 형성하여 그로 인해 얻고자 하는 정권적 야욕이 있음을 보게 되는 모순을 느낄 수 있습니다.

　물론 본인의 잘못된 시각이나 판단이 되었으면 좋겠습니다만 그렇지 않다고 강하게 생각되어지기 때문에 문제인 것입니다. 의도적인 갈등 현실 강조는 끼리끼리를 결합시켜 집단 이기주의 투쟁을 하게 하고 이해와 포용과 양보를 상실케 하는 사회를 만들고 만다는 사실을 명심해야 합니다.

특히 이념의 대립은 갈등이 아니고 자신과 국가의 정체성의 문제이기 때문에 갈등 차원이 아닌 생존의 차원인 것입니다. 이념은 자유냐? 독재냐? 유신론이냐? 무신론이냐? 하는 선택의 차원일 뿐입니다.

갈등의 해결은 갈등을 선동하거나 충동하지 말고 양보하고, 이해하고, 협력하는 데서 치유될 것입니다. 갈등을 선동하면 갈등이 더 커지고, 그래서 갈등 구조가 되고, 그 갈등 구조는 정권욕에 눈이 먼 자들의 이용물이 되고 밥이 될 것입니다.

「사기」 전성기가 되지 않도록

정직이 기가 죽어 있고 전문가나 장인 정신이 개밥에 도토리가 되는 시대는 역사의 가장 암흑기요 혼란기입니다. 모든 것이 사라지고 부족할지라도 사랑과 정직만 존재한다면 희망이 있고 살만한 나라가 될 수 있습니다.

그러나 지금 우리의 위기는 정치적 혼란, 경제적 불황, 사회 기강의 파괴 등 여러 가지 문제들이 한꺼번에 밀어닥치고 있습니다. 37년간(1970-1996) 세계 제1위의 경제성장의 기적이 물거품이 되어버릴 것 같은 위기와 불안감도 느낍니다.

그 이유는

1. 사기적인 유토피아를 추종하는 수구 골통 세력들이 활개치기 때문입니다.

사기적 유토피아는 이미 부도났습니다. 그런데 유독 우리나라에서만 그루터기가 남아 최후의 발악을 하는 현실입니다. 천국에서만 가능한 유토피아 이론은 지배자들의 지배수단이지, 노력도 이상도 아니기 때문입니다.

그러므로 칼 막스의 이론은 사기입니다. 이 사기적 전술에 세뇌되기도 하고, 선동에 속아 인권도, 자유도, 생명도 잃어버린 수백만 수천만의 불쌍한 영혼들과 지금도 생활은 없고, 오직 생존을 위해서 허덕이는 지상에서 더 이상 불행할 수 없는 처지에 있는 자들이 있습니다.

그것이 북한의 현실입니다. 사기적 유토피아는 이미 있었던 것이 소모되고 난 뒤는 다 무너지고, 부도나고 말았습니다. 우리는 지금 좌파정권의 사기적 유토피아 때문에 나라를 망쳐가고 있다는 사실을 인식해야 합니다.

2. 사기적 역사 바로 세우기는 국론을 분열시키고 남남 갈등을 조장 국력을 파산시키고 있습니다.

역사 바로 세우기는 역사가들의 몫이지 정권의 몫이 아닌 것입니다. 역사 바로 세우기가 사기적이라 함은 이미 검증된 역사를 뒤집어 버리기 때문입니다. 그러다 보니 모든 역사적 사실에 불신을 조장하였습니다. 심지어 6.25를 북침이라고 하고, 간첩을 민주투사로 둔갑시키는 결과를 낳은 것은 사기적 역사 바로 세우기로 국민을 속이고 있는 것입니다. 그렇게 국민 여론을 앞세워 떠들어대던 방송, 어용신문 같은 언론들이 왜 여론을 무시하고 밀어붙이기식으로 끈질기게 주장하고 있습니까?

진정으로 역사를 바로 세우기를 원한다면 민족의 전통과 민주와 자유를 지키고 국가를 위해 피 흘린 애국 투사들의 피의 색깔을 보존해야 될 것입니다. 색깔을 감추고 국가의 전복을 암약한 자들이 불붙일 곳이 없도록 하는 것이 애국 애족이요 역사 바로 세우기인 것입니다.

3. 사기적 민주화에 속지 말아야 합니다.

권력의 칼날을 경제에, 언론에, 종교에 가한다면 사기적 민주화입니다. 민주화, 민주화하면서 4대 악법을 강행처리 하고자 한다면 그것은 「민주화」라는 이상적인 정치 이념으로 사기행각을 하는 것입니다.

민주화는 자유 민주주의의 이론과 이상과, 목적에 맞아야 하는 것입니다. 다수가 아무리 좋아도 공산주의 체제 속에 거수기 정치인들이 된 다수는 악법의 창조자가 되는 것입니다.

정권의 유지를 위해 3백만이 굶어 죽어도 양심의 가책도 없이 오로지 지배수단만 존재하는 세계 최악의 공산주의인 북한을 민주화시키는 데는 관심이 없고, 이념 투쟁의 속물들을 민주화 투사로 둔갑시키는 것은 사기적 민주화임에는 틀림없는 것입니다.

사기의 조상은 마귀입니다. 이 사회가 정직만 회복하고, 성실한 사람이 잘 사는 사회가 된다면 그것이 바로 유토피아요, 역사 바로 세우기요, 민주화인 것입니다.

　우리는 지금 세계 속의 대한민국이요 역사 속에 대한민국입니다. 컵 하나에 물이 가득 채워졌다고 해서 반만 채워진 양동이의 물을 무시하거나 얕잡아 볼 수 없는 것과 같이 거대한 강대국 속에 끼어 있는 지정학적인 위치와 규모 그리고 역사적 현실을 부인해서는 안 될 것입니다.

　하나님의 도우심과 민족정신의 생동 단합 그리고 땅 뺏기를 하지 않았던 자유 우방 국가와의 동맹으로 우리의 이상과 목적을 추진해 나가야 될 것입니다.

　사기적 민주화가 아직도 활개치고 있다고 보고, 그것 때문에 국론 분열, 경제 퇴보가 온다고 보고 있는 것이 필자의 판단이지만 이것이 오판이었으면 차라리 좋겠습니다. 그러나 현실은 그런 증거가 하나하나 폭로되는 날이 올 것입니다. 왜냐하면 최후의 승리는 정의이기 때문입니다.

한마디로 「가관」입니다

　예수님께 가장 책망을 많이 받은 바리새인 되기를 경쟁하고 있으니 「가관」입니다. 예수님께서 가장 화를 크게 내셨던 상품 성전이 된 예루살렘 성전을 경쟁적으로 모방하고 있으니 「가관」입니다.

　반 기독교적 이념인 공산주의 즉, 유물론 무신론을 반대하고, 보안법 폐지를 반대하는 기도회와 함성을 수구세력, 수구집단이라고 하니 정말 「가관」입니다.

　타 교회 교인들을 유인하고 도둑질해서 자리를 채워놓고 하나님의 축복에 의한 부흥으로 간주하고 큰 교회의 교인 또는 제직을 명예화 하니 그 역시 「가관」입니다. 마술을 해서라도 불신자를 동원해서 교회를 채워야(부흥) 된다고 하니 정말 괴상 망측스러운 「가관」입니다.

　저질 정치를 책망하고, 바른 정치해야 된다고 외치는 것을 크리스천들이 듣기 싫어한다면 「가관」입니다. 하필이면 허가 불가능한 땅이나 건물을 골라 매입하는 기독교 단체의 주동자들의 행위가 「가관」입니다. 이것은 완전히 돈에 환장 들지 않고는 불가능한 일이 아니겠습니까? 가룟 유다가 그렇게도 부러움의 대상이었는지 모를 일입니다.

　하나님의 심판 따위는 아예 사전에 없는 행위가 아니겠습니까? 「학문과 신앙은 다르다」는 주장이 또 이 무슨 해괴망측한 이론입니까? 일반 학문은 몰라도 신앙학문은 바로 학문이 신앙이고 신앙이 학문화 한 것이 신학이 아니겠습니까? 성경강해 한 권도 낸 적이 없는 자가 평생 동안 성경 연구해서 66권의 성경주석을 낸 사람을 오히려 이단이라고 비판한다면 정말 개가 들어도 웃을 일이 아니겠습니까?

　또한 선교하기 위해 다단계 회사를 차렸다고 하면 되겠습니까? 선교하기 위해 폭리 보고 가짜 상품을 속여 팔면 되겠습니까? 마술쇼를 통해 불신자를 전도하고 예수님을 영접하게 한다고요? 예수님을 마술쇼 주임교수로 영접하도록 만들 것인가요? 말씀과 기도 외에는 거룩해지는 길이 없는데도(딤전 4:

5), 물과 성령으로 거듭나지 않으면 하나님의 나라를 볼 수 없는데도(요 3:5), 최신판 성경에는 마술로도 거듭날 수 있다고 추가되거나 개정되었습니까?

이제 얼짱들을 일당 주고 사서 안내하고 전도지 뿌리도록 해야 되지 않겠습니까? 마술하는 자들은 속이는 기술인데 이런 자들은 다 지옥에 간다고(계 21:8) 했는데 지옥 갈 자들을 동원해서 전도상품화 한다니 「가관」입니다.

또한 바리새인들은 돈을 좋아하는 자요 형식과 외식의 명수였습니다. 지금 일부에서는 명예, 물질, 권력을 위해 굶주린 사자들이 날뛰고 있는 현실입니다. 「세계」라는 간판과 「총재」라는 직함, 신문 하단을 앨범화 해버리는 작태는 바리새인들의 전통을 철저히 계승하고자 하는 것일 수도 있다는 사실입니다.

그뿐 아닙니다. 큰 것이 나쁘다는 것도 적은 것이 아름답다는 것도 아닙니다만 본질을 외면하는 외형주의, 내용과 본질적인 신앙 추구보다 비본질적인 것이 본질을 짓밟아버리는 슈퍼마켓형 마켓팅 전략은 이벤트나 센세이션은 가능할지 모르나 지속적인 영혼 구원과 생명의 약동이 있는 알찬 교회로서의 사명은 가능할지 생각해 볼 문제가 아니겠습니까?

농촌 교회여, 작은 교회여 좌절하지 말고 자부심을 가지고 충실히 일하자고 말하고 싶습니다. 도시 교회 화장실보다 못한 것 붙들고 목회 한다고 실패자라고 스스로 자책하기보다 기도가 있고, 눈물이 있고, 헌신이 있고, 영혼 사랑이 있다면 그리고 주님의 뜻에 순종을 우선으로 한다면 칭찬받을 것이 명명백백한 것입니다.

기독교 2천년 역사는 바로 6천 만 명이라는 순교자를 내었고, 그 외에도 핍박을 받은 역사였습니다. 그리고 반기독교 정치가 언제나 동일하게 기독교를 박해하고, 박멸정책을 썼습니다. 그래서 순교의 밀알이 많은 열매를 맺었는데, 보안법을 폐지해도 조용해야 되고, 그래야 핍박을 받지 않는다고, 아니 수구세력이라고 하니, 아무리 생각하고 또 생각해도 「가관」입니다.

주여! 「가관」의 현실이 어떻게 거듭날 수 있겠습니까? 그러므로 성령의 도우심을 구하면서 기도합시다.

쓴웃음, 비웃음, 코웃음

웃음이라고 다 좋은 것은 아닙니다. 갓난 어린아이는 하루에 400번 이상 웃고 인간이 일생 동안 평균 54만 번 웃고, 3천 번 운다고 하지만, 그리고 그 웃음이 건강에, 인격에, 대인관계에 그렇게 좋다고 하지만, 심지어 웃으면 복이 오고, 웃는 얼굴에 침 못 뱉는다고 하지만, 쓴웃음과 비웃음 또는 코웃음은 좋지 않는 웃음인 것이 분명한 것 같습니다.

쓴웃음은 마지못해 웃는 웃음이고 비(非)웃음은 경멸하는 웃음이며, 코웃음은 대수롭지 않은 웃음으로 비웃음과 코웃음은 유사하다고 봅니다. 요즈음 신문에 연일 발표되는 정치인들의 모습과 발언들을 보면서 나도 모르게 웃음이 나왔는데 그 웃음은 분명히 기뻐서 웃는 웃음도, 만족에서 나온 웃음도 아닌 비웃음이었다고 말하고 싶습니다.

650만에서 675만 명 사면추진이라든지 경제가 최악의 상태로 계속 하향 조정되고 있고, 요소마다 갈등 구조가 심각하고, 집권자의 인기도는 최하위에서 요지부동인데도 잘못된 것은 없다고 하니 기가 찰 노릇이고, 비웃지 않으면 심장마비 증세가 올 것 같아 그 예방책으로 비웃음으로 대치하고 있다고 말하고 싶습니다.

모든 문제의 해결은 정확한 원인 진단과 거기에 경험과 실력자들이 머리 아프게 고민하고, 머리 맞대고 고민하고, 머리 써서 연구할 때 해결의 미로를 찾는 법입니다. 무시하고 변명하는 것은 무식한 처사 내지 악한 독재자들의 지배 태도인 것입니다.

대학생들의 85.5%가 현 정부로서는 청년실업율 해결이 불가능하다고 보고, 대통령이 잘못한다가 60%가 넘었는데도 엉뚱한 소리를 남발하니 건강과 인격에 해로운 비웃음이지만 심장마비 걸리지 않기 위해서는 어쩔 수 없는 방편이 아닐 수 없다는 것입니다.

이것은 궤변입니다

빛은 모든 어두움을 물리칩니다. 하나님께서 빛을 창조하실 때 혼돈하고 공허하고 어두움이 지배하는 무질서한 상태가 질서의 상태로 정돈되었습니다.

예수님은 빛이십니다. 빛은 생명이요, 사랑이요, 진리요, 복음입니다.

오늘날 기독교계 지도자나 이단이라고 오르내리던 사람들의 입에서, 또는 잘 믿는 척 수다를 떠는 자들의 입에서 교리와 신앙이 다른 것으로, 학문과 신앙이 다른 것으로, 신앙과 행동, 즉 신앙은 보수이고 행동은 진보라고 하는 괴상망측하고도 해괴한 논리를 펴는 자들이 있습니다.

정말 그것이 가능하겠습니까? 차라리 나는 신앙은 빛이고 생활은 어두움이라는 논리가 더 맞는 것이 아니겠느냐는 것입니다.

어떻게 신앙 따로, 교리 따로 입니까?

교리가 성경은 아니지만 성경에서 나오지 않은 것은 교리가 아니며, 일반 학문은 몰라도 신앙 학문은 바로 그 사람의 신앙이 학문이요, 학문이 신앙에서 나온 학문이라야 신학이 되는 것이 아니겠습니까? 그리고 다시 언급하지만 신앙은 보수고 생활은 진보가 가능합니까? 그렇다면 철저한 외식주의, 공개적인 형식주의가 아니겠습니까?

신앙이 보수이면 행동은 보수이고, 행동이 보수이면 그 사람의 신앙이 보수이기에 열매로 나타나는 행동이 아니겠습니까? 다만 보수에 대한 해석이나 관념이 잘못된 경우가 더 많기 때문입니다.

우리가 조심해야 할 것은 단어나 아름다운 문장 하나 만들어 자신을 드러내려고 하거나 어떤 센세이션을 일으키려고 하기보다 이제 지극히 적은 것이라도 순종하며 살려고 노력하는 과정에서 일어났던 고난과 시행착오 또는 열매 맺은 사실들을 나누는 크리스천으로 돌아가야 될 것 같습니다.

우리는 크고 작은 것 이전에, 많은 것 적은 것 이전에, 이것이 맞느냐 틀리느냐가 우선이고 더 중요한 일이 아니겠습니까?

언론의 자유는 있어도 틀리는 것을 맞다고 우기는 자유는 타락이요, 무지요, 비양심적인 것입니다. 우리는 솔직한 인정, 회개, 그리고 현실의 상황보다 더 중요한 것은 하나님의 시각과 판단이 기준이 되도록 노력해야 합니다.

사육이냐? 양육이냐?

가정의 달을 맞이하여 부모 공경과 자녀 교육, 그리고 부부생활에 대해 평소보다는 말을 많이 하면서 5월이 지나갑니다.

이혼율이 거의 세계 1위를 향해 달리고 연간 낙태 건수는 태어나는 아이 49만 명보다 3배 이상 높은 150만에서 160만 건, 청소년 42.9%가 자살을 한 번 생각해 보았고, 청소년의 자살이 계속 급증하고, 노인 자살은 OECD 국가 중 랭킹 1위를 달리고 있다고 최근의 신문지상을 통해 보도되고 있습니다.

본래 TV방송보다는 신문을 경쟁의 대상이 되지 않을 정도로 더 믿는 나로서는 문자화된 통계수치를 믿지 않을 수 없는 반면 차라리 엉터리 통계였으면 좋겠다는 바람이 생기기도 합니다.

그동안 자신이 못 다 이룬 한을 자식을 통해 보상받고 싶어 하는 보상심리를 채우고자 반사적으로 드러나 자녀를 양육한다는 표현보다는 사육한다는 표현이 맞을 정도로 된 현실을 보면서 그것의 결과가 이제 하나하나 열매를 통해 드러남을 보면서 걱정하지 않을 수 없습니다.

사육은 사실 가축이나 동물을 기르는 것을 의미하는 말입니다. 그러나 양육은 제자나 자녀를 보살펴 가르치고 기르는 것을 의미합니다.

물론 종교적 관점에서나 정통주의적 견해에서는 인간본성이 부패한 것으로써 양육이 시작되기 전에 먼저 기적적으로 거듭나야 하는 것입니다. 믿음과 지혜와 인격을 겸한 부모에 의해 양육된 자녀는 마치 우량 품종을 옥토에 심어 가꾼 식물처럼 무성하고 풍성한 열매가 맺히는 자녀가 될 것입니다.

오늘날 가정에서부터 올바로 양육되지 않은 다음 세대는 우리가 생각하는 것보다 더 혼란스러운 무질서의 사회가 될 것이 뻔합니다.

자녀는 사육의 대상이 아닌 양육의 대상인 줄 알 때 그 열매에 대해 기대를 걸어도 실망하지 않을 것입니다.

공산주의와 기독교는 공존할 수 없다

　그리스도와 벨리알이 합할 수 없듯이, 설탕과 독약이 합할 수 없듯이, 공산주의와 기독교는 공존할 수 없습니다. 저들이 꾸미고 있는 사기 정책이 바로 「연방제」라는 카드입니다.

　낮은 단계의 연방제이든, 높은 단계의 연방제이든, 공산국가가 공산화를 위해 노력하다가 바로 공산주의가 안 될 때 쓰는 카드가 연방제 통일이라는 사기 환상을 불어넣는 것입니다.

　저들은 한 민족, 한 국가를 주장하며 두 체제의 공존을 부르짖고 있는 것이 전혀 앞뒤가 맞지 않는 논리인 것입니다.

　공산주의는 무신론이요, 유물론이며, 북한의 공산주의는 김일성, 김정일 우상화 체제이기 때문에 그 주체사상 체제가 무너지지 않는 이상 전시용 가짜 교회, 외화 벌이용 전시 교회는 가능하나 진정한 교회는 그 체제 속에서는 불가능한 것입니다.

　그러므로 우리는 캐캐묵은 색깔론이라고 공격하면서, 저들은 철저히 이념(색깔) 무장을 하고 있는 자들을 경계하고 색출해야 합니다. (이념 영화, 이념 소설, 이념 단체, 예를 들면 전교조, 여러 시민 단체) 금강산 관광을 하고, 경인선 철로가 뚫린다고 남북통일이 되는 것도 아니며, 우리의 소원은 통일이 아니라 민주, 자유 통일이며, 즉 북한에도 자유가 보장되는 통일이며 공산주의 체제가 폐기 처분되는 통일인 것입니다.

　사실 본래의 공산주의 이론은 모든 재산과 생산 수단을 사회 전체 소유로 하며 계급의 차이를 없애는 것을 내세우는 정치 이념이지만, 그 이념대로 실현된 공산주의가 어디 있으며, 사회 전체 소유가 아니라 독재자들의 소유였고, 공산국가처럼 철저히 계급화되어 있는 사회나 나라가 어디 있었습니까?

　특히 북한의 공산주의는 북한만이 만들어낸 세계에서 하나밖에 없는 김일성, 김정일 주체사상이며, 국민이 잘 살고 자유를 누리는 것보다 독재정권 유지만이 저들의 목표였음이 만천하에 드러난 것입니다.

그리고 무엇보다 다시 강조합니다만 무신론주의, 유물주의인 공산주의와 기독교는 영원히 공존할 수 없는 것입니다.

"양극화"라는 용어 자체를 사용하지 마십시오

양극화를 부채질하고 발전시키는 것은, 양극화가 아닌데 양극화라는 용어를 여기저기에서 사용하기 때문입니다. 우리 사회는 양극화가 아닙니다. 빈부의 격차, 지역적 격차를 양극화라고 하는 것은 적합지 않습니다.

양극화는 그 비율이 비슷해야 됩니다. 양극화는 주로 이념 대립에 사용되던 이념 세뇌교육 용어입니다. 많이 가진 자와 적게 가진 자들이 섞여 사는 곳이 세상입니다. 물론 양극화를 조장하여 정권 유지에 덕을 보고자 하는 악한 정치꾼들이 있습니다. 그들의 간악한 계략에 이용당하지 말아야 합니다.

우리 사회가 무슨 양극화입니까? 양극화 만들려고 곳곳에 침투되어 있는 무전향 좌경사상자들의 계략과 사기술과 선동에 이용당하지 말아야 합니다.

그들은 양극화를 노리고 있습니다. 그래서 자꾸만 충동하고 선동하는 것입니다. 여기에 농민들도, 사원들도 이용당하고 있는 경우가 많습니다. 양극화를 없애기 위한 그 대책을 보십시오. 양극화를 조장하고 있지 않습니까? 여론이 거세지니까 자꾸 말을 바꾸고 있지 않습니까? 적어도, 지도자의 말이 그렇게 이랬다저랬다 해서 되겠습니까?

반응이나 결과는 생각지 않고 마구 내어뱉는 말이 되어서는 안 될 것입니다. 서서히 정체가 드러나고 있지 않습니까? 양극화를 만들어내는 양극화 해결책 정말 아이러니가 아닐 수 없습니다.

사기에 성공한 사기꾼은 또 다른 사기를 연구합니다. 사기 이벤트가 틀림없이 나올 것입니다. 어용방송, 어용언론이 동원될 것입니다. 정신 차려야 합니다. 독약은 모르고 먹어도 죽습니다. 지혜를 구해야 합니다. 그리고 비장한 각오가 필요합니다.

우리 사회는 양극화가 아닙니다

왜 양극화라는 용어를 사용하십니까?

한때 정치인들이 "지역정서"나 "지역의식"을 "지역감정"이라는 용어로 지역 간의 불화를 조성하여 정권유지와 연장의 수단으로 사용하려는 의도 하에 이용하여 실제적으로 지역 불화를 증가시키는 결과를 초래했습니다. 또 몇 년 동안은 계속 갈등 구조를 만들어내는 것 같은 느낌을 너무나 풍부하게 주는 선동과 여러 매체의 소리가 요란했습니다. 그것뿐 아니라 또 며칠 전에는 "양극화"라는 평소에 잘 사용하지도 않는 말을 띄워 양극화를 선동하는 일들이 저의 귀에는 들려졌습니다.

양극화는 그 비율도 대등해야 양극화이고, 주로 공산주의와 민주주의와의 이념적인 문제에 양극화이지 같은 백성들끼리 무슨 양극화가 있겠습니까?

예를 들어 잘 사는 사람들 때문에 내가 못 살고, 잘난 놈들 때문에 내가 못나게 되었다는 생각을 불러일으키는데 부채질을 하는 정서를 조성하기 쉬운 용어는 사용하지 않는 것이 상식인 줄 압니다.

우리는 각자 자신이 처한 처지와 환경 속에 살아가며 또한 참고 인내하며 극복하고 살아가는 것이지 병든 자들이 건강한 자들을 원수처럼 여기고, 적게 가진 자들이 많이 가진 자 때문에 내가 적게 가지게 되었다고 생각해서는 안 될 것입니다. 물론 극소수는 그런 경우도 없다고 생각하지는 않지만 무슨 사회 전반에 양극화가 되어 있단 말입니까?

만일에라도 양극화를 노려서 과거처럼 정치적 이득을 보자는 의도가 있다든지, 양극화를 조장하고, 발동하게 해서 약한 자들을 결집하는 선동의 효과를 추구하지 말아야 합니다. 그리고 나쁜 머리 쓰는 자들의 선동에 어리석게 이용당하지도 말아야 합니다.

이 땅은 양극화가 아니라 나라를 지키고자 하는 자들과 나라를 삼키고자 하는 자들, 기업을 지키고자 하는 자들과 기업을 빼앗고자 하는 자들, 사학을 지키고자 하는 자들과 사학을 권력으로 빼앗고자 하는 자들과의 싸움이 있을 뿐이지 이것은 결코 양극화의 현상은 아닌 것입니다.

국가와 민족과 기업을 지키고자 하는 것은 정상이요, 자유 민주주의 국가의 본능이요, 생명의 본능인 것이지 양극화의 산물은 아닌 것입니다.

세상은 건강한 자와 병든 자가 섞여 사는 세상이기에, 빼앗아 나누어주는 것이 아니라 (나누어 주려고 빼앗은 것이 아니라 나눈다는 미명 하에 빼앗아 삼켜 버린 독재자들) 솔선수범하여 나눔으로 가진 자의 수고의 보람과, 건강한 자의 건강을 가치 있게 사용함으로, 그 건강이 복되고, 그러므로 밝고 협력하는 공동체로 세워져 가는 것입니다.

그리고 또 그런 사회 구조와 분위기를 만들어 가는 것이 정치요, 지도력이 아니겠습니까? 빼앗아서 나눈 것은 조직 폭력배와 독재 권력의 착취인 것입니다.

우리 사회는 양극화가 아니며, 그것을 원하는 자도 없습니다. 다만 일부 어리석은 그 조직과 선동에 이용당하고 있을 뿐입니다. 그리고 그렇게 되기를 노리며 선동하여 정치적 입지를 넓히려는 간교한 수단이 있을 따름입니다.

사학 비리가 있다면 법에 따라 처벌받으면 되는 것이지만, 사학을 뺏으려고 하는 것은 비리보다 몇 백배 더 큰 비리인 것을 알아야 합니다. 이런 법이 바로 사학의 양극화를 생산하는 공장으로 만들고자 하는 것이라고 봅니다. 양극화를 해결하기 위해 비싼 세금을 부여하는 것은 더 많은 양극화를 만들겠다는 의미로 들려집니다.

다시 말하지만 이념 대립의 양극화는 있어도 경제나, 교육이나, 그 어떤 분야에도 양극화는 있을 수 없고, 있어도 안 되는 것입니다. 우리는 많이 가진 자가 적게 가진 자가 될 수도 있고, 적게 가진 자가 많이 가질 수도 있는 것입니다. 또한, 오늘 건강한 자가 어느 날 병들 수도 있습니다.

일반 대중이 전혀 사용하지도 않는 용어를 왜 사용하여 양극화를 느끼게 하고 선동하는 결과를 낳는지 의심스럽기도 합니다. 그것이 의심스럽고 궁금한 백성이고, 걱정스러운 마음입니다.

제도보다는 사람이요, 개인 못지않게 국가가 중요하고, 권력유지보다는 자유와 민주와 평화가 더 중요한 것입니다.

　대한민국을 사랑하는 것은 내 조국이기 때문보다는, 민주주의 국가로 자유와 인권이 보호되는 나라이기 때문입니다.

우리 사회가 왜 양극화가 심하단 말입니까?

한때 「지역정서」 「지역의식」을 「지역감정」이라는 용어를 만들어 지역 간의 갈등을 조장하여 정치꾼들의 장난에 어리석게 이용당하게 만들었습니다.

최근에는 계속 갈등 구조를 만들어내어 선동하고, 확장시켜 자신의 편을 만들려는 계략이 노출되더니 금년 초두부터 「양극화」라는 평소 잘 사용하지도 않는 말을 띄워 잘 사는 사람들 때문에 내가 못 살고, 잘난 놈들 때문에 내가 못나게 되었다는 생각을 일으켜서 부채질을 하고, 자극을 주는 선동이 되었다는 것입니다.

양극화는 무슨 양극화입니까?

우리 사회가 무슨 양극화가 심화되었단 말입니까? 각자가 자신이 처한 처지대로 살아가고 또는 극복하며 살아가는 것이지, 병든 자들이 건강한 자들을 원수시 하고, 적게 가진 자들이 많이 가진 자들 때문에 내가 적게 가지게 되었다고 생각하는 자가 극소수 있을지 모르나 사회 전반에 양극화가 되어 있는 것이 아닌 것입니다.

양극화는 공산주의와 민주주의와의 결코 하나 될 수 없는 양극화이지 사회 전반에 양극화는 아닌 것입니다. 물론 양극화를 노려서 정치적 이득을 계산하는 자들이 있겠지요.

다시 말씀하면, 양극화를 조장하여 약한 자들을 결집하여 선동의 효과를 추구하기도 하고, 그래서 어리석은 자들이 이용당하기도 합니다. 이 땅은 양극화가 아니라, 나라를 지키고자 하는 자들과 나라를 삼키고자 하는 자들, 기업을 지키고자 하는 자들과 기업을 빼앗고자 하는 자들, 사학을 지키고자 하는 자들과 사학을 악한 법의 힘으로 빼앗고자 하는 자들과 싸움이 있을 따름입니다.

삼키고 빼앗으려고 하는 것은 잘못된 것이고, 지키려고 하는 것은 정상이요, 자유 민주주의의 생리요, 본능인 것입니다. 세상은 건강한 자와 병든 자, 많이 가진 자와 적게 가진 자가 섞여 사는 세상이기에 빼앗아 나누어주는 것이 아니라, 솔선수범해서 나눔으로 가진 자의 수고의 보람과, 건강한 자의 건강을 가치 있게 사용되는 사회가 되는 것이고 그런 사회를 만들어 가는 것이 정치요, 지도력이요, 종교의 힘인 것입니다.

그러므로 양극화라는 용어 사용 자체가 양극화를 조장하는 것이고, 양극화는 이념 전쟁의 수단이지 우리 사회가 양극화는 결코 아닌 것입니다.

정부는 거짓말 양식장(養殖場)인가?

 공산주의 이론과 이념은 실현 불가능한 거짓 이론임이 만천하에 드러난 이념이요, 이론입니다. 독재 정권은 언제나 헌법을 초월합니다. 그러면서도 조직과 학습과 선동으로 버티다가 70년 만에 용도 폐기되고 말았습니다. 그런데도 유독 북한과 남한의 좌파세력들은 온갖 수단 방법을 가리지 않고 초법적이고 초현실적인 일들을 남발하고 있습니다.

 법을 지켜야 할 정치인들이 법을 무시하고 자신들의 주장을 법 위에 둔다면 그것은 국가의 정체성을 흔드는 국가파괴범이 되는 것입니다. 몇 가지 대표적인 것을 생각한다면 국가 경제를 살려 국민소득 2만 불을 향하여 매진하겠다는 말은 거짓말 중 챔피언 거짓말입니다.

 경제를 위한다는 정책이 사회주의 경제정책을 모방하려고 하며 미래를 위한 투자보다는 기업을 위축시키고, 해외로 도망가고 싶은 마음이 일어나도록 하겠습니까?

 정권 쟁탈과 유지 외에는 경제에는 전혀 관심이 없는 것 같습니다.

 나라를 사랑한다는 말은 새까만 거짓말입니다. 나라를 사랑하는 자들이 대한민국 헌법과 법률을 공격하는 데 앞장서겠습니까?

 그리고 국가의 정체성을 뿌리째 뽑아버리려는 행동을 서슴지 않고 하겠습니까? 역사 바로 세우기는 사기입니다. 역사는 역사 그대로 인정해야 역사이지, 국가체제를 부인하는 자들이 설쳐대는 현실을 추스르고 기획하는 정책이 어찌 나라사랑하는 일이겠느냐는 것입니다.

 입만 열면 실현 불가능한 정책, 우방 국가를 배신하는 말, 세금 올릴 연구, 북한에 퍼다 줄 작전 계획만 세우고 있으니 걱정 정도가 아니라 심장이 터질 것 같습니다.

 국정원의 위증만 보더라도 도청 없다던 국정원이 도청을 위해 장비 도입,

기술 개발에 어머어마한 돈이 지출되었으니 이 정부는 입만 열면 거짓말하는 거짓말 양식장이 아니고 무엇이겠느냐는 것입니다.

그러므로 이제 우리는 그 어떤 구호도 특히 TV영상으로 선전하는 모든 것을 무조건 믿지 말아야 할 때가 아닌가 싶습니다. 강정구의 사기 이론을 학문적 차원에서 다룬다는 자체가 학문자유라는 미명하에 벌어지는 사기 행각인 것입니다.

특히 강정구 좌파 교수 말하는 통일전쟁은 공산주의를 따르지 않는 자는 다 처형하고, 정치범 수용소로 보내어 지옥생활을 하게 하는 통일이요, 독재자의 손아귀에 들어가 종살이하는 통일인 것입니다.

실현 불가능한 공산주의 거짓 이론에 빠진 자들은 진실이냐, 거짓이냐는 이론의 대결은 없고, 일인 독재 권력자의 우상화와 절대 맹종만 있을 따름입니다.

정치인들 중에는 이런 거짓 이론에 빠져 진실이라고는 사전에 없는 거짓말 양식장(養殖場)을 방불케 하는 것입니다.

내일도 거짓말연구소에서 연구 제작한 말이 쏟아져 나올 것입니다.

"유식이"는 출장가고 "무식이"가 보초 서는 나라

참된 유식은 장인정신에서 나옵니다. 많은 노력과 경험과 연조 속에 쌓이게 되는 것입니다. 그러나 날이면 날마다 낙하산 인사, 코드 인사가 앞장서고 오랜 경험자들은 폐품처리 되는 것 같은 현실입니다.

충분한 실력과 경험자라면 낙하산이면 어떻고, 코드 인사라면 어떻겠습니까? 그러나 급조된 경력과 객관성이 없는 실력을 가지고 요직을 차지하니 아무리 그렇지 않다고 공감대가 전혀 가지 않는 변명을 하지만 그 결과는 기대보다 실망이 크고, 시작부터 기대를 포기하는 일들이 벌어지고 있는 것입니다.

갈등 조작을 절대로 백성들이 만들어내지 않습니다. 지배자들이 만들어내고 조정하는 것입니다. 정부는 기존 조직들에게 인정받고, 또한 잘못된 부분은 고쳐나가며 정비할 도덕성을 상실하고 보니 어용조직을 만들려고, 어용언론, 어용방송을 통해 세뇌시키고 있지만 그러나 흔들림은 있어도 성공할 수는 없는 법입니다.

이제 좌파성향의 극소수 외에는 더 이상 속지 않을 것이기 때문입니다. 무식이가 유식이를 지배하려고 하는 한 발전은 기대하기 어렵고, 결국은 패망하고야 말 것입니다.

수염이 5자라도 배워야 한다는 옛말은 오늘에도 해당되는 격언이 아니겠습니까? 배우려고는 하지 않고 자신의 주장이나 하는 일이 실패가 뻔한 데도 무식한 고집을 하니 모든 분야가 어렵고 혼란이 오는 것입니다.

겸손한 자세로 배우는 자는 발전하고 지배자가 아닌 훌륭한 지도자가 될 수 있는 법입니다.

양심에 똥칠한 자가 그리운 시대이다

요즈음 신문을 보면 비양심, 몰양심, 거짓이 쏟아지고 있는 느낌입니다.

정치, 경제, 외교, 안보, 교육 그 어느 분야에도 혼란과 갈등, 퇴보가 이만저만이 아닌데도 "취임 후 어느 분야도 나빠진 게 없다"는 대통령의 호언장담이나, 대통령의 지지도가 역대 대통령의 최저 수준치(20%)에 계속 머물고 있고, 지난 4월 30일 재보선에서 23:0 이라는 참패를 하고도 이러니 정말 수정 불가능에서 더 이상 기대는 안하는 것이 가장 현명한 자세라고 보여 지는 것입니다.

이렇게 선조들이 허리띠를 졸라매고 올려놓은 경제발전과 지식 및 기술 수준을 송두리째 뒤흔들고 나라를 온통 갈등 구조로 만든 것이 백성의 잘못이란 말인지, 너희들이 나를 왜 뽑았느냐고 뒤집어씌우기 작전인지 정말 "울고 싶어라"입니다.

차라리 양심에 똥칠을 했다면 똥은 닦아내면 되지만 양심에 포항제철 원단을 깔았다는 한 때 유행하던 말보다 양심에 콘크리트를 했다는 말이 적절할 것 같습니다. 철판 깔고 콘크리트 한 것 뜯어내려면 보통 힘든 작업이 아니기 때문입니다.

구약시대 바로가 강퍅하다고 해도 이 시대에 태어났더라면 오히려 바로가 밀리는 강퍅이 아닐까요? 그러면 열 재앙으로도 부족할 때니 끔찍하고도 불안한 마음이 듭니다.

그래서 차라리 양심에 똥칠한 자가 그리운 시대입니다.

혼란한 시대의 「올바른 국가관」

〈기자 협회, 전국 기자대상조사 : 어느 매체를 믿는가?〉

대통령 잘못하고 있다-62%, 잘하고 있다-28%, 언론정책 잘못한다- 45%, 잘하고 있다-21%.

TV 신뢰도-25%, 신문 신뢰도-57%.

지금 우리는 정치, 경제, 교육, 문화, 사회, 총체적 위기와 혼란한 시대에 살아가고 있습니다.

정치에 예속된 방송(한림대, 과학원장, 언론학, 유재천 교수) 강성 노조가 투자 걸림돌(오벌린 - 주한 미국 상공회의소/안참 회장), 법원장 잇단사의 파문, 사법부 심각한 위기 "남 NLL 침범" 북 적반하장, 적화위기와 한국, 아버지 납치한 빨치산이 민주인사라니(6.25 당시 13만 주민 학살, 8만 주민 납치주도), 국민을 절망케 하는 정치, 국민소득 1만 불에 3만 불 분배요구 데모, 잘못된 교과서로 가르치는 학교, 민족문제 연구소에 범민련 간부 포진, 법치주의 무시, 비판 언론 탄합, 자유민주주의 기본질서 파괴, 사유재산 제도 훼손, 영토보존의무 위배, 현 정부는 좌파 정권(안국신 교수), 국가정체의 혼돈, 도덕 불감증, 포퓰리즘 정책으로는 나라 발전 못해(브라질 팔로치 재무장관), 희망의 메시지가 빠진 대통령 경축사, 적기가 반송 KBS(북군가), 언론학회 탄핵방송 보고서, 불안한 한미신뢰, 미군감축, 숨소리 빼고는 믿지 말자(백화종 칼럼), 하루시위 94건 꼴, 아! 불쌍한 우리 해군, 서울 북한 눈치봐야 하는, PD수첩 "송두율 변호" 논란, 1만개 기업 해외 탈출, 70% 기업 탈출 기회 찾고 있음, PD 5명이 KBS 프로그램 요리, 대통령은 왜 진보 보수를 갈라놓는가(강영훈 전총리) 등의 기사.

인간은 세 가지 내 것이 있어야 됩니다. ① 가정 ② 종교 ③ 국가입니다. 이것은 소유적 차원보다는 소속적 차원입니다.

1. 국가란 무엇입니까?

국가란 국민, 영토, 주권 3대 요소를 가지고 형성된 정치 공동체입니다. 올바른 국가는 권위와 권력이 선하고 유용하게 사용되어 국민의 신분과 재산을 보호하는 데 필요한 수단이 되지만 악한 지배자에게는 백성을 노예화하고 착취하는 지배계급과 권력이 됩니다.

국가의 기원은 여러 학설이 있지만 같은 부족끼리 모여 살므로 자연스럽게 형성되었다고 봅니다. 그러나 기독교적인 국가관은 하나님께서 인간 사회의 보전을 위해 하나님의 주권과 섭리하에서 선물로 주신 제도라고 봅니다. 그러므로 국가는 하나님의 질서요, 창조의 질서입니다. 국가와 통치권은 국가의 3요소 중 하나로 국민과 영토를 다스리는 국가 권력을 가리킵니다. 주권에 의해 결정된 것을 수행하기 위한 "무조건적인 권력"이라고 할 수 있지만 "무제한적인 권력"은 아닙니다. 국가는 통치권으로 국민 전체의 안전과 평화와 발전 그리고 복리를 위해 행사할 의무를 가지게 됩니다. 또한 국가의 권력은 특별히 필요한 때에 제정된 법의 태두리 안에서 일정한 영역 안에서만 무기를 사용할 수도 있습니다.

2. 민주주의 통치 원리

민주주의는(democracy Herodotus, B. C 482-474) 민중과 통치의 합성어로 "다수의 지배, 법 앞의 평등"을 의미합니다. 그러므로 민주주의의 통치원리는 "대표의 원리"와 "다수결의 원리"입니다. 물론 여기에는 각자의 주장에는 모두 동등한 권리가 주어져야 한다는 것입니다.

3. 기독교적인 입장에서의 민주주의 통치관

1) 국가는 하나님의 선물입니다. - 구성원들을 악의 세력이나 힘 있는 자들로부터 불이익을 당하지 않게 보호하고, 사회 정의를 구현하기 위해서 주신 것입니다.

2) 타락의 가능성을 항상 가지고 있는 국가의 통치권 국가권력은 하나

님이 주신 도구입니다(롬 13:1-7, 벧전 2:13-17, 계 13장). 그러나 국가 권력은 타락할 수 있기 때문에 사단적인 권력이 될 수도 있습니다.

3) 기독교인의 입장과 태도

(1) 정당한 통치권에는 순종해야 합니다.

(2) 통치권의 궁극적 기초는 하나님이십니다.

(3) 통치권은 특별한 목적을 위한 것이지 절대적인 것은 아닙니다.

(4) 어떤 통치권은 사단으로부터 옵니다.

(5) 현존하는 정부가 항상 정당한 정부는 아닙니다.

기독교인은 정당한 통치권에의 순종의 의무와 부당한 통치권에 대한 저항의 의무를 가집니다.

4. 법과 질서

법과 질서는 두 사람만이 있어도 존중하고 준수해야 하는 사회적 의무 중의 하나입니다. 사회질서는 묵시적인 합의와 명시적인 절차를 거치므로 이루어진 당연히 지켜야 할 문화적인 도리입니다.

1) 사회 유지의 요건입니다.
   통치자의 바른 법 집행은 사회정의를 유지해주며 질서와 기강을 바로 세우는 길입니다.

2) 법과 질서는 바로 윤리와 도덕의 근거입니다.

3) 사회질서를 위한 공권력 행사가 필요합니다. 국민적 공감과 신뢰에서 형성된 공권력과 일관성이 있어야 합니다.

5. 인권보호

인권이란 인간다운 생활을 할 권리를 의미하며 생명에 대한 고유한 권리입니다. 여기에는 도덕적 권리와(Moral) 실정적 권리(positive)가 보호되어야 합니다(세계인권선언문 1948. 국제연합(UN) 총회 채택/ 유럽 인권협정 (1950).

1) 인권 평등의 본질과 원리
① 하나님의 형상 ② 인권차별의 기원 ③ 하나님의 창조의 평등 ④ 그리스도의 구원의 평등에 근거합니다.

6. 자유민주주의 국가인 대한민국 정체성 확립

대한민국 국민이 지녀야 할 덕목(한민족의 얼과 맥 참조).

우리는 투철한 민족관, 국가관을 바탕으로 우리 민족의 정신철학, 생활철학, 윤리철학이 정립되어야 합니다.

① 경천애인, 애국의 정신, 하나님 공경, 인간사랑, 국가사랑

② 진실, 근면, 협동의 생활

③ 충, 효와 덕성의 윤리

1) 분단 상태의 한국
① 외적으로 군사력 증강대비
② 반공정책으로 무장
③ 분단시대 청산에 대한 준비
· 정신무장
· 민주주의 무장

2) 공산주의 수출전략 5가지
① 청년을 타락시켜라
② 기독교를 멀리하게 하라
③ 성욕에 빠지게 하라
④ 정신을 혼란시켜라
⑤ 사치풍조를 조성하라

지금 우리는 좌파 정권의 색깔이 정치인들로부터, 방송매체로부터, 예술작품을 통해 노골적으로 선전되고 있는 현실입니다.

군인이 총구를 어느 쪽으로 향해야 되는지 갈등하고 있습니다. 남북통일이 먼저가 아니라 자유민주주의가 우선이며 자유민주주의 하에서의 통일만을 추구해야 합니다. 진정한 민주주의는 자유, 정의, 평등, 인권이 각계각층에 골고루 실현되어야 하며 정부는 올바른 언론정책과 올바른 국민화합, 교육정책, 사회복지정책으로 백성들에게 희망을 주어야 합니다.

우리는 북한이 변하기 전에는 속지 말아야 합니다. 공산국가는 망해도 공산주의는 버리지 않는다는 말이 저들은 조직, 학습, 선동의 방법을 동원하여 나라를 50년간 어지럽혀 왔습니다. 공산주의는 거짓입니다. 휴전협정 후 2800번 도발한 것이 100% 북한이고, 휴전협정 43만 번 위반한 것도 100% 북한입니다. 협정이나 약속이 제대로 지켜진 적이 없습니다. 지금 NLL도 마찬가지입니다. 그러므로 이제 국가정체성이나 남남 갈등을 만들어내는 좌파들의 국가혼란 프로젝트에 속지 말고 50년 이상 지켜온 반공사상과 분명한 자유민주주의 색깔을 가지고 이 나라 이 민족을 적화이념의 침투와 사회주의 색깔 침투로부터 막아야 합니다.

지금 추진되고 있는 수도권 이전 문제나 과거사 정리도 정권 연장의 수단이 되므로 국가 장래를 흐리게 하고 국민갈등을 초래해서는 안 될 것입니다. 아놀드 토인비(세계적인 역사학자)는 과거 200년간 수도를 이전한 나라 중에 성공한 나라는 한 군데도 없다고 했습니다. 역사 바로 세우기나 과거사 정리도 역사학자들의 소관이지 권력유지를 위한 수단이나 한풀이의 한 방편이 되어서는 안 될 것입니다. 세계는 20년 만에 최고의 호경기를 경험하고 있는데 우리는 8년 가까이 경제가 계속 깊은 침체에 빠지는 것은 전적으로 정부의 정책 미숙과 실수이며, 알젠틴이 세계 제5대 강국이었던 나라가 좌파 정권의 등장으로 국가가 부도나고 비참하게 추락된 사실을 기억해야 합니다. 또한 브라질의 좌파 정권 등장이 국가의 발전을 위해 우파로 체제와 정책을 바꾸어 나가는 것을 거울삼아야 합니다.

너무나 잘못되고 때늦은 방법이지만 386세대나 "거리의 투사"들은 이제 국가의 발전을 위해 세계 발전사나 경제에 대해 공부 좀 하고, 이웃나라에 가서라도 배워 와야 합니다. 우리는 통일이 우선이 아니고 자유민주주의가 우선이며 분배가 우선이 아니고, 투자와 경제 성장이 우선이며 내가 살아보지도 못한 시대적 상황을 이제 와서 정리하고 판단하는 것도 엄청난 오판과 모순의 위험성과 국론분열의 불씨가 됨을 명시해야 합니다.

7. 혼란한 시대에 사는 크리스천들의 국가에 대한 사명

이제 명목상 크리스천 (nominalizm christian)의 대형화, 집단화 가지고는 영적 영적파워를 발휘 할 수 없습니다. 영적 싸움은 하나님을 전적으로 의지하는 믿음의 기도와 말씀으로 무장하는 것입니다.

지금 반공 공백과 용공 정부수립, 친북 정권 수립 프로젝트와 적화 통일의 숨은 계획을 노골적으로 차단하지 않으면 안 될 때가 되었습니다. 그리고 우리 스스로가 각성하여 종교 장돌뱅이들이 활개치고 예배 장사꾼들이 기성을 부리는 연합체나 영생을 팔아 기업하는 즉 진리를 팔고 사는 행태가 사라지도록 해야 합니다.

하나님께서 반만년 우상의 문화에서 침략과 가난에 한 맺힌 민족에게 복음의 빛을 주셔서 세계에서 보기 드문 경제 발전을 이루게 했습니다.

1970-1996년까지(37년간) 세계에서 경제 성장 1위를 차지하게 하시고 일본이 세계에서 200년에 이루었던 경제성장을 100년 만에 이루는 기적을 낳았으나 우리는 불과 37년 만에 이루는 지구가 생긴 이후에 처음 있는 경제성장을 가져왔습니다.

그러나 기독교의 부패로 인한 하나님의 징계는 무능한 정권 등장으로 말미암아 3조도 안되던 공적자금을 210조원을 투입하고도 계속 불황의 터널을 통과하지 못하고 있습니다.

우리는 세계 속의 한국을 생각해야 합니다. 미국은 우리나라의 6.25전쟁 시 우리를 도와 54,246명이 전사했고, 400조원 이상의 국방비를 지출시켰습니다.

지금도 세계의 국방비는 7,500억불인데 미국이 3,500억불 이상 매년 지출되고 있으며 군사 정보비만 해도 400조원이 투입되고 있습니다.

이것은 세계 200개국 나라의 국방비보다 미국의 국방비가 더 지출된다는 계산입니다.

우리의 군사 정보 특히 북한 정보는 96%이상이 미국의 첨단 시스템에 의존해 있기 때문에 우리는 50년간 지켜온 미국과의 동맹관계를 더욱 튼튼히 해야 일본과 중국, 주변 국가의 침략을 막을 수 있을 것입니다. 이것은 사대주의가 아니라 현실이며 우리의 생존을 위한 현명한 선택일 따름입니다.

우리 민족과 군인이 나아갈 길

(갈 6:7-9)

우리는 너무나 잘 속아 넘어가는 민족 역사였습니다. 그것은 이성보다 감정이 앞서기 때문입니다.

나무 문화권에 속해 있는 우리나라는 돌 문화권처럼 의지적이거나, 쇠 문화권처럼 도전적이지 못하는 단점도 있고, 또한 감성이 풍부한 장점도 있습니다.

무엇보다 전쟁 문화와 침략에 시달려온 우리 민족은 긍정적인 생각보다 부정적이고, 불평적인 성격으로 체질화된 부분도 있습니다. 무엇보다 가슴 깊이 자리 잡고 있는 한풀이 문화는 결국 다분히 복수적이고, 대결성이 강한 민족이 된 것도 사실입니다. 그래서 때로는 선동이 통하는 경우가 생기고, 면피용 꼼수에 잘도 넘어 가기도 하는 것입니다.

그러므로 우리 민족이 길이길이 빼앗기지 않는 선진국 대열에 진입하여 자리를 지키려면 현재의 상태로서는 불안하기 그지없습니다.

이것은 제도 이전에 사람입니다. 사람이 변화지 않는 한 제도의 개혁은 일시적인 깜짝 붐은 될지 모르나 그 효과는 기대하기 힘든 것입니다.

요즘처럼 여론을 무시하는 정치가 언제 있었으며, 어용 여론보다 여론 무시가 더 민주주의의 퇴보일진데 우리는 정신 차리지 않으면 또 다시 반만년의 쓰라린 한 많은 역사를 되풀이해야 되는 기로에 있다고 해도 과언이 아닙니다.

최근에 역사를 바로 세운다는 미명하에 역사를 뒤집고, 시민을 배반하는 시민 단체의 활약이라든지 갈등을 선동하고, 좌파이념과 좌파적 경영 철학이 실패의 실패를 거듭하므로 오는 경제 추락은 버스 지나가고 손드는 격이 되지 않도록 정신 차려야 합니다.

1. 개인주의, 이기주의는 망국의 지름길입니다

자기 이익만 추구하는 개인주의, 이기주의는 만악의 뿌리이며 사회악의 기본입니다. 이기주의와 개인주의는 민주주의의 원수이며 국가 파괴범이 되는 것입니다. 나라가 망해도 내게 유익하고 편리하다면 거기에 동요되는 민족은 정말 수준 낮은 민족입니다.

북한은 핵도 버리지 않고, 군인을 감축하지도 않는데 군복무를 단축시켜 군인들의 표를 노략질 하려고 한다면 이것은 정말 망국적 발상이 아닐 수 없습니다. 그리고 거기에 동요되어 표를 던진다면 우리의 내일은 희망이 없습니다. 오히려 그런 발상 때문에 완전히 표를 잃게 되는 수준이 될 것입니다.

군복무 기간은 썩히는 기간이 아니라 나라를 든든히 지키는 사명의 기간이요, 애국의 기간인 것입니다.

2. 유물주의, 향락주의를 청산하고 미래적 인격을 형성해야 합니다

사람은 육신, 정신, 영혼 등 세 가지가 조화를 이루어 인격을 형성합니다. 육신에는 건강과 필요한 물질, 정신세계에는 지식과 지혜, 영혼 세계에는 신앙과 윤리 등의 요소를 갖추어 조화를 이루어야 올바른 인격자가 됩니다.

세계와 역사는 영혼과 정신을 인정하고 중요시하는 민족이 선진국이 되었습니다. 정치 선진국, 경제 선진국, 교육 선진국, 문화 선진국이 되었습니다.

오늘날 만연해지는 유물주의는 인간성을 상실케 하고, 물질을 위해서는 친구도 버리고 생명도 죽이는 살벌한 세상을 만들어 가고 있다는 사실을 명심해야 합니다.

유물주의, 향락주의는 자신을 망칠뿐 아니라 가정을 파괴하고 타인도 나라도 망하게 하는 비참한 결과를 가져옵니다. 유물주의, 향락주의에 빠질 때 파멸을 가져왔다는 사실을 역사는 교훈하고 있습니다.

3. 미신 풍토와 질서 파괴를 청산하고 건전한 종교와 질서와 예의의 민족성이 회복되도록 해야 하겠습니다.

미신 풍토는 건전한 종교가 들어오기 전의 현상이요, 무질서와 혼란의 반복은 미개 사회의 풍조입니다. 모든 조직에는 질서가 견고할 때 든든하고 발전이 있는 것입니다. 낙하산 인사, 편법주의 샤머니즘이 활개치는 국가나 시대는 퇴보하고, 추락하고 마는 법입니다.

그래서 모든 교육 기관이 어릴 때부터 시간과 경제를 올바르게 관리하며 더 나아가 가정의 중요성, 이웃의 필요성을 가르치고 훈련시켜야 합니다.

4. 꿈과 비전을 가지고 최선을 다하는 우리 모두가 됩시다.

세계가 200년 걸렸던 경제 부흥은 37년 만에 이룩한 우리민족, 지구가 생긴 이후에 처음 있는 역사, 거의 기적에 가까운 우리의 역사, 다시 정신을 차리고 회복하며, 빼앗기거나 포기하지 않는 꿈과 비전을 가지고 지혜를 모으고 힘을 모아야 합니다.

그리고 아직도 용도 폐기된 좌파 이념의 노예에서 벗어나지 못하는 자들이 더 늦기 전에 눈이 열리고, 귀가 열리도록 하나님의 도우심을 기도해야 될 것입니다.

『 3가지 평준화의 꿈 』 이루어지면 망하는 꿈이다

이 땅의 평준화의 꿈은 너무나 좋은 것으로 여겨집니다. 그러나 평준화는 인간을 짐승으로 전락시키지 않는 한 불가능한 꿈입니다. 또한 가장 악독한 독재를 하지 않는 이상 역시 불가능합니다.

1. 경제 평준화

불가능한 꿈입니다. 공산 국가에서도 이루어진 역사가 없습니다.

다만, 지옥에만 평준화가 있을 뿐입니다. 독재자들은 세계적인 재벌이었고, 백성들은 짐승처럼 살도록 만들었습니다.

현 정부의 경제 평준화 정책은 많은 거지와 노숙자를 천문학적으로 증가시키는 평준화입니다. 정치인들 중에는 상당수 현 정부 이후 재산이 엄청나게 증가한 자들이 있습니다. 똑같이 배급을 나누어 주어도 5년 후, 10년 후면 생활의 격차가 많이 날 것은 뻔합니다. 그리고 10시간 노력한 자와 1시간 노력한 자가 어떻게 평준화가 가능하겠습니까?

모든 부정은 권력에서 옵니다. 악한 권력일수록 그럴듯한 이론으로 백성들에게 사기칩니다. 약한 백성과 기업인들은 살아남기 위해 아부하며 몸부림치다 보니 부정을 저지르지 않을 수 없는 경우가 절대 다수입니다. 정부가 정직하면 모든 기업, 모든 백성 그리고 기관은 정직하게 되어 있습니다.

거대한 권력 앞에 백성들이 무슨 힘이 있습니까? 이리 속고, 저리 시달리므로 사생결단으로 권력을 쟁취하려고 하는지도 모릅니다. 우리는 경제 수준을 올리는 데 도움을 주는 평준화를 시도해야지, 가진 자들의 것을 권력의 칼로 뺏어 평준화를 시도하는 하는 것은 민주주의 국가의 이상이 아닙니다.

2. 교육 평준화

불가능한 꿈입니다. 머리가 좋은 자와 나쁜 자, 노력하는 자와 노력하지 않는 자의 평준화는 불가능합니다. 교육은 비교보다는 최선을 기준해야 되는 줄 압니다. 교육의 기회도 그렇습니다. 배우려고 하는 자의 기회의 평준화이지 실력의 평준화는 불가능한 꿈입니다.

현 정부의 교육 정책은 바보 만드는 평준화 시도가 아닌가? 의심스럽기도 합니다. 좋은 학교를 파괴하고, 머리 좋은 사람, 열심히 배우는 사람을 미워하지 말아야 합니다. 그래서 교사 평가제를 반대하는 것은 아닌지요?

우리는 실력을 향상시키는 평준화를 시도해야 합니다. 물론, 실력도 있고 머리도 좋고, 배움의 열망이 간절한 자들에게 여러 가지 길과 제도가 필요합니다. 그러나 실력을 낮추어 바보 기준 평준화 시도는 하지 말아야 합니다.

3. 거수기 만드는 평준화

정부의 정책을 따르지 않는 자를 다 적으로 보고 모든 분야에 코드 인사로 가득 채움으로, 장인 정신은 개밥에 도토리가 되고, 폐인이 되는 일은 없어져야 합니다.

잘하는 정책에는 야당이든, 여당이든 다 협력하고 동참해야 하지만, 정치 연습하는 자들의 미숙한 정책이나, 무경험자들의 잘못된 정책이나 행동에는 제동을 걸고, 강력하게 반대해야 하는 것이 자유 민주 국가요, 희망 있는 국가가 되는 것입니다.

거수기 만드는 평준화, 그래서 거수기 신문이나 방송, 모든 매체는 지원하고, 그렇지 않은 매체는 잡아먹지 못해 안달하는 사악한 행동은 하지 말아야 합니다.

거수기 만드는 평준화는 좌파정권의 속성이지 민주 국가의 본질은 아닌 것입니다.

『군대가 살아야 나라가 산다』

군대가 살아야 나라가 삽니다. 군대가 튼튼해야 나라가 튼튼합니다. 군대가 튼튼하려면 정신 무장(애국심)과 훈련입니다. 총을 쏠 줄 모르는 100명보다 총을 쏠 줄 아는 군인 한 명이 승리합니다. 나라는 전쟁을 해서 이기기보다 전쟁을 막아 이기는 것이 훨씬 낫습니다. 그러므로 철저한 훈련, 철저한 질서, 철저한 성실이 군대의 기강이 되어야 합니다.

저는 KBS를 안 본지 6년이 되었습니다. 그 이유는 ①거짓방송 ②국가를 부수고, 추락시키는 방송, 역사를 왜곡시키는 방송을 하기 때문입니다. 시청 앞 광장에 삼십만 명이 모여 규탄 대회를 해도 1분 1초짜리 방송도 나오지 않는 철저히 정부 어용 방송, 선거 선전 방송이 되었기 때문입니다.

북한은 공산주의 독재입니다. 3백만 명이 굶어 죽어도 눈 하나 까딱 안하고 핵 개방에 투자하고 있습니다. 미사일 쏘아 올린 경비만 하면 북한 1년 내내 배부르게(2,300만) 먹을 수 있는 돈입니다. 김정일이 해외 도피자금 6조원이면 북한 백성 15년을 배부르게 먹을 수 있는 돈입니다.

여러분, 지금 공산주의 국가는 북한, 쿠바, 라오스, 베트남, 중국뿐입니다. 그러나 중국도 개방 중에 있고 베트남도 70년도에 공산화 되었는데, 공산주의도 하고, 개방도 하려고, 두 마리 토끼를 잡으려고 몸부림치고 있습니다.

공산주의는 악의 축입니다. 1997년 프랑스에서 발간된 "공산주의 흑서"에 의하면 숙청, 집단 처형, 집단 강제 이주, 정부가 만든 대기근으로 죽임을 당한 인간이 약 1억이 넘는다는 통계가 나와 있습니다. 소련에서 스탈린의 대숙청이 있었고 1956년 2월 전당대회에서 후루시초프가 폭로하기를 1936년에서 38년 사이 10월 혁명 이전에 공산당에 입당한 사람의 90%를 죽였고, 그 후에 입당한 사람의 50%, 군장성급은 60%를 처형했다고 했습니다. 스탈린 숙청은 그 후에도 계속되어 5천명이 넘는 고급 장교가 처형되었습니다. 러시아가 공산화된 후 기독교인이 2700만 명이 학살을 당했습니다.

기독교인이 지금까지 6천만 명이 순교를 했는데 거의 다 공산 독재 정치의 희생물이었습니다. 중국의 모택동의 "대약진 운동"을 전개하는 과정에서 3천만 명에서 4,300만 명을 굶겨 죽였습니다. 그리고 그의 유명한 문화 대혁명에 1억 이상의 중국 인민이 모진 고초를 당했고, 3천만 명이 죽임을 당했고 3백만 명의 당원이 숙청을 당했습니다.

70년도 공산화된 베트남은 시종일관 반미 데모로 미군을 철수케 하고, 계속 데모를 주도했던 간첩과 시민 조직, 종교 단체들의 조직적인 선전과 선동의 결과로 공산화가 되고 말았습니다.

한국의 좌파정권은 베트남을 교과서로 하고 있습니다. 5만 명의 월맹 간첩들은 민족주의자, 평화주의자, 인도주의, 부정척결운동으로 가장해서 종교단체, 대통령 비서실장, 장관, 도지자, 군 요직까지 장악하여 베트남 공산화를 성공시켰습니다.

그리고 온갖 누명을 뒤집어 씌워서 3백여만 명을 제거하고 학살하였습니다. 공산주의는 무신론주의 유물주의입니다. 인간을 생산수단으로 봅니다. 그러기에 우리가 생각하는 노인, 어린이, 부모, 형제, 친구 개념과는 다릅니다.

그들은 유치원 때부터 당에서 사육을 합니다. 사람으로, 인격자로 키우는 것이 아니라, 당원으로 공산주의자로 사육시킨다는 것입니다. 그러므로 북한은 동족이라는 개념 이전에 공산주의자라는 사실을 알고 공산주의가 망해야 평화 통일이 가능하다는 사실을 알아야 합니다.

지금 자꾸만 갈등 구조를 만들고 양극화를 조장하는 것은 공산화시키는 과정에 나오는 교과서입니다. 양극화는 이념용어이지 경제용어가 아닙니다. 지금 기획 혼란과 선동 아이디어가 판을 칩니다. 국가의 정체성을 흔들고, 경제, 교육, 문화 모든 분야의 가치 기준과 판단이 혼란스럽습니다. 심지어 군대까지도 누가 주적인지 혼란스럽게 합니다.

현 정부가 만들어낸 기획 혼란인 것처럼 보이는 것은 얼마든지 막을 수 있고 여론화 시키지 않아도 될 일들이기 때문입니다. 여러분, 감사원 발표한 사학 비리는 전체의 1%에 불과한데 전체가 비리로 충만한 것처럼 선동합니다. 소수의 부정을 전체의 부정인 것처럼 선동합니다. 1% 부동산 투기업자 때문에 99%가 고통당합니다.

베트남이 그렇게 했습니다. 모두 부정 공무원, 부정 장교로 몰아 세워 처형하고 숙청했습니다. 그러니까 무지한 백성들은 잘 죽였다, 잘한다, 그렇게 하다가 속아 넘어간 것입니다.

여러분 지금 보십시오. 누가 애국자인지, 매국노인지, 누가 죄인이며, 누가 의인인지, 누가 선한 사람이며, 누가 죄인인지, 누가 똑똑한 사람이고, 어리석은 사람인지, 부자는 다 죄인이고, 좋은 학교 코피를 흘리며 공부한 사람은 죄인이고 독학해서 공부한 사람이 의인이고, 어디까지가 노동자이고, 착취자인지 그 기준이 혼란스럽지 않습니까?

이것이 공산화를 꿈꾸는 자들의 기획 혼란이라는 것입니다. 지금 간첩 활동과 학문 연구는 엄연히 다른데 혼란하게 하고 있지 않습니까? 6.25를 북침이라고 가르치는 전교조는 좌파조직입니다.

여러분 정신을 차려야 됩니다. 인권운동, 역사 바로 세우기. 거기에 다 불량품들이 침투하여 맹활약하고 있는 증거가 드러나고 있지 않습니까? 마르크스는 "계급은 갈등을 통해서만 스스로 조직한다"고 했습니다. 그래서 부자와 가난한 자를 갈등하도록 하고, 종교인들과 비종교인들을 갈등하도록 갈등의 집단을 결속시켜 공산화를 실현시켰던 것입니다. 이것은 문화충돌이 아니라 이념충돌을 위장시킨 것입니다.

지금 "이념 영화"가 판을 칩니다. 「태극기 휘날리며」 「동막골」 「실미도」 다 교묘하게 이념을 침투시킨 것입니다. 방송으로 선전하니까 그것을 많이 보고는 혼란스럽게 만들고, 역사와 현실을 모르는 자들에게 왜곡된 역사를 주입시키는 것입니다.

지금 우리는 반미와 작통권을 국가지도자들이 주장함으로, 나라가 불안하고 혼란스럽습니다. 여러분, 자주 국방, 자주 국방 하면서 젊은이들에게 자부심을 불어넣는 척 하면서, 공산화 시키려고 하는데 세계 역사상 자주 국방 하는 나라는 한 나라도 없습니다. 북한이 자주 국방입니까? 중국과 소련의 도움을 지금까지 받아왔지 않습니까? 세계에서 최대 강국인 미국이 자주 국방합니까? 유럽 연합과 나토연맹을 통해 공조하지 않습니까?

미국이 얼마나 강합니까? 세계 200개국 나라 국방비가 7천 5백억 불인데, 미국의 국방비가 3천 5백억 불입니다. 199개국과 미국 한 나라와 맞먹습니다. 미국의 연간 정보비만도 40조원입니다. 우리나라 국방비가 110억불입니다. 미군 3만 7천명의 주둔비가 107억불입니다. 지금 우리가 미군 철수하고, 군사 장비를 구입하려면 628조가 필요합니다. 그리고 기술 전수하는데 천재들이 10년간 터득해야 됩니다.

여러분, 동맹은 사대주의가 아닙니다. 일본이 세계적인 경제권이 있고 그리고 3.8선이 없는 나라인데, 왜 미군이 주둔하도록 합니까? 우리나라 미군 기지보다 7.8배의 땅을 더 허용하고 있습니다.

이것은 주권 문제가 아닙니다. 주권을 빼앗기는 것이 아니라, 주권을 지키기 위해 동맹하는 것입니다. 미국과 동맹한 남한과 미국과 원수된 북한과 어느 나라가 자유와 평화와 부를 누립니까? 그러므로 작전권 환수란 말은 말도 안 되는 국민을 속이는 정치선동입니다. 작전 통제권을 미군이 가지고 간 것이 아니고, 전시에 한국 대통령과 미국의 대통령, 국방 장관으로 구성된 국가 총수 및 지휘기구(NCMA) 양국 합참의장이 참여하는 군사 위원회로부터 전략 지침을 받는다는 것인데 무슨 환수입니까? 공동행사인데 미군이 군사력이 월등하기 때문에 협조를 구하고 함께 판단과 결정을 구하는 것입니다.

그리고 미 공군 문제도 그렇습니다. 훈련장 없는 공군 주둔이 가능합니까? 이것은 어린아이 장난하는 것도 아니고, 계속 반미 감정만 부추기는 것입니다. 그러므로 국가는 정권 안보에 열중할 것이 아니라 국가 안보에 열중하는 국방장관 또는 군대가 되어야 합니다. 오죽하면 전직 군방장관이 총동원하여

이 일을 막고 있겠습니까?

여러분, 나라가 있어야 가정도 있고, 학교도 있고, 성공도 있는 것입니다. 월남이 공산화되고 79만 2,893명이 동남아 지역으로 탈출하고, 제3국에 정착한 난민의 수 43만 8,436명이 이르렀습니다. 그리고 수십만 명에 이르는 보드 피플을 아시지 않습니까?

그러므로 이제 우리는 정신을 차려야 됩니다. 우리나라가 1970-1996년까지 37년간 세계 경제 성장 1위를 차지했습니다. 일본이 세계가 200년간 이루었던 경제 성장을 1년에 이루어 세계가 놀랐습니다. 그러나 우리나라는 세계가 200년 걸리고 일본이 100년 걸린 것을 37년 만에 이루었습니다.

이것은 순전히 하나님이 이 나라를 지켜 준 것입니다. 우리는 반만년 간 930회 이상 침략을 받았고, 가난과 압박에 시달려온 한이 많은 민족입니다. 그런데, 우리도 한 번 잘 살아 보자는 정책으로 0.2-0.5% 정도의 사람들은 고통을 당했으나, 95%내지 98%는 행복했고, 발전의 혜택 속에 살았습니다.

이것은 미국과 동맹했고, 우리를 일어날 수 있도록 도왔고, 우리 민족의 한을 정치인들이 잘 이끌었고, 우리의 선조들의 비장한 각오 때문이었습니다.

여러분, 70년도에 우리나라 돈 300억을 빌려 주는 나라가 없어서 여러 국가에 구걸하다가 독일에서 차관이 들어왔습니다. 그것은 한국 간호사들이 수천 명 독일에 인력 수출이 되었기 때문에, 그 간호사들의 임금을 잡고 빌려준 것입니다. 그 간호사들이 영어를 알고, 독일어를 아는 사람이 몇 사람 되었겠습니까? 거기서 무엇했습니까? 일반 간호사들의 일보다 영안실에서 송장 관리하는 일이 거의 다였습니다. 이래서 외화를 들여 온 것입니다. 이런 우리나라 이제 좀 살게 되었다고 배신하고 천지를 모르고 까불고 설치면 되겠습니까?

우리는 지질학적으로 자원 생산국이 아닙니다. 전술기지로 유리합니다. 그러므로 우리가 세계1위 강대국이 될 때까지, 그리고 되어도 동맹을 유지해야 되는 것입니다.

다시 강조합니다. 이것은 사대주의 사상이 아닙니다. 자주 국방을 위한 지혜로운 전략입니다. 중국이, 소련이, 일본이 미국처럼 해주겠습니까? 6.25때 54,246명의 미군이 전사하고, 그때 400조원의 국방비를 지출하였습니다. 이것은 하나님이 미국을 감동시켜 도우게 한 것입니다.

여러분, 3.8선이 엄연히 있고 북한 정치의 남침 야욕은 0.1%도 변하지 않고, 남침 전략만 약간 수정해 가고 있는 것뿐인데, 북한이 요구 하는 대로 미군 철수하고, 작통권을 우리 맘대로 하면 100% 북한의 밥이 됩니다.

그리고 지금 모든 대기업, 또한 중소기업까지 주식이 50%-60%(70%이상이 되는 데도 있음)가 외국 자본이요, 주식인데 미군 철수하고 이 땅이 좌파정권의 입맛대로 되면 주식을 다 회수하면 하루아침에 국가 부도나는 것 아니겠습니까?

정신차려야 합니다. 독일이 통일할 때 우리보다 9배 더 잘 살 때입니다. 지금까지 2,600조원이 투입되었습니다. 그런데도 어렵습니다. 그리고 요직에 아직까지 동독사람들을 기용하지 않습니다. 절대 다수 통일을 후회하고 있습니다. 그래도 통일을 해야 합니다. 그러나 경제적으로 준비해야 하고, 군사적으로 무장해야 하고, 이념적으로 무장해서 공산주의가 파멸되고 난 뒤 자유, 민주 통일을 해야 합니다.

독약은 10%를 섞어도 먹으면 죽습니다. 공산주의는 민주주의의 독약이요, 악의 본성입니다. 공산주의는 이제 거의 용도 폐기되었습니다. 우리나라가 6년 전, 3조원 8조원 국가 부채가 지금 300조원이 다 되었습니다. 한 가구당 3,600만원의 부채를 짊어지고 있습니다. 이것 밝혀야 됩니다. 그런데도 대통령은 해외 순방비 466억을 썼습니다.

우리가 추구하는 것은 행복입니다. 지금 178개국 나라를 대상으로 조사했는데, 행복지수 102위로 떨어졌다고 합니다. 그 이유가 70%가 현 정부에 대한 불만이고, 그 불만이 5.31 선거로 통해 확실히 나타났습니다. 이제 한 세대는 가고 한 세대가 옵니다.

여러분, 다시 과거 반만년의 한많은 역사로 복귀할 것 입니까? 희망의 나라를 건설할 것 입니까? 군대가 살아야 나라가 삽니다. 인간은 누구나 신체적 욕구, 사회적 욕구, 정신적 욕구, 영적인 욕구가 있는데 다 필요하지만 정신적인 욕구와 영적인 욕구가 충족되지 않으면 원더풀 인생을 살 수 없습니다.

그 비결이 믿음의 인간과 믿음의 사회, 소망의 삶, 사랑의 삶이 되어야 가능한 것입니다. 민주주의는 믿음, 소망, 사랑의 사회제도이고, 공산주의는 독재자의 입맛대로 하는 정치입니다.

지금 북한의 장성급은 300평 저택에, 밴츠차를 선물로 기증받지만, 김정일의 입맛에 맞지 않으면 하룻밤에 처형되거나 숙청되어 수용소로 가야 합니다.

선택은 자유입니다. 그러나 열매는 자유가 아닙니다. 뿌린 대로입니다.

『 공산화된 베트남은 시단의 성공 』

지금의 대한민국은 1975년 베트남과 유사합니다. 1975년 4월 30일 공산 베트남(북베트남)이 소련제 T-34 탱크를 이끌고 수도 사이공(현/호치민시)으로 점령한 날입니다.

자유 베트남은 공산당원 9500여 명과 인민혁명 당원 4만 명의 비밀당원들이 민족주의자, 평화주의자, 인도주의자로 위장하여 시민, 종교 단체는 물론이고 대통령 비서실장과 장관 도지사 등 권력 핵심부를 장악했습니다.

그 당시 자유 베트남의 경제력이나 군사력에 있어서 북 베트남보다 훨씬 앞질렀지만 부패하기도 했지만, 그것을 미끼로 그리고 그것이 전체의 부패와 부정인 양 선동하여 반미, 반전, 평화 등을 명분으로 침투한 간첩에 의해 요소요소 요직을 장악했던 것입니다.

1973년 휴전 협정이 체결되고, 미군과 한국군이 전면 철수하자 사이공에는 100여개의 소위 간첩이 주동된 사이비 애국, 통일 운동 단체 등이 수십 개의 언론사를 양산해 베트남 좌경화에 앞장섰던 것입니다.

월남을 공산화시키는데 성공하자 지식인, 공무원, 군인, 종교인, 부유층 그리고 월남 정부에 협조한 사람들을 모두 재교육시키면서 저들을 적대 계층으로 분류하여 조국을 배신한 배신자로 간주하며 보복 대상이 되었던 것입니다. 그래서 탄압, 차별, 숙청, 학대, 처형, 폭정이 계속되었고 전국 각처에 재교육 수용소가 설치되어 한 수용소에 2천명 이상 수용시켜 공포와 불안의 생지옥 같은 생활이 계속되었던 것입니다. 그때 사망한 인원은 200만으로 추정하나 정확한 통계는 전혀 밝혀지지 않고 있습니다.

그래서 무조건 도망가야 산다는 판단에서 보트피플(Boat people)이라 불리는 난민이 생겼습니다. 1976년-1992년 말까지 동남아 지역으로 탈출에 성공한 사람의 수는 약 79만 2,893명에 이르렀습니다. 그리고 1979년-1992년 말까지 동남아 국가들의 난민 수용소를 거쳐 최종적으로 난민 자격을 인정받은 사람들이 서방 등 제3국에 정착한 난민의 수는 43만 8,436명으로 나타나고 있습니다.

그러면 월남 공산화 31년을 맞은 2006년도 한국의 정세는 과연 어떠합니까? 대한민국의 정치권력의 추는 친북좌익 세력으로 기울어져 있습니다.

물론 전체 숫자는 10% 또는 15%를 넘지 않지만 이들은 사생결단으로 방송, 언론, 핵심 자리를 장악하여 민족공조와 반전 평화 운동이라는 미명 하에 정체 모를 시민 단체들의 반미 집회가 서울 도심 한복판에서 공공연히 자행되고 있습니다. 그리고 한미 동맹 강화와 주한미군의 주둔 필요성을 강조하는 자유 민주 시민에게 수구, 냉전주의자, 보수 골통이라는 용어를 동원하는 반민족적인 위장 단체들이 우후죽순 일어나고 있습니다.

한반도 안보는 최대의 위기를 맞고 있습니다. 지금 일으키고 있는 상하, 좌우, 동서남북, 모든 분야의 「기획 혼란」과 「선동 아이디어」는 공산화를 위한 프로그램이라는 사실을 알아야 합니다. 국가의 정체성이 흔들리고 정치, 경제, 교육, 사회, 문화, 가치 기준을 혼란스럽게 만들고 심지어 군인들까지도 누가 주적인지 혼란스럽습니다.

6.25 남침을 북침이라고 가르치는 이런 양심에 철판을 깐 거짓의 명수들이 순진한 학생들에게 역사와 사실을 왜곡시키고 혼란스럽게 하고 있는 현실입니다.

배운다고 코피 흘린 자가 죄인 되고, 부자는 다 악당들이고, 육체노동만 노동자이고, 국가의 돈 축내는 것은 죄가 아니고, 기업의 돈 받은 비자금만 죄인이며, 그것도 누구에게 주었느냐에 따라 죄인도 되고 무죄도 되는 현실이 통탄스럽지 않을 수 없습니다. 역사파괴, 위인파괴, 호주제 폐지, 희한한 인권위원회의 인권기준 정말 혼란스럽도록 만들고 있으며 정신차리지 않으면 세뇌되고야 말 것입니다.

그러나 월남과는 다릅니다. 그것은 그들은 문맹인의 수 월등히 많으며 지역적으로도 긴 뱀처럼 된 땅 덩어리기에 속일 수 있으나 우리는 한 두 번은 이용당하고 속일 수는 있어도 계속 속임수는 불가능하기 때문입니다.

지금 대통령 직속 "민주평화통일 자문위원회"(평통)는 국내외 15,000명 평통자문위원들에게 몇 십 명씩 조를 짜서 「베트남 세미나」란 4박 5일 하노이 여행 패키지를 만들어 "의식화 교육"을 하고 있습니다. 베트남의 「통일 과정」과 「통일 노력」이란 특강과 「베트남의 통일에서 한국 통일이 시사받을 점은 무엇인가?」의 포럼과 분임 토의, 또는 「호치민 통일과 애국의 길」이란 책을 읽게 하고, 호치민 찬양과 그의 일대기, 살던 집, 호치민 박물관, 호치민 묘를 관람시키고 있습니다.

그래서 김일성의 사상과 호치민의 통일 전선을 대입시켜 위대한 민족의 영도자 김일성으로 이미지 부각을 시키고 있습니다. 지금도 계속해서 베트남 관광 단체들을 안내하는 가이드들이 철저히 의식화 교육을 받은 자들이 호치민의 잔인성, 간첩 5만 명을 침투시켜 나라를 공산화시키고 31년이 지나도 서민국가를 벗어나지 못하는 현실은 얘기하지 않고, 거짓으로 만든 역사와 영웅화에 열을 올리고 있는 현실인 것입니다.

지금 우리나라는 월남 공산화를 모델로 좌경화된 정치인들과 시민단체가 깊숙이 침투하여 원격 조정 및 사생결단으로 활동하고 있는데 반해 국민들의 안보 의식은 저들의 작전에 나도 모르는 사이에 이용당해 흐려지고 있습니다.

예를 들어 상대방은 평화 회담이라는 미명하에 무장해제를 시켜놓고 자신들은 핵무기와 미사일을 준비하고 있으며 다른 한쪽 전략은 대남 공작과, 이념 교육에 정치, 언론(TV, 주간지, 신문, 라디오, 인터넷, 교제 등,) 예술(영화, 다큐멘터리), 교육 등 다양하게 전심전력하고 있습니다.

월남이 공산화되기 전 월남군(세계 4위)의 기동력과 화력은 월맹군과 비교가 안 될 정도로 월등했지만 국방과 안보를 무관심하게 만듦으로 결국 거지 군대에게 패망하고 말았듯이 부패한 군대와 분열된 사회는 최신 무기도 고철화 되고, 총 한 발 쏴보지 못하고 패망한다는 사실을 명심해야 합니다.

지금 우리는 6년 전(2000년 3월) 연천 땅굴이 발견되었으나 제대로 파보지도 않고 자연 동굴이라고 하여 군사 보호 지역이므로 계속 발굴 작업을 하지 못하도록 했고, 서울중앙지법에서 국가가 파서 확인해야 된다는 판결이 나왔으나 아무런 반응도 대책도 없습니다. 누가 이것을 막고 또는 방해하고 있는지 충분히 의심하고도 남습니다.

아직도 북한은 종교의 자유가 그림의 떡이며, 조직와해용 종교 침투를 막으라는 명령 하달과 반동적 사상 독소인 종교를 허용하면 북한 체제는 와해 되는 결과를 초래한다고 북한 노동 출판사에서 펴낸 주민 교육용 자료에서 밝히고 있습니다.

현재 우리는 미 프리덤 하우스 발표에 의하면 언론 자유가 69위로 떨어졌고 게다가 세계를 돌며 시위하는 시위 수출국, 시위 공화국이라고 선전되고 있으며, 자녀 키우기 쉬운 나라에 스위스는 98%인데 비해 우리나라는 19%에 겨우 미친다는 사실입니다.

이번 지방자치 단체장 선거나 남한 선거에 북한 정권이 이제 선거 사령탑 인양 행세하고 있습니다.

5. 31선거는 국민의 수준이 월남과는 다르다는 것을 보여준 한 예입니다. 순간적으로 속고 이용을 당하는 경우는 많아도 그렇게 쉽게 계속 이용되지는 않을 것입니다.

오늘날 지도자 무원칙, 무책임의 발언과 저질 폭로에 선봉주의자들, 유치하기 그지없는 정치꾼들, 권력에 눈치보고 아부하는 데 정신이 없는 방송, 그리고 권력의 맛을 보더니 즉각적으로 권력에 중독이 되어버린 자들로 구성된 정부 시스템, 개혁이란 미명하에 더 큰 개혁을 요구하는 사건을 저지르고 있으며 우리 민족끼리란 말로 유혹하여 패쇄적이고 현실에 맞지 않은 논리와 다른 여론의 수렴은 절대 불가능한 이분법만 존재하는 갈등 구조 제조 공장장과 사원들이 모여 있는 집권당은, 혼란과 퇴보의 주체 세력이 된 것입니다.

20년 동안 19년째 파업하는 현대차 노조는 2001년부터 2006년 사이에 임금이 43%가 올랐으니 세상에 이런 모순이 어디에 있습니까?

이제 우리는 정신을 차리고 지도자들도 똥고집 부리지 말고 나라 그만 부수고, 국민들 행복 수치를 점점 하락시키지 말고, 은혜를 감사할 줄 알며, 의리를 지키며, 성실한 자가 잘 사는 것이 당연한 사회로 나아가도록 해야 합니다.

이 일을 크리스천들이 그리고 크리스천 지도자들이 깨어 있어 기도하며 올바르게 선 자들을 깨우쳐 주어야 합니다.

아 아 잊으랴!
(안보교육 교안)

역사의 교훈으로 깨닫지 못하면 경험으로 깨달을 날이 옵니다. 그러나 그때는 이미 늦었습니다.

전쟁에는 2등이 없습니다. 군사 분계선은(38선) 살아 있는 선입니다. 인간은 이 땅에 사는 동안 기본적으로 세 가지를 사랑해야 하고, 세 가지 내 것이 있어야 합니다. 그것은 내 가정, 내 교회, 내 국가입니다. 내 것이라는 것은 소유 개념이기보다 소속개념으로 이해해야 합니다.

가장 건전한 국가와 가장 건전한 사회는 나라를 사랑하고, 교회를 사랑하고, 가정을 사랑하는 사람입니다. 세계의 역사는 교회의 전성기가 국가의 전성기였음을 증명하고 있습니다. 월남이 패망할 때 그 참상을 우리는 기억합니다. 106만 명이 폭풍우가 심할 때 바다로 도망갔습니다. 군함이 따라오지 못하게 태풍이 심한 날을 택했습니다.

그것이 바로 「보트피플」이 아닙니까? 나라마다 그 많은 사람들을 받을 수 없어 상륙을 거절당한 상태에서 바다에서 갈 곳이 없이 방황했습니다. 얼마나 많은 사람들이 파도에 실종되고, 굶어 죽었는지 그 참상은 이루 말할 수 없습니다.

우리는 6.25라는 동족상잔의 비극을 맛본 민족입니다. 6.25의 비극은 53년이 지난 지금까지도 분단의 아픔과 대립의 연속이라는 것입니다. 6.25 기간 중 한국군과 유엔군은 약 48만 명의 인명 피해가 있었고, 350만 명의 사상자를 내었고 국토를 초토화시킨 우리 역사상 영원히 잊을 수 없는 참극이었습니다.

"아아 잊으랴 어찌 우리 이날을"

6.25는 전설 따라 삼천리가 아닙니다. 공산군 측도 150-200만의 병력 손실

이 있었습니다. 이재민은 남한에서만도 370만이나 되었습니다. 10만 명의 고아가 생겼습니다. 1천만 명 이상의 이산가족이 생겼습니다. 미군도 58,260명이 사망했고 8,110명이 행방불명되었고 3,603명이 포로 되었습니다. 미국의 많은 전쟁 경험과 지원 중에서 가장 수치스러운 경험이 6.25입니다. 그러나 이제 전쟁을 경험해 보지 못하고 공산주의의 잔인성을 모르는 세대가 전체 인구의 70-80%가 넘습니다. 그렇기 때문에 공산주의에 대한 이념이나 시각이 6.25를 경험한 자와 경험하지 않은 자와는 엄청난 차이가 있는 것이 국토를 분열시키고 자유민주주의의 기초를 흔들고 있습니다. 지금 훈련소에 입소하는 훈련병 중에 상당한 수 6.25가 북침이라는 세뇌교육을 받고 있습니다 (훈련 소장의 증언).

초등학생 10%가 일본이 우리나라를 침입한 것이 6.25로 알고 있습니다. 김일성도 남침을 인정하고 중국 중고교 교과서에도 남침설을 기록하고 있는데 지금까지 북침설을 고정 간첩들과 간첩교수들의 주장과 북한의 억지 주장을 그대로 받아들이는 자세입니다. 여러분 지금 국가를 어지럽게 하고 나라를 망하게 하는 악의 축이 무엇입니까?

① 공산주의 사상입니다.

이미 용도 폐기된 공산주의 사상을 마지막으로 꽃 피워 보려고, 세상 끝, 지구 끝인 남한에서 최후의 발악을 합니다. 공산주의는 무신론 사상 집단입니다. 특히 북한 공산주의는 김일성, 김정일 유일사상입니다. 유물주의입니다. 공산주의 사상은 모두 거짓입니다. 거짓 조직입니다. 북한 헌법에도 「조선민주주의 인민공화국」입니다. 월남이 공산화 될 때도 민주화 주장하면서 공산화시켰습니다. 북한에는 김일성 동상이 28,300개가 있습니다. 5억불을 들여(6천억) 시체 보존 시설을 했습니다. 1년 유지비가 6백만 달라(72억)가 소요되고 있습니다. 6천억, 72억 할 때 우리 경제 기준으로 이해하면 안 됩니다. 북한은 우리나라보다 20배도 더 못삽니다. 3백만 이상이 굶어 죽었습니다. 탈북자가 3십만이 훨씬 넘습니다. 독재 공산주의는 나라를 망하게 합니다. 후세인 독제 정권은 정권 유지를 위해 25만 명을 학살하고, 자기 처남까지 죽였습니다. 공산주의는 적그리스도입니다. 공산주의 원조는 사단입니다.

② 부정부패가 나라를 망하게 합니다.

부정부패가 나라를 망칩니다. 지금까지 우리나라의 부정부패는 그 규모가 불과 몇 년 전보다 100배가 아니라 천배가 넘습니다. 아무리 아니라고 시치미를 때도 결국은 사실로 드러난 것이 지금까지의 모든 부정부패 사건들이었습니다. 정직하지 못한 정치나 경제나 교육은 결국은 망합니다.

③ 도덕적 타락입니다.

지금은 선악 식별 능력이 마비되었습니다. 상식이 통하지 않는 시대로 가고 있습니다. 공산주의 전략 중에 하나가 청년을 타락시키라는 것입니다. 그리고 가진 자를 모두 원수로 보는 개념입니다. 자살테러단이 무역 센터와 펜타콘을 공격했습니다. 무역센터에 일일 거래 액수는 우리나라 1년 예산의 거의 80배를 육박합니다. 그리고 거기에 근무하는 인력은 세계적인 수재들입니다. 이런 테러단 지원내지 생산국을 보호해야 된다는 논리는 선악의 경계선이 마비된 양심들입니다.

정직 상실, 성도덕 타락, 예술성이란 가면을 쓰고 침투하는 음란 영상물과 가짜 문학 작품들, 예의범절과 도덕성이 추락되었습니다. 게다가 호주제 폐지 법안을 상정하는 의원이 있다고 하니 속된 말로 나라를 완전히 개판을 만들겠다는 의도가 아니고 무엇이겠습니까? 공산주의 부정부패, 도덕 타락은 나라를 망칩니다. 우리는 정신을 차려 올바른 국가관으로 나라를 사랑하고 지켜야 합니다.

역사적으로 하나님을 거역하는 나라는 망합니다. 개인주의가 팽창하면 나라는 망합니다. 우리는 6.25를 기억해야 합니다.

이스라엘 국가는 과거 애굽 나라의 종살이하던 때와 광야 유랑 민족 생활의 고통을 늘 기억하도록 해서 다시는 그런 고통을 후손들에게 당하지 않도록 가르치고 있습니다.

미국 역시 신앙의 자유를 찾아 102명이 목숨 걸고 바다 건너와 건설한 땅이 아메리카 대륙이 아닙니까? 그래서 그들은 그 선조들의 고난과 정신을 잊어버리지 않게 하기 위해 102층 엠파이어 스테이트 빌딩을 지은 것이 아니겠습니까?

어두움이 빛을 이기지 못합니다. 거짓은 진실을 이기지 못합니다. 우리가 정신차리면 제 2의 6.25, 제 2의 월남화는 되지 않습니다. 전쟁을 무서워하면 승리할 수 없습니다. 자유를 누릴 수 없습니다. 우리가 민족 공조라는 말에 현혹되지 말아야 하겠습니다. 민족 공조는 북한이 핵을 포기하고, 총칼을 버리고, 우리가 누리는 자유와 모든 인권이 보존될 때 가능합니다. 지금 공산주의는 사유재산을 인정하지 않습니다. 김정일은 0.1%도 변한 것 없습니다. 그동안 우리가 도와준 돈으로 굶어죽는 백성들 살리는 데는 쓰지 않고, 핵 개발하고, 전쟁 준비를 위해 땅굴을 파는 데 주력해 왔습니다.

공산주의는 거짓논리입니다. 앞면과 뒷면이 다릅니다. 스탈린 그의 전기는 좋은 점만 말하고 있습니다. 그러나 그의 이면은 7,500만을 죽이면서 정권을 유지했습니다.

중국의 모택동은 6천만 명을 죽였습니다. 김일성, 김정일은 예수 믿는 사람을 다 죽였습니다. 맹종하지 않는 자는 다 반동분자로 죽이고, 탄광으로 보냈습니다.

초등학교 교과서에 김정일과 악수하는 장면을 실었습니다. 여론을 조사해 보니 초등학생 90%가 김정일이가 좋은 지도자인 것 같다고 했습니다.

우리나라를 지키는 안보의 축은 국군, 보안법, 주한 미군입니다. 그런데 국군의 서해교전을 "우발적인 사건"이라고 넘겨버렸다가 엄청난 저항을 받았습니다. 서해교전에서 윤영하 소령, 한상국 중사, 조천형 중사, 황도현 중사, 서후원 중사, 박동혁 병장이 전사했습니다. 그리고 19명이 부상을 입었습니다. 41일 만에 참수리호가 인양될 때 조타실에서 발견된 조타장 한상국 중사는 조타실 방향키를 잡은 채 허리에 관통상을 입고 죽은 시체로 발견되었습니다.

군인의 사기를 떨어뜨리는 나라는 망한 나라가 될 수 있고, 기업가의 사기를 떨어뜨리는 나라는 경제 대국이 될 수 없고, 가르치는 선생의 사기를 떨어뜨리는 나라는 훌륭한 인재를 키울 수 없습니다.

휴전선은 살아 있습니다. 보안법 폐지하면 어떻게 되겠습니까? 북한의 지령에 놀아나는 자들의 주장입니다. 보안법이 필요 없는 환경이 되어 있습니까? 민중 연대 목표가 무엇입니까? 나라를 뒤엎어 버리자는 운동이 아니겠습니까? 한총련은 좌익세력 생산 공장 역할을 합니다. 한총련에서 NL 계열인 주사파가 나왔고, PD계열인 민중국가건설을 외치고 노동계에 침투했습니다. 21세기 운동이 공산주의 사상 확산운동입니다. 무식하면 이용당합니다.

공산주의는 사기이기 때문에 사기꾼이 머리가 좋듯이 어리석으면 이용당합니다. 지금 우리는 가치관의 대혼란과 경제 디플레이션(퇴보)에 직면하고 있습니다. 이것은 외교정책 실패와 국가 안보와 정부의 경제정책의 실패가 주요 요인입니다.

참다운 군인은 이기주의가 존재하지 않습니다. 참다운 맘몬주의가 존재하지 않습니다. 참다운 향락주의가 허용될 수 없습니다. 어느 나라이든 군인 정신이 살아있고, 종교인이 살아있으면 국가는 망하지 않습니다.

후세인 정권이 망한 것은 국민이 군인의 독재 정권에 신물이 났기 때문입니다. 북한은 빨리 개방하지 않으면 지구상에서 영원히 소멸될지 모릅니다. 우리보다는 모든 면에 군대가 강할지 모르나 미국에게는 게임이 안 됩니다. 그래서 반미, 미군 철수를 50년간 외치고 있는 것입니다. 미국의 국방비는 3천 8백억 불입니다. 세계 국방비의 50.66%입니다. 기술 개발 예산이 80%가 미국입니다. 우리의 방위 한계선이 일본으로 옮기지 않도록 해야 합니다.

우리는 반미가 되어서는 안 됩니다. 미군 철수하면 적화통일되고 맙니다. 미국은 우리의 우방 국가입니다. 지금 우리는 자연 오염, 종교 오염, 사상 오염에 직면하고 있습니다. 자연 오염은 서서히 망하게 하고 종교 오염은 무서운 재앙과 심판을 초래하고 사상 오염은 공산주의의 노예가 되게 합니다.

― 마치는 말 ―

우리는 건강한 신체, 해박한 지식, 튼튼한 경제, 새로운 지혜와 아이디어, 건전한 종교, 사람과의 윤리적 바탕 위에 자유를 남용하여 방조하지 않도록 정치적으로 자유를 악용하지 말고, 사상적으로 자유를 악용하지 말고, 문화적으로 자유를 악용하지 말고, 경제적으로 자유를 악용하지 말고, 나라를 사랑하고 지키는 자들을 수구세력으로 몰아 기둥을 뽑아 버리려는 공산주의의 전략에 이용당하지 말아야 합니다. 여중생 사망 애도나 추모가 결국은 목적은 다른 데 있었음이 명명백백 드러남으로 교묘히 이용당한 학생들이 아니겠습니까?

  나라를 위해 몸 바친 자들에게는 눈물 한 방울 흘리지 않는 주동자들이 누구이겠느냐는 것입니다. 역사의 교훈을 깨닫지 못하면 경험으로 깨달을 날이 오지만 그때는 이미 늦었습니다.

  - 아아 잊으랴! 어찌 우리 이날을 -

권면(56사단 6.25 상기 구국기도회)

국가 안보의 축은 국군, 보안법, 주한 미군입니다. 그런데 국군의 서해 교전을 "우발적 사건"이라고 넘겨 버렸습니다. 여중생 2명이 훈련장 장갑차가 요란하게 와도 빨리 피할 수 없어 깔려 죽었는데, 애도하는 것은 좋은데 실상은 친북 노선과 반미주의자들에게 이용당하고 정치적으로도 선거에 이용되었다는 설도 있었습니다.

그런데 누가 서해 교전에 죽은 윤영하 소령을 압니까? 아버지 윤두호 예비역 해군 대위의 아들로 아버지가 간 길을 걷겠다고 스스로 해군사관학교에 지원하였습니다. 한상국 중사, 조천형 중사, 황도현 중사, 서후원 중사, 박동혁 병장을 누가 압니까? 군인의 사기를 떨어뜨리는 나라는 강한 나라가 될 수 없습니다. 보안법 폐지하자고 합니다. 휴전선은 죽은 선이 아닙니다. 살아 있는 경계선입니다. 주한 미군 때문에 약간의 불편도 있고, 기분 상한 때도 있으나 북한이 남침을 못하는 것은 미군 때문입니다. 그래서 미군 철수를 50년간이나 외치는 것입니다.

지금 우리는 가치의 대혼란과 헌법 제4조를 노대통령이 무시하는 것 같은 발언을 해서 어리둥절한 이때 이제 마지막 기대는 기독교와 군인밖에 없습니다.

공산주의는 무신론주의입니다. 공산주의는 유물주의입니다. 김일성이 바로 우상입니다. 북한에는 김일성 동상이 28,300개가 있습니다. 그의 시체를 5억불(약 5천억)들어 보존하고 연간 6백만 달러의 유지비가 듭니다. 그 동안 3백만이 굶어 죽었습니다. 그런데도 핵을 만들고 있습니다. 폐품 처리된 공산 사상이 우리나라에서 아직 인기 있는 제품이 되고 있는 현실입니다.

이런 가운데 국내적으로는 공산주의 친북 노선이 활개치고 있고, 부정부패는 옛날보다 그 액수 천배 이상 육박하고, 도덕적 타락은 극에 달했습니다. 선과 악의 경계가 무너지고 있습니다. 이런 때에 나라를 지키는 우리 군인은 특히 수도 방위의 사명이 있는 부대는 정말 동요되지 않는 애국심으로 나라를 지켜야 되겠습니다. 전쟁을 무서워하는 민족은 자유를 빼앗깁니다. 정보에 의하면 북한이 아군 군복을 홍콩을 경유하여 10만 벌을 구입해 갔고 최근 3십만 벌을 구입해 갔다는 첩보가 사실이라면 우리는 그 목적을 알 것입니다. 미국의 정보에 의지하는 우리는 미국의 정보가 우리에게 전달되지 않은 지가 5년이 넘었다고 합니다. 우리나라 안보기관을 불신임합니다. 정보를 주면 북한으로 바로 넘어갈까 의심한다는 것입니다.

여러분 북한의 "피바다" 영화가 국방일보에 불후의 명작으로 실었다면 옛날 같으면 사형 선고의 대상이 아니겠습니까? 피바다가 무엇입니까? 남한을 피바다로 만들더라도 통일하겠다는 것이 아니겠습니까? 38선이 있는데 주적 개념 가지고 논란이 생기니 말이 됩니까?

그러므로 우리가 정신을 차려 우리나라 우리를 지키자는 일념으로 국토를 지켜야 됩니다. 지금의 상항은 6.25 전야와 비슷합니다. 국론분열, 외교실패, 안일주의, 개인주의의 만연입니다. 공산주의에서 동정이나 휴머니티는 사전에 없습니다. 그러므로 강한 군대가 되어야 합니다. 여러분의 노고에 감사를 드리며 권면을 마칩니다.

『사기 당한 국민들』

북한이 미사일 발사를 하더니 드디어 핵실험을 실시하고야 말았습니다. 핵의 위험성과 그 잔인성을 전혀 방송하지 않기 때문에 백성들은 잘 모르고 있습니다. 직접적인 피해 말고도 간접적인 영향이 수십 년, 수백 년 가도 소멸되지 않는 방사능 해독을 제대로 아는 자가 많지 않을 것입니다.

그동안 햇볕 정책이니, 포용정책, 대화로 해결 등, 온갖 좋은 말로 국민을 현혹했고, 절대로 안심해도 된다고 할 정도로 장담해온 정부요, 정권자들입니다.

핵 실험이 실시되던 그 순간까지도, 징후 없다고 국회에 보고했는가 하면 장소도 풍계리, 무수단리, 상편리 등 오락가락했습니다. 그렇게 오랜 기간 대화 했는데도 하나도 풀린 것이 없는데, 대화로 해결해야 한다고 하니, 아무래도 제 정신이 아닌 것 같습니다.

이렇게 전체 백성을 불안하게 만들고, 증시가 하루 사이에 21조원이 증발하고, 원화는 폭락을 하고 있는데도, "당장 위험은 아니지만 하면서 끝까지 미련을 버리지 못하고, 북한을 두둔하고 있으니 체질화된 사기꾼처럼 보이기도 합니다.

남한을 불바다 만든다고 협박하던 자들의 본을 받아, 남한에서는 바다이야기로 가정 잃고, 재산 잃고, 정신 병들고, 패가망신이 시골까지, 도시의 골목까지 확산되고 있는 가운데 정치, 경제, 교육, 문화, 예술 그 어느 부분도 성공이라고는 사전에 없는 정부가 북한 핵실험의 장본인이 된다는 사실을 망각해서는 안 될 것입니다.

미사일 발사하고 핵실험 하는데 소요되는 천문학적인 경비가 그들의 자체 경제만으로 가능하다고 말한다면, 사기에 사기를 가하는 것이 될 것입니다. 수백만 명을 굶겨 죽이면서도, 핵개발에 투자하고 있는 북한에게 무슨 대화와 평화적인 해결이 가능하며, 세계가 거의 다 제제 조치에 동참하는데, 우리만 퍼다 주는 외교 정책이 어디에서 배운 것인지, 혹시 좌파 골동분자들에게 장기간 학습의 결과가 아닌지 궁금합니다.

  그건 그렇고 실패한 대북 정책이 왜 미안하다고 형식적 대답만 하고 책임 질 사람이 없으며, 민간 외교와 정치가 분리 될 수 없는 북한 체제 속에 어떻게 인도주의적 대안이 실효를 거두겠느냐는 것입니다. 사기 당하기만 하고 피해만 보고 있는 불쌍한 국민들, 이것이 민주주의 국가 국민들의 실상인지 궁금합니다.

『정신감정』 의뢰

요즈음 정신 감정을 해 봐야 할 지도자(지배자)들이 많은 것 같습니다. 물론 정신 분석학적으로 말하면 인간은 누구나 정신병자이지만(다만 그 정도의 차이만 있을 뿐) 그 증세가 위험한 수치에 이르고 있는 느낌입니다.

악마 같은 북한을 위대한 성자로 보는 자들이나, 북한 핵에 대한 거룩한 대안 제시나, 사회주의 경제 체계를 모방해서 기업하기 좋은 나라를 만든다는 발상이나, 북한 정치를 머리 싸매고 연구해서 모방하려는 자들이나, 북한 경제 수준으로 끌어내려 평준화를 만들려고 몸부림치는 작태나, 양심에 철판 깔고, 이판사판 코드인사 기용에 중독된 권력자들, 나라의 정체성을 송두리째 부수고, 인권을 희한하게 적용하고 해석하는 자들, 정말 제 정신으로서는 감히 엄두도 못내는 일이 아니겠습니까? 정신 이상도 전염성이 강하고 유전이 되는지, 전문의가 아니라 모르겠지만 가면 갈수록 그 증세가 심해지고 있는 느낌입니다.

국민의 여론이나, 평가는 더 이상 알려고 할 필요 없이 백주에 다 드러났는데도, 그래도 그 자리를 붙들고 해보겠다니 정말 해도 해도 너무하다고 생각이 됩니다.

정치, 교육, 경제, 부동산 어느 하나 성공한 것이 없고 국가 경제만 축내고 부채만 천문학적으로 늘어났는데도 바다이야기 감추는 데 정신이 없고, 정권 연장을 위해 온갖 머리 다 굴리고 꼼수 쓰고 있으니 백성들은 지루해서 온몸 전체가 쑤시고, 아프고, 몸살이 날 지경입니다.

제발 몇% 지지 가지고 또 무슨 작당해서 뒤집으려고 하지 말고, 정말 나라가 잘되고 세대에 욕먹지 않고, 잘살게 하려면 앞발, 뒷발 다 들고 죄송하다고 하고, 고개 숙여 자리를 비워야 합니다.

백성을 무시하는 권력은 하늘이 심판하고야 만다는 사실을 백주에 증거되도록, 역사적 심판을 기다려야 합니다.

하루 속히 정신치료로 제 정신 찾기 운동에 참여했으면 합니다.

『이판사판? 오락가락?』

지금 우리의 현실을 두 가지로 표현 할 수 있습니다. 그것이 이판사판, 오락가락입니다.

윤 국방 장관이 오락가락 했다는 신문의 기사 외에도, 국민들이 볼 때 모든 분야에 오락가락 하고 있는 느낌을 누구나 합니다.

오늘날 문제를 만들고 있는 작통권이 주권침해식으로, 또는 국가의 자존심을 상하게 하는 문제로 오도하면서, 전쟁의 비극을 모르고, 공산주의의 잔인성을 모르는 세대들에게는 상당히 잘하고 있는 것처럼 느끼도록 하고 있는 현실입니다.

작통권은 우리의 힘으로는 악랄하고 잔인무도한 적들을 미리 봉쇄하고 이기기는 힘들기에 힘이 세고 정보가 우수한 강대국과 함께 침략을 미연에 막자는 것이고, 그것이 바로 자주와 자유를 안전하게 누리고자 하는 지혜로운 전술전략이며 좋은 우방에 대한 감사요, 천만다행으로 생각해야 되는데, 반미 감정을 부추기며 6.25를 위해 국방비 400조원을 지불하며 이 땅에 역사 최대의 비극을 막아준 미국을 적대시하고, 마치 우리의 주권을 그들에게 다 빼앗기고, 또는 동맹을 사대주의사상식으로 몰고 가는 것은 월남을 공산화시켰던 과정에서 일으켰던 일과 너무나 흡사한 것입니다.

게다가 부분적인 부정을 전체의 부정으로, 우리나라에는 모든 분야가 부정투성이고 이 부정을 몰아내기 위해, 나라 전체를 부정 국가로 만들려는 시도는 참으로 어안이 벙벙합니다.

누가 뭐라고 말하든 말은 작은 정부, 말은 개혁하면서, 말과는 하나도 맞지 않는 큰 정부, 개혁보다는 낙하산 인사, 코-드 인사로 칠갑을 하는 것은, 이미 5.31선거로 국민들에게 버림받았으나 이판사판으로 가는데 까지 가보자는 판국이라고 생각됩니다.

세계 200개국 나라 중에서 199개 나라가 쓰는 국방비나, 미국 한 나라가 쓰는 국방비나 비슷해도 미국이 유럽 연합과 나토 연맹을 통해 공조하는 국방 정책을 쓰는데 전시에 미군이 1,300조원의 전시 증원 규모의 국방비를(전, 국방부 장관의 발언) 산출할 수 있겠느냐는 것입니다.

북한과 대화하기 위해 북한의 주장대로 작통권을 우리가 가져와야 되고 2,800번 도발하고 43만 번 휴전협정을 100% 북한측에서 위반한 북한과 대화의 물꼬를 트기 위해 그들의 주장대로 가야 한다면 문제 그대로 대한민국을 부정하고, 북한의 부통령 역할을 하는 것밖에 안 된다고 봅니다.

이제 우리는 상스러운 말로 가득한 지도자, 그리고 사회를 불안한 세상 만들고, 갈등 구조 만들어 정권 유지나 연장을 꿈꾸는 정책을 쓰지 말고, 자기 복제형 인물만 발탁하여 이 나라를 온통 시끄럽고 불안하게 만들지 말고, 5.31백성의 소리는 귀머리가 아닌 이상 다 들었을 것인데, 나라 사랑, 백성을 사랑하고 불쌍히 여기는 지도자가 되고, 정치인들이 되었으면 하는 간절하고도 안타까운 심정입니다.

『양극화』가 아닌데

지역감정이 아닌데 지역감정이라고 선동하더니
어느 시대나 어디에나 누구에게나
지역 정서, 지역 의식은 있는 법
그것도 없으면 사람도 아니지.
지역 정서, 지역 의식을
지역감정이라고 선동한 사악한 정치꾼들 때문에
진짜 지역감정이 생기기도 했습니다.

갈등 구조가 아닌데 갈등 구조라고 선동하더니
어느 시대나 어디에나 누구에게나
삶의 차이, 빈부의 격차는 있는 법
그것도 없으면 세상이 아니지.
삶의 차이, 빈부의 격차를
갈등 구조라고 선동한 사악한 개혁군들 때문에
진짜 갈등구조가 생기기도 했습니다.

양극화가 아닌데 양극화라고 선동하고 있으니…
어느 시대나 어디에나 누구에게나
생각의 차이, 수준의 다름은 있는 법
그것도 없으면 자유 민주주의가 아니지.

생각의 차이, 수준의 다름을
양극화라고 짖어댄 사악한 좌경군들 때문에
진짜 양극화가 확산될까 걱정됩니다.

지역감정은, 갈등 구조는
모두 사악한 정치꾼들의
정권 유지 수단으로 어리석은 백성들을 이용했고
양극화 또한 이념적 용어의
대중화 시도로 남남 갈등을 조장하여
연방제 통일을 꿈꾸는

사악한 자들의 계략이 성공할까 걱정됩니다.

하나님, 내 사랑하는 조국을 위해 기도합니다
(렘 33:3, 요 14:14)

하나님 세상적인 표현으로, 재수없는 사람들이 정권을 잡아, 이 나라를 다양하게 혼란시키고 있습니다. 사회는 불신과 갈등이 확산되고, 경제는 퇴보가 아닌 추락 상태이고, 정치는 해괴망측한 방향으로 끌려가고 있습니다.

주체사상 추종자들인 전교조가(물론 다는 아닐 수 있음) 이 정부의 탄생의 산모 역할을 했기에 정부는 항상 전교조 손을 들어 주므로 사악한 의리를 지키려고, 5.31국민의 뜻을 아예 무시해 버리고 끝까지 좌경화의 꿈을 버리지 않고 있습니다.

하나님 저들의 꿈이 개꿈이 되게 하시고, 무능하고, 무식하고, 거짓되고, 악랄한 지배자들은 심판을 받고, 정의가 시퍼렇게 살아 있는 나라와 민족, 그리고 사회가 되게 하여 주옵소서!

하나님의 보호와 도움으로 이 땅의 안정과 발전을 주신 주님, 이대로 두면 또 다시 과거 반만년 동안 받았던 침략과 굶주린 설움과 한의 역사가 계속될 수 있사오니, 나라 위한 기도 동지들과, 나라 위한 통곡 기도회 여기저기서 부르짖는 구국기도의 소리를 들어 주시옵소서!

하나님, 전쟁으로 승리하기보다, 전쟁을 미연에 막아 평화를 누리게 하시고, 부패와 퇴폐와 오염과 오도된 문화가 이 땅에 확산되지 않게 하여 주시옵소서!

무엇보다 크리스천들이 시대의 빛과 소금의 역할을 다하지 못했음을 회개하게 하시고, 한 사람, 한 사람이 등대의 역할과 파수군의 사명을 잘 감당하게 하여 주시옵소서!

하나님, 현재 청소년들의 상당수 사악한 좌경꾼인 전교조에 의하여 좌경화된 이념 교육과 역사 인식으로 인해 반미 사상과 잘못된 통일 사상에 오염되어 있사오니, 저들의 전략인 조직 선동, 학습에 세뇌되지 않도록 교육계의 양심과 국가의 정체성, 그리고 인성과 지성의 교육이 뿌리 내리게 하시고, 상하 혼란, 좌우, 동서남북, 총체적인 질서 파괴와 기획 혼란에 이용당하지 않는 지혜와 정체성을 주시옵소서!

현재 우리의 현실은 정권 유지를 위해, 공산주의 사상과 북한과 손잡고, 그 어마어마하고도 거대한 부정에서 보호받으려는 계략이 있는 자들에게 정의의 심판을 받게 하옵소서!(나라의 빚이 몇 십조 원에서 불과 몇 년 사이 300조원 가까이 됨)

또한 종교를 방해하고, 소수의 부정을 전체의 부정인양 선동, 각색시켜, 결국은 종교 말살 정책을 쓰는 공산화 프로그램이 철저히 실패하게 하시고, 자유 민주주의와 자유, 민주 통일의 그날을 하루 속히 앞당겨 주시옵소서!

하나님, 이 땅에 거짓 개혁, 사기 민주화, 사기구호, 거짓 선동(어용방송, 어용언론)이 "다윗의 물맷돌에 거대한 골리앗이 무너지듯"-백주에 드러나 발붙일 공간이 없게 하여 주시옵소서!

하나님, 이미 세계적으로 용도 폐기된 공산주의가 우리나라에서 다시 꽃피움으로, 그 여세로 세계로 재확산 되지 않도록 우리가 생명 걸고 막을 수 있도록 도와주시옵소서!

"여호와께서 집을 세우지 아니하시면 세우는 자의 수고가 헛되며, 여호와께서 성을 지키지 아니하시면 파수군의 경성함이 허사인줄 아오니" (시 127:1)

사랑과 자비의 하나님!

"내 이름으로 일컫는 내 백성이 그 악한 길에서 떠나 스스로 겸비하고 기도하여 내 얼굴을 구하면 내가 하늘에서 듣고 그 죄를 사하고 그 땅을 고칠지라"고 하신 말씀 붙들고 기도하오니, 한 밤중에 하나님께 드리는 기도를 들어 주시옵소서!

주여! 내 사랑하는 조국을 지켜 주시옵소서!

예수님 이름으로 기도합니다. - 아멘 -

아! 그리운 똥이여! 보고 싶은 똥이여!

나는 얼마 전 얼굴에 똥칠한 시대가 그립다는 글을 썼습니다. 그런데 오늘도 똥 예찬을 하게 되어 좀 멋쩍기도 하지만, 오늘 우리 시대가 오히려 너무 너무 똥이 그리운 시대가 되었기 때문입니다.

먼저 얼굴에 똥칠하던 시대가 그립습니다. 그것은 얼굴에 똥칠한 것은 냄새야 나지만 씻으면 해결이 되는데 지금은 얼굴에 철판을 깔았습니다.

지도자가 아닌 지배자들이 어제는 이랬다 오늘은 저랬다, 얼굴 하나 붉히지 않고 국민들 앞에 거짓말하고, 거짓 통계로 허위 선전하는 것을 보면, 얼굴에 보톡스를 넣은 것이 아니라 포항제철 원단으로 덮은 문자 그대로 철면피인 것입니다. 그러니까 그리운 똥이요, 보고 싶은 똥칠인 것입니다.

다음 어린이의 똥이 그립습니다. 가정주부들이 어린이의 똥을 주무르면서 키우던 시대가 엊그제 같습니다. 지금처럼 기저귀나 세제가 발달되지 않던 시대, 쌈을 싸먹던 손으로 치맛자락이나, 방바닥에 싼 똥을 닦고, 대강 대강 씻고 그 손으로 다시 쌈을 싸먹던 어머니들의 모습을 보면서 지나왔습니다.

그러나 지금은 시골에도 어린이의 울음소리가 끊어진지 오래요, 미혼 남녀의 수 증가하고 자녀출산을 기피하는 현실 속에 어린이의 똥냄새가 가정마다 나던 시대가 그리워지는 현실입니다.

게다가 가축의 똥도 그리워집니다. 시골에서 자란 나는 마당에는 닭들의 똥, 외양간에는 집에서 기르는 소의 똥, 그것이 바로 오리지널 한우요, 촌닭이었는데 오늘 그런 한우나 그런 촌닭을 찾기엔 하늘의 별따기가 아닐까요?

다시 강조합니다만 무엇보다 주부들이 첫째 아이 똥을 주무르고 둘째아이 똥을 주무르고, 셋째아이 똥을 처리하면서 유구한 세월 자식 키우는데 인생을 투자한 그런 아내, 그런 어머님, 그런 가정주부, 그런 모성이 그리워지는 시대가 되었습니다.

아! 그리운 똥이여! 보고 싶은 똥이여!

정치인들이여, 차라리 얼굴에 똥칠을 하십시오.

철판 깐 것보다는 몇 백배 희망이 있으니까요.

가롯유다의 구제론

구제가 나쁜 것이 아닙니다. 육신의 생존과 직결되는 구제의 필요성은 더 이상 설명이 필요 없습니다.

그러나 ① 우선순위요 ② 누가 하느냐가 문제입니다.

우리는 구제 자체의 목적보다 그리스도의 사랑을 깨닫게 하고, 그리스도를 믿게 하는 것이 구제보다 더 중요하게 생각해야 합니다.

구제 때문에 주일을 범하거나, 구제 때문에 주님께 순종하는 일을 뒤로 미루거나 등한시 할 수는 없습니다.

인간적으로 볼 때, 향기 한번 뿜고 소비되는 거금의 향수 사용보다는, 가난한 자들에게 먹을 것을 주고, 헐벗은 자들에게 입을 것을 주는 것이 더 효과적이라고 생각됩니다.

그러나 우리가 예수님을 잘 믿고, 바로 믿을 때, 예수님이 하게 하실 때는 더 크게, 더 많이 할 수 있는 효과가 있을 것입니다.

또한, 또 다른 각도에서 문제는 구제론 주장자가 가롯유다였기 때문입니다. 그는 상습적인 연보 도적을 한 것으로 추정되고 있고, 좋은 구제론을 내세워 자기 이익을 몰래 취하고자 하는 저의가 있는 것으로 추정하고 있습니다.

가롯유다의 구제론

다시 말하지만, 아무리 선한 일이고 좋은 일이라도, 그 일을 하는 사람이 누구냐가 더 중요한 것입니다.

해마다 실시하는 부활절 연합예배나 내년 평양 대부흥회도, 교단마다 중요 행사로 계획하고 있습니다만, 그 일들을 이끌어 가고 주관하는 사람들이 누구냐가 더 중요한 것입니다.

어디를 가나 끼어드는 백수건달, 정치 브로커들, 인격이나 신앙적으로 인정받을 수 없는 자들이 앞장서서 설쳐댄다면, 그 거룩하고 거창한 계획이나 행사에서 가룟유다가 실속 차리고, 도적질하는 기회가 될 것입니다.

너무나 좋은 선교 사업들, 거대한 프로젝트, 그래서 많은 사람들과 교회가 호응하였으나, 특히 거기에 따른 재정들이 온갖 항목의 지출로 허비되면 가룟유다의 잔치가 되는 것입니다.

예수님은 가룟유다의 구제론에 속지 않았습니다.

사람, 신앙의 사람, 인격의 사람, 제도나 행사보다 문제는 변화된 사람, 은혜받은 사람, 하나님이 함께 하는 사람, 하나님께 인정받고, 동행하는 사람입니다.

농촌에 살고 싶은 나라가 건강한 나라다

사람이 살아가는 직업을 크게 세 부류로 생각해 보았습니다.

자연을 상대하는 직업, 기술이나 기계를 다루는 직업, 사람을 상대하는 직업입니다.

사람을 상대하는 직업은 정신적으로 피곤합니다. 기계를 다루거나, 기술을 필요로 하는 직업은 해당 기술이 있어야 합니다.

그러나 자연을 상대하는 직업은 주로 육체적으로 피곤하지만 정신세계는 순수할 수밖에 없습니다. 자연의 질서와 법칙에 순응하면서 일을 해야 하기 때문입니다.

그런데, 농경사회에서 산업사회 그리고 정보사회가 되면서 농촌은 피폐화되어 가고 있습니다. 청소년들은 도회지로 떠나고, 대다수의 농민들은 적어도 60대가 넘는 부모들이 농토를 지키고 있습니다. 심지어 도회지로 나와도 농촌보다 수입이나 생활수준이 훨씬 못하면서도 농촌을 떠나고 있습니다.

이것은 노동을 싫어하는 사회의 흐름, 생활의 가치보다 생활의 편리를 추구하는 흐름으로, 사회 전반에 정신문화보다는 외형문화, 사회문화가 압도적으로 지배하고 있기 때문입니다.

심지어 농촌에 살면 실패자로, 노동은 천직으로 생각하는 풍조 때문인 것 같습니다.

특히, 교육환경이 도시에 집중되어 있기 때문에 자녀들을 위해 도시로 모여들고 있는 것입니다. 이것은 전적으로 정부의 정책 모순으로 인한 누적된 결과요, 국민 전체의 정신이 병들고 있기 때문입니다.

이제 농촌도 생활의 불편은 특별한 오지가 아닌 이상 해소되었다고 봅니다.

제가 아는 동기 목사는 농촌의 교회를 사임하고, 자녀 교육 때문에 서울로

와서 개척을 했지만 15년이 훨씬 넘었으나 아직도 자립하지 못한 상태이고, 주택이나 생활환경이 농촌 목회 시절보다 비교가 안 될 정도로 못하지만, 농촌에 다시 갈 생각은 없다는 것입니다.

농촌 자체에도 옛날처럼 따뜻한 정이 점점 사라지고 있습니다.

농촌이 잘 사는 나라가 되어야 복지 국가요, 정말 잘 사는 나라요, 농촌에 가서 농사를 지으면서 살고 싶은 마음이 모두에게 일어나는 나라가 되어야 제대로 된 나라가 되는 것입니다.

성경에는 물론이고, 옛날부터 농업은 천하의 가장 근본 된 생업으로 생각했습니다. 절기와 기후에 가장 예민한 것이 농민입니다. 그렇기 때문에 하늘을 쳐다보는 인간 심성의 종교심이 가장 강하게 살아 있기도 한 것입니다. 교회는 농촌 선교에 지극한 관심을 가지고 지속적으로 참여해야 합니다.

농민은 생산 도구가 아니라, 국토를 지키고 자연을 보호하는 창조 질서의 회복의 역군이며, 국민 경제의 자립과 국가 안보를 위해서 세상 끝날까지 지속되어야 할 사명인 것입니다.

하늘, 땅, 사람, 식량은 인간 생명의 보존을 위해 주신 하나님의 섭리와 질서이기에 농촌 선교를 해야 하며, 농촌 선교는 농촌 복음화와 더불어 농촌 잘살기 운동과 연관되어야 합니다.

물론, 그 어떤 정책이나 제도보다 힘들고 어려운 과제가 되었으나, 하나님이 도와주시고, 국민의 정신이 제대로 세워진다면 시간이 요하겠지만 분명히 이루어질 것입니다.

그리고 그나마 농촌선교회가 비록 대단하고 거창하지는 않지만, 뜻있는 분들의 헌신이 있다는 것이 정말 하나님께서 기뻐하는 일이고, 나라를 살리는 일인 줄 압니다. 이 일은 하나님이 가장 기뻐하시는 일이기에 큰 열매가 있을 줄 믿습니다.

할리우드 액션
Hollywood Action

최근 신문 논설에 실천 없이 말로만 인기를 얻으려고 하는 정치인들의 발언이나 행동을 『할리우드 액션』이라고 했습니다. 어쩌다 이렇게 되었는지 정치인들의 발언이나 행동이 할리우드 액션인 경우가 범람하고 있습니다. 실현 불가능한 정치 공(0)약이 난무하고 그때그때 말로서 속임수를 쓰는 정치적 꼼수 위험수위를 벌써 넘었다는 사실입니다.

계속적으로 갈등 조작과 편 가르기로 일관하며 증오와 공격적인 태도에다가 감정적인 운영 정책으로 일관하고 있다가 선거철만 되면 온갖 선심과 이해와 양보의 말들을 쏟아내며 모든 선전도구를 다 동원하다가 위기만 넘기면 또 다시 본성으로 돌아가는 『할리우드 액션』 같은 행동으로 일관해왔습니다.

이제 철부지 아이나 동서남북 분간이 어려운 고령측이 아니면 이런 얄팍한 꼼수에 잘 넘어가지 않을 것이고 절대 다수 좌파 정권의 수법과 선동에 속았구나 하고 늦었지만 깨닫게 되니 다행이라고 생각합니다.

이제 가장 현명한 일은 저들의 말은 콩으로 메주를 쓴다고 해도 믿지 않는 것이 이 나라를 살리는 것이요, 더 이상 비극을 초래하지 않는 길이라고 봅니다.

생각만 해도 억울하고 분노가 치미는 것은 선조들이 피와 땀과 눈물로 세계가 경악할 정도로 이루어 놓은 국위선양과 경제 발전을 한순간에 탕진하고 태산 같은 빚만 국민의 어깨에 짊어지어 놓고 세금 폭탄을 쏟아 부으면서 그래도 개혁이라고 부르짖는 모습이 인격에 철판을 깔았는지, 거짓 선동이 체질화되었는지 의심하지 않을 수 없고 도무지 이해하기 어려운 행동이 아닐 수 없습니다.

이제 『할리우드 액션』이 더 이상 기세부리지 않고 완전 부도나고, 파산 신고해야 이 나라가 다시 회복의 길로 갈 것입니다.

풋것도 필요하고 쉰 것도 필요합니다

　오늘날 풋것이 쉰 것을 몰아내고 욕하는 풍조가 지나칠 정도입니다. 물론 풋것은 희망이 있습니다. 그러나 쉰 것은 이미 전성기가 지났습니다. 그렇지만 쉰 것은 이미 이루어 놓았던 공적이라도 있지만, 풋것은 아직은 미지수입니다. 그러므로 쉰 것이 풋것을 얕잡아 보아서도 안 되겠지만, 풋것이 쉰 것을 무시하는 태도는 더더욱 잘못된 것입니다.

　오늘날 풋것이 쉰 것을 몰아내므로 시행착오와 혼란, 다시 회복하는 데는 천문학적인 수고와 기간이 필요하다는 현실을 너무나도 잘 알 것입니다. 쉰 것은 거름이 되어 주고, 풋것은 충분히 준비하고 때를 기다리는 인내와 훈련의 자세가 필요한 것입니다. 모래 위에 세운 집이 넘어지는 것은 기정사실입니다.

　정치, 경제, 교육, 문화 어느 한 부분도 윤리와 도덕 정체성면에서 발전했다고 보는 사람은 정신이상자 아니고는 없을 것입니다.

　예를 들어, 아이 키우기 쉬운 나라가 스웨덴은 98%인데 우리는 19%입니다. 하루에 19명이 해외 조기 교육을 보냅니다. 한국 언론 자유는 69위(미프리덤 하우스발표) 국가 경쟁력 9단계 하락 (61개국중 38위-스위스 IMD보고서)으로 발표되었습니다.

　세계적이고 과학적인 통계에 변명하고, 핑계되려고 머리 짜내지 말고 겸손히 받아들이면서, 새로운 노력이 필요하지 않나 생각됩니다.

　풋것이 익기도 전에 떨어지거나 마르지 않도록, 썩거나 병들지 않도록 잘 가꾸어야 합니다. 그러므로 풋것도 필요하고 쉰 것도 필요합니다.

세계가 하나님의 이미지가 되는 날까지

가장 큰 경건의 비밀이 하나님이 육신으로 나타나신 바 된 성육신 사건입니다. 「말씀이 육신이 되어 우리 가운데 거하신」 (요1:14) 사건이야말로 인류의 소망이요, 하나님의 구원 계획의 현실화입니다.

범죄한 인간은 영원한 멸망밖에 없기에 하나님의 사랑과 은총을 통하여 하나님의 눈높이를 인간에게 맞추시기 위해 이 땅에 오셔서 보이지 않는 신이신 하나님을 보여주심으로 우리가 그를 믿음으로 구원 얻는 은혜의 통로를 열어 주셨던 것입니다.

그러므로 우리는 하나님의 사랑에 의한 구원의 은총을 감사하여 우리의 건강, 생명, 지식, 지혜, 문화, 예술 등 모든 달란트를 총동원하여 하나님의 뜻이 하늘에서 이루어진 것 같이 이 땅에서도 이루어지도록 그래서 세계가, 우리가 사는 나라와 지역이, 하나님의 이미지가 되는 날까지 최선을 다해야 합니다.

마귀의 유혹에 넘어간 인간은 하나님의 이미지를 잃어버리고 사단의 이미지를 문화화, 예술화, 세계화 하려고 두루 다니며, 때로는 가만히 침투하는 이때 우리 기독교 문화, 예술총연합회 회원 및 산하 기관은 영적인 파숫군이 되어 사단 문화의 침략을 막아야 합니다.

유물주의, 무신론주의, 공산주의, 좌파정권의 시도하는 문화는 반기독교적이요, 지엽적인 부정과는 비교가 안 되는 거짓, 허위, 사상 선동 문화인 것입니다.

우리는 몇 년간 장편 소설이나, 영화, 심지어 만화에까지, 게다가 역사 교과서까지 이런 사상과 이념을 침투시켜 한 사람 외에는 영웅 없애기, 대한민국 부정, 교권쟁탈, 그리고 인권, 역사 바로 세우기 등 구호사기, 명칭 사기 행각을 보아왔습니다. 그것이 바로 인권을 무시하는 인권 위원회, 역사를 파괴하는 역사 바로 세우기, 개혁과 거리가 먼 개혁 정치에 속아왔습니다.

소수 다수를 억압하고 독재가 민주를 독재라고 주장하는 해괴한 주장 속에 국민적 스트레스는 날마다 혈압이 올라가듯 올라가고 있는 것입니다.

오늘날 바보 만드는 교육 평준화, 거지 만드는 경제 평준화, 거수기 만드는 정치 평준화는 하나님의 이미지로 지음 받은 인간 삶의 비전과 목표, 스타일이 될 수 없는 것입니다.

오늘도 모든 분야 정치, 교육, 경제, 방송, 신문, 문화 모든 분야에 거수기 인사 배치를 위해 노력이 계속되는 한, 이 땅은 점점 사단의 이미지로 퇴보할 것이 뻔하며, 사랑의 하나님의 이미지가 되는 날은 묘연합니다.

그리고 묻고 싶습니다. 먼저 자신에게 묻고 반성하고 싶습니다. 그것은 얼마나 이 땅이 하나님의 이미지로 가득한 세상이 되도록, 그것이 힘들다면 먼저 교회부터라도 하나님의 이미지가 정착되도록 노력하므로, 사회가 교회의 변화를 보고 자극 받고, 본받고 따라오도록 했느냐는 사실입니다.

「성공」이 무엇인지 정리도 되지 않은 성공 이야기

오늘날 성공이라는 말이 난무합니다. 성공이란 말이 난무하는 것이 잘못되었다는 의미보다는 개중에는 상당수 성공이 무엇인가? 하는 문제가 정리되지 못한 상태에 성공이란 말을 남용 또는 오용하고 있다는 사실입니다.

「성공은 자신이 뜻하는 바나 목적하던 바를 이루는 것」이라고 사전적으로 정리할 수 있지만, 자신이 뜻하는 바나 목적하는 바를 이루었다고 성공이라고 단언하기 곤란한 「목적과 뜻」이 있습니다. 그 뜻이 단순히 재산과 물질이거나 또는 자신이 하고 싶은 일을 이루었지만 그것이 도덕성과 사회성에도 부합되느냐 하는 문제입니다.

성경이 말하는 성공은 인격적 생명 획득이요, 건전한 목표와 최선의 삶이요, 영원한 생명이 보장된 오늘의 충실일 것입니다.

우리 사회나 교회는 지나칠 정도로 큰 것, 많은 것에 비중을 두다 보니 그 초점이 「맞느냐? 틀리느냐?」, 「옳은가? 그른가?」보다는 크기와 숫자로 평가하는 사회의 흐름과 문화가 되어, 정신문화나 장인정신 문화나 역사 지킴이들은 실패자로 낙인이 찍힐 위험성이 있습니다.

오늘도 오지에서 복음을 위해 피나는 노력을 하고 있지만 보이는 열매는 빈약하며 농촌과 어촌, 오지에서 사명감으로 일하는 자들이 있지만 시각적인 열매는 나타낼 만한 것이 없습니다. 그러나 그들의 목회를 누가 감히 실패로 단정하겠습니까?

특히, 그리스도인들의 성공은 소유보다 기여, 결과보다는 동기, 열매보다 최선에 두어야 할 것이고, 그 결과 다섯 달란트, 두 달란트를 남기는 결과도 올 수 있을 것입니다. 우리는 자신이 바라던 한이 다른 사람에게 이루어지는 것을 보고 성공했다고 평가하거나, 자신의 한이 자신의 노력의 결과로 결국은 이루어짐으로 스스로 성공했다고 생각하는 성공 개념이 복음적이고, 도덕적이고, 영원한 생명과 소망을 가진 자로서의 자세와 하나님이 허락하신 청지기로서의 삶을 사는데 유익하느냐가 기준이 되어야 합니다.

　인생의 최대의 성공자는 예수님이십니다. 그는 하나님의 인류 구원 계획을 십자가 죽음으로 이루시고, 영원한 생명의 모범으로 보여주시는 사역을 이루셨기에 우리가 본받아야 할 성공자이십니다.

행복 DNA

최근 우리 국민들의 행복 지수 많이 하락되었다는 통계 보고를 들었습니다. 누구나 의심하지 않는 공감 현상일 것입니다. 그 원인 중에 정부에 대한 불만이 가장 높다고 했습니다. 정직과 성실, 나눔이 없는 사회는 행복 지수를 높이기가 불가능합니다.

특히 「언어사기」 「구호사기」 「선동」 「사기 이벤트」 「좌편향 정치와 경제구조」로는 행복 지수를 높이기는커녕 하락이 아닌 추락이 기정사실화 될 것이 뻔합니다.

항상 미래 지향적이어야 하고, 희망을 주는 정치와 사회 흐름이 되어야 합니다. 희망 속에는 계획도 있고, 의지도 있고, 또한 기대도 있게 마련이며 그 기대가 행복감을 주는 것입니다.

진정한 행복 DNA는 영적이어야 하며, 그 영적인 행복이 정신세계와 육체 세계로 영향을 주는 삶이어야 참된 행복을 누릴 수 있는 것입니다. 보편적으로 행복 DNA를 만드는 것은 일거리가 있을 때 행복과 보람을 느끼게 됩니다. 그 일이 자신이 하고 싶은 일일 때는 더욱 그러합니다. 그리고 사랑할 사람이 있고, 사랑받고 있으면 행복을 느낍니다.

많은 사람들이 행복이 쾌락이나, 물질이나 명예나 지위에 있는 줄 알지만 그렇지 않습니다. 참된 행복은 자신의 인생 목적을 바르게 인식하고 그것을 추구하는 데 있기도 하는 것입니다.

피얼 목사(Norman Vincent Peale)님은 세계에서 행복 지수 제일 높다는 발리 섬을 방문하여 섬 사람들을 일주일간 인터뷰한 결과 다섯 개의 해답을 종합할 수 있었다고 합니다.

① 우리는 가진 것이 없습니다.
② 우리는 단순하게 삽니다.

③ 우리는 서로 좋아합니다.

④ 우리는 먹을 것이 충분합니다.

⑤ 우리는 아름다운 섬에서 살고 있습니다.

너무나 평범한 내용이고, 선진국에서 볼 때는 그렇게 행복하게 보이지도 않는 삶일 수도 있지만 그들은 스스로의 삶에 자족하므로 행복 DNA를 소유하게 된 것입니다.

성경은 말합니다. "너희는 먼저 그의 나라와 그의 의를 구하라 그리하면 이 모든 것을 너희에게 더하시리라"(마 6:33).

나의 삶이 생방송 되어도 부끄럽지 않기를

결실의 계절도 지나가고 있습니다. 자연의 법칙은 파괴하지 않으면 정직합니다. 열매는 속이지 않습니다. 뿌린 대로, 심은 종류대로 열매를 맺습니다. 우리는 무조건 사는 인생이 되거나 되는대로 사는 것이 아니라 분명한 목표와 철학이 있는 삶이어야 합니다.

지금 우리 각자가 생각해 볼 것은 「나의 삶이 생방송 되어도 부끄럽지 않는 삶이 될 수 있을까?」를 반성해 봐야합니다.

호랑이도 죽어서는 가죽을 남기는데 우리의 삶이 아무것도 남길 것이 없는 삶이라면 주민등록증을 소유할 자격이 있겠는가 하는 문제입니다. 적어도 사료를 먹지 않고 밥을 먹는 사람이라면 자기의 삶을 순간순간 돌이켜보면서 방향설정을 점검해봐야 합니다.

우리의 지난 삶은 재방송도 편집도 수정도 불가능하기에 오늘 하루하루의 삶을 사랑하며, 절제하며 충실히 그리고 성실과 진실로 채워져야 합니다. 100년도 살지 못하면서 베풀지도 못하고 챙기기만 하다가 인생이 끝난다면 정말 안타까운 인생일 것이 분명합니다. 반성과 회개는 바람직하지만 때늦은 후회는 아무런 유익도, 의미도 없습니다.

지금 우리가 가장 두려워 할 것은 경제위기, 정치혼란보다 「사랑의 빈곤」입니다. 우리가 공산주의(좌파)를 싫어하는 대표적인 이유는 무신론, 유물론 사상이기 때문에 사랑이 없다는 것입니다. 거기에는 휴머니티나 정이 있는 사회가 아니라 권력과 사기 유토피아론으로, 속이는 악한 영의 속성과 동일하기 때문에 우리는 생명 걸고, 순교하면서 배격하고 싸워온 것입니다.

우리가 사랑의 삶으로 우리의 삶을 이어가고 쌓아간다면 어제의 나도, 오늘의 나도, 내일의 나도 생방송해도 부끄러울 것이 없을 것입니다.

마지막 날의 심판은 사랑의 삶을 얼마나 살았느냐에 달린 것으로 성경에 이미 나타나 있습니다. 당신은 「사랑받기 위해 태어난 사람」은 나와 하나님과의 관계에 대한 고백이고, 나와 이웃과의 관계에서는 「나는 사랑하기 위해 태어난 사람」임을 명심해야 합니다.

주여! 나의 부끄러움이 점점 줄어들도록 성령님의 능력을 입히어 주시옵소서.

영적 산소를 제공하는 작품들이 되기를

우리는 건강과 활기찬 삶을 위해서 보이지 않는 신선한 공기와 감동의 작품들이 필요합니다.

돼지는 배만 부르면 만족하지만, 사람은 보이지 않는 정신세계와 영적 세계가 있기 때문에 배부름으로만 만족할 수 없습니다. 배부름만으로 만족하는 사람이라면 그는 동물적인 삶이요, 생활이라기보다는 생존이라는 말이 적합합니다.

인간은 육적 충동 못지않게, 정신적 충동과 영적 충동을 채워 주어야 만족할 수 있고 행복할 수 있습니다.

우리 코스모스 문예는 영적인 충동과 정신적인 충동을 채워주는 역할을 해야 되며, 그러기 위해 부단한 기도와 말씀 묵상이 계속되어야 합니다. 그래서 영감을 주는 작품들을 생산해서 많은 사람들에게 영적 산소를 제공해야 합니다.

이제 몹시 추운 겨울도 지나갔습니다. 머지않아 푸른 새싹이 돋아나고, 만물이 소생하는 봄이 성큼성큼 다가올 것입니다.

우리의 영성도 우리의 마음에도 신선하고, 푸른 영감이 솟아나고, 소생하는 역사가 있기를 바라고 그것이 작품들로 통해 드러나기를 바랍니다.

이번 호에도 많은 분들이 영적 산소가 되는 작품들을 발표해 주셨습니다. 모든 회원들은 코스모스의 힘이요, 무성한 가지요, 열매들입니다.

오늘 우리는 내용보다 선전, 사실보다 선동, 사기 이벤트가 기성을 부리는 언론과 어용 영상매체, 무엇보다 정치꾼들의 작태에, 나도 모르는 사이에 세뇌되거나 감염되지 말고, 하나님 앞에서 정직하고 성실하며, 한 영혼 한 영혼의 가치를 인정하고 사랑하며, 우리의 섬기는 고백을 담아내는 회원들이 되도록 더더욱 노력해야 할 것입니다.

사단 문화와의 전쟁

사람은 보이지 않는 영(히: 루아흐 - 숨, 바람/구약 377회 기록)과 보이는 몸(헬: 소마/신약 145회 기록)으로 형성되어 있습니다. 이것을 다른 말로 육체라고도 합니다. 육체 속에 영이 떠나면 육체는 시체 또는 사체(carcase)가 되는 것입니다.

또한 우리에게는 영의 세계가 있습니다. 영의 세계는 하나님의 영인 성령과(Holy Spirit) 타락한 천사인 악령이 있습니다. 세상의 모든 사람들은 성령의 감동과 인도를 받는 삶을 살든지, 악령의 감동과 인도를 받고 살든지 둘 중의 하나입니다.

성령은 하나님을 믿어 구원을 얻도록 인도하시며 거룩한(깨끗한) 영이시기에 우리의 마음과 생각과 말과 삶을 정직하고, 신실하고, 성실하게 인도하십니다. 그러나 악령은 더러운 영이요 악한 영이기에 우리를 죄 짓게 하여 정죄하고, 우리의 인격 전체를 더럽게 만듭니다.

우리 코스모스 문예는 사단 문화 즉 세속적이고 더러운 문화와의 전쟁이요 이 땅에 거룩한 문화, 복음 문화 생명 문화를 확장시켜 이 땅에 하나님의 뜻과 하나님의 나라를 실현시키고자 하는 노력을 나타내고 고백하는 것이요, 사명 표현입니다. 그러므로 우리는 언제나 기도와 말씀으로 무장하고, 성령 충만으로 우리의 문화예술을 거듭나게 하며 발전시켜 나가야 합니다.

지금도 이 땅에는 육신의 정욕과 안목의 정욕과 이생의 자랑인 즉 사단의 무기를 이용해 교회 지도자들과 사회, 정치, 경제, 교육 예술문화 그리고 온갖 언론과 방송, 영상매체와 디지탈 기술을 악용해 침투하고 있습니다. 그래서 모든 분야에 의식화 대중화, 문화화 함으로 사단의 최대의 전성기를 누리고 있다고 해도 과언이 아닙니다. 세상의 모든 분야는 우연이 없습니다. 오늘은 어제의 결과요, 내일은 오늘의 결과입니다.

우리는 생명문화, 복음문화로 이 땅을 정복하지 못했습니다. 기독교인의 숫자는 기독교 역사상 보기 드문 성장을 가져왔지만 문화를 변화시키고 바꾸는 데는 무능했습니다.

계속적인 가정 파괴의 확산, 질서파괴, 부정부패, 조직 폭력배의 급성장, 갈등 충만, 실망 대중화로 인한 자살 증가, 정권으로 전문가를 짓밟아 버리는 오늘의 상황, 게다가 문화와 예술이라는 가면을 쓰고 침투하는 음란문화, 타락과 부패문화는 문자 그대로 다시 강조합니다만 사단 문화의 전성기를 누리고 있는 것입니다.

이제 우리 코스모스 문예회원 모두는 기도와 말씀과 성령 충만으로 사단이 가장 싫어하는 작품을 통하여 이 땅을 복음 문화의 전성기가 되도록 해야 합니다.

다같이 체질 개선을 위한 몸부림을 합시다

우리의 체질은 변화되어야만 하는 체질입니다. 거듭나고, 성숙된 체질이 아니면 육신주의, 세속주의, 개인주의, 이기주의에서 벗어날 수 없습니다. 우리의 신앙생활을 현실화하려면 영과 육을 구분하여 따로 생각하는 이분법적인 사고방식부터 시정해야 합니다. 인간의 영과 육은 다 하나님께로부터 받은 거룩한 것입니다.

그러므로 영을 더 중요시하고, 육은 차선으로 생각하는 것은 가능하나 육을 무시하거나 천시하는 것은 영지주의와 흡사합니다.

1. 우리는 먼저 신앙생활의 현실화를 위해 노력해야 합니다.

하나님과 우리와의 관계를 현실화하고(롬 12:1-2), 다른 신자들과의 관계에서 지체로서의 임무를 조화 있게 잘 이루어가야 합니다.

2. 그러므로 우리는 화목과 충성의 체질이 되어야 합니다.

교회를 몸으로 비유했습니다. 몸처럼 화목하고, 질서 있게 충성하는 것이 어디 있겠습니까? 개인주의는 화목을 사정없이 파괴합니다. 교만은 화목을 파괴합니다. 무관심은 화목을 파괴합니다. 무지나, 원망, 미움, 시기 등은 화목을 파괴합니다. 우리는 그리스도를 본받고자 하는 노력이 계속되어야 합니다.

3. 감사와 사랑의 체질이 되어야 합니다.

우리는 먼저 주님께 사랑을 드려야 합니다. 그리고 크리스천과 불신 이웃에 대하여 사랑을 베풀어야 합니다.

4. 우리는 축복 체질이 되어야 합니다.

축복을 받을 수밖에 없는 체질, 축복을 아낌없이 나누는 체질이 되어야 합니다. 언제나 먼저 그 나라 그 의를 구하는 자세, 예수 그리스도의 이름으로 나누어주는 삶, 언제나 복된 말이 습관화되어 있는 신앙 인격이 축복 체질입니다.

5. 우리는 언제나 성령님과 함께 세월을 보내야 합니다.

신앙생활은 하나님과 동행하는 생활이요, 예수님을 따르며 배우는 생활입니다. 우리는 성령받아 성령님과 동행하며 성령의 감동에 순종하며 예수님의 발자취를 따라가야 합니다. 그리고 예수님의 명령과 성령에 순종해야 합니다.

성령님과 동행은 감사의 의미가 있습니다. 보호와 보장의 하나님의 백성, 하나님의 자녀라는 의미가 있습니다. 성령님과 동행할 때 날마다 예수님을 닮아가는 체질 개선이 이루어지고, 또한 체질 개선을 위해 노력하는 자에게 성령님의 도우심이 날마다 계속됩니다.

이스라엘 백성은 40년간 광야에서 체질 개선 훈련을 받았으나 430년간 애굽에서 종살이한 1세대는 체질이 개선되지 않았습니다. 종의 체질, 종의 문화에서 탈피하지 못했습니다.

체질 개선이 된 상태이거나 몸부림에서 나온 시나, 소설, 기타 작품이 되고, 취미가 되고, 봉사가 되어야 하나님을 기쁘시게 하실 것입니다.

성경의 인물들은 모두 체질 개선이 된 자들의 기록이요 간증이요, 역사입니다.

그 아버지와 그 아들
(민 6:22-27)

교육학자들의 말에 의하면 자녀들은 부모의 영향을 가장 많이 받는다고 합니다. 사실입니다. 그래서 "잘못된 아이는 없습니다. 잘못된 부모가 있을 따름입니다"라고 했습니다. 그러므로 부모의 책임이 너무나 큽니다.

김일성의 아들이 김정일이듯이 그 아버지와 그 아들입니다. 반면 아브라함의 아들 이삭을 보면서 부모의 책임이 얼마나 중요한가를 인식해야 합니다.

1. 신앙의 본을 보이고 가르쳐야 합니다.

본을 보이지 않는 말만의 교육은 가정교육에서는 효과를 기대할 수 없는 법입니다. 기도로 얻은 사무엘이 그 어머니 한나처럼 기도하는 지도자가 된 것처럼 우리는 신앙행위의 본을 보여야 합니다.

2. 인격의 본을 보여야 합니다.

인격은 대인관계에 가장 중요한 품위입니다. 인격이 없는 지도자는 존경받을 수 없습니다. 또한 지배자는 되어도 지도자는 불가능합니다.

3. 자녀를 위해 기도하고 축복해야 합니다.

자녀를 위한 기도는 사랑이 담긴 기도이기에 응답이 빠르며 또한 축복하는 자녀는 그대로 복을 주신다고 약속했습니다. 신앙과 축복의 전통, 존경받는 거룩한 전통이 흐르는 가계가 되도록 힘써야 합니다.

그 어머니와 그 딸

「엄마소도 얼룩소 엄마 닮았네」라는 옛날 동시가 기억됩니다. 물론 좋은 의미일 수도 있고, 비판적인 의미 또는 선입관일 수도 있습니다. 그러나 「나를 닮아라」 또는 「어머니를 닮아라」고 본인이나 주위에서 말할 수 있고 외칠 수 있는 자는 흔하지 않을 것입니다.

좋은 의미에서 「그 어머니와 그 딸」이라고 말한다면 은쟁반에 금사과 같을 것입니다. 가정이나 교회, 여성이 바로 서면 가정이 바로 서고 교회가 바로 섭니다.

마귀가 하와를 유혹의 대상으로 삼은 것은 여자가 유혹에 약하기 때문이라는 면도 있겠지만 그러나 그것보다는 여자만 무너지면 아담도 무너질 수 있다고 판단한 것이 아니겠습니까?

사단은 영물입니다. 다만 악한 영물이기에 그의 판단과 지식이 악하게 이용될 따름입니다. 위대한 성공자 뒤에는 위대한 어머니 또는 아내, 현숙한 여인의 도움이 있었다는 것은 너무나 상식적인 사실입니다.

「그 어머니와 그 딸」 우리는 이 정도에서 끝난다고 생각하면 큰 오산입니다. 그 부인의 남편, 그 여성의 그 가정, 그 영향의 범위와 채널은 다양합니다.

과거에는 「치맛바람」이 좋지 못한 의미로 사용되어졌습니다만 이제는 치마를 입는 경우는 극히 제한적이지만 거룩한 치맛바람을 일으켜, 성령 바람, 기도 바람, 전도 바람, 사회 정화 바람을 일으켰으면 합니다.

여성이 깨면 다 깨어나고 여성이 일어나면 다 일어나며 여성이 현숙하면 가정도, 교회도, 국가도 산다는 사실을 다시 강조하면서 나처럼 살라고 말할 수 있는 「그 어머니와 그 딸, 아니 그 자녀」가 되었으면 합니다(잠 31:10).

야곱의 우물 옆에서 목말라 지친 인생

세상 사람들을 신자와 불신자로 나눌 수 있습니다. 우리나라는 21.6%가 크리스천이 되는 축복을 받았습니다. 그러나 엄격히 말하면 어느 나라, 어느 시대를 막론하고 교회 다니는 불신자가 교회 밖의 불신자보다 더 복음 확장에 방해가 되고 기독교를 변질시키는 주인공이 되었다는 사실을 명심해야 합니다.

예수님 시대의 예루살렘 성전은 성전 안에 하나님의 자녀가 아닌 자들로 가득 메워져 있었다는 사실을 명심해야 합니다. 성전 밖 미문에 앉은뱅이는 성전에 왔더라도 성전 안에는 들어오지 않았으니 예수도 모르고, 하나님도 믿지 않았다고 치더라도, 성전 안에서 예배까지도 드리고, 또는 어떤 자들은 가르치기도 하며, 또는 그것이 생계수단이기까지도 하면서 하나님을 믿지 않고, 하나님의 말씀을 믿지 않는 자들이 적지 않을 수 있다는 것입니다. 그러므로 중요한 것은 예수님을 직접 만나고, 대화하고, 예수님을 믿을 때, 목마르지 않는 인생, 풍성한 인생이 되는 것입니다.

그리고 자기가 만난 예수님, 자기가 믿는 예수님을 전하게 되고, 나의 소유의 풍성함을 나누게 되는 것입니다. 그것이 바로 행복이요, 감사요, 기쁨이요, 살 맛인 것입니다.

예수님은 누구든지 만나주십니다. 니고데모는 바리새인이요, 유대인의 관원이었습니다. 이스라엘 백성들의 선생이요 엘리트에 속한 자였습니다. 그러나 그의 삶은 목마른 삶이었습니다. 그래서 밤에 예수님을 찾아왔습니다.

그리고 유대인들은 사마리아 땅도 밟지 않고, 사마리아 사람들과 상종하지도 않았지만 예수님은 사마리아 땅 수성에 찾아갔습니다. 목마른 여인을 찾아가 만나주셨습니다. 예수님은 목마른 인생의 생수이십니다. 예수님을 마시는 자는, 즉 예수님을 믿는 자는 영원히 목마르지 않는 인생이 됩니다.

영원히 목마르지 않는 생수를 마신 자들에게서 나오는 작품이라야 인생의 삶과 인격, 그리고 영을 소생케 하고 풍성케 할 수 있는 것입니다.

코스모스 회원들은 이 생수를 마시고 소생한 자들의 시요, 수필이요, 소설이요, 작품이기에 읽는 자로 하여금, 또 보는 자로 하여금, 소생을 일으키게 될 줄 믿습니다.

사단은 안다
(약 2:14-22)

사단은 영입니다. 그리고 악한 영입니다. 사단은 속이는 영, 마귀의 수하에 움직이는 행동대원입니다. 사단은 뱀과 같이 간교하게(창 3:1-8), 우는 사자처럼 적극적이고 위협적으로(벧전 5:8), 그리고 가장술에 능하기에 천사의 모양으로 신령한 것처럼 성경말씀을 이용하여(마 4:6) 유혹합니다.

사단은 모든 기회를 동원하여 믿음에서 떨어지도록 유혹합니다. 좋은 일이 있을 때(행 5:1-11), 큰 일을 하려고 할 때(민 13:14), 큰 일을 하고 난 후 즉, 은혜받은 후, 성공 뒤, 명성 뒤에 유혹합니다. 사단은 속이기 위해 사전에 알고 있습니다. 하나님도 알고, 예수님도 하나님의 아들이심을 압니다. 그러나 그는 구원얻는 믿음을 선물로 받지 못한 저주의 운명이 결정된 버림받은 영입니다. 특히 사단은 하나님을 만난 자, 예수님을 직접 만난 자를 너무나 잘 알고 사전 정보를 가지고 있습니다. 그러므로 예수님을 직접 만난 자를 두려워합니다. 바울 앞에 더러운 귀신들이 소리 지르며 나가고(행 8:7), 두려워했습니다.

또한 사단은 진정한 크리스천의 문화와 예술도 압니다. 예수님을 만난 자의 손으로 그려진 그림도 알고 예수님을 만난 자의 부르는 노래를 알고, 그가 가진 어떤 재능도 다 압니다. 그것은 예수님을 만나고 대화하며 사귄 자의 작품 속에는 예수님의 사랑과 예수님의 피가 숨어 있고 흐르고 있기 때문입니다.

신약의 인물들은 예수님을 만난 자들의 고백이요, 우리들 자신들이 만난 예수님에게로 안내하는 안내서인 것입니다.

도마는 예수님이 십자가에 죽으신 후 부활하신 예수님을 만나고는 너무나 확신에 찬 고백을 했습니다(요 11:6/20:24, 28/21:2).

우리는 예수님의 질문에 우리의 고백이 있어야 합니다. 사람들이 나를 누구라고 하더냐?(막 8:27)가 아니라 "너희는 나를 누구라 하느냐?"(막 8:29)

베드로처럼 성령의 감동과 지혜로 "주는 그리스도시요 살아 계신 하나님의 아들이십니다"고 고백할 수 있을 때 모든 작품, 모든 목표, 모든 삶의 철학이 예수님의 발자취를 따르는 것입니다. 그리고 사랑의 섬김과 구원의 복음 전파로 향한 열정으로 가득 찬 삶의 표현이 나타나게 될 것입니다.

배 타고 가다가 배 깎아 먹고 배탈 난 이야기

나는 한 때 배를 많이 탔습니다. 여수에서 보성호를 타고 밤 12시경 충무(통영)에 내리기도 하고, 충무에서 밤 1시경 배를 타고 새벽 5시경 부산항에 내리기도 했습니다. 그 후에 엔젤호 쾌속정이 나와서 시간이 많이 단축되었고, 요즘은 육로 교통의 발달로 승용차를 이용하고 또 비행기도 많이 이용하는 편입니다.

1970년도 초에는 제주호 철선이 저녁 7시쯤 출발하면 아침 7시30분이나 8시에 제주항에 도착했습니다. 그 후에 도라지, 아리랑, 카페리 다 타 보았습니다. 때로는 차를 배에 싣고 가기도 했고, 나중에 사업이 확장되자 주로 비행기를 이용했습니다. 한번은 충무(통영)에서 배를 타고 피곤에 지쳐 잠이 들었는데 파도가 좀 심했습니다. 그런데 옆에 누웠던 조금 비만형 아주머니가 멀미를 해서 구토를 한 것이 파도에 배가 기우뚱거리는 바람에 그 구토한 내용물이 내 등 부분을 다 적셔버려 고난을 당한 일도 있었고, 또 한 번은 제주에서 출발한 배가 몇 시간 항해 중 태풍 경보가 내려 목포 쪽으로 돌려 부산에 아침 7시에 도착해야 하는데 오후 3시 30분에 도착했습니다. 그것뿐 아니라 선장실에 있는 침대를 이용할 수 있는 선장의 친절한 배려에 고마워서 사과, 배, 여러 가지 과일과 음료수를 사서 함께 나누었습니다. 그런데 선장은 근무 중이고 나 혼자 침대에서 잠을 자다 배탈이 나서 밤중에 혼자 고생한 일을 생각하면 지금도 괴로웠던 기억이 있습니다. 그것은 심한 토사 증세가 일어났던 것입니다. 다행히 배 안에 준비된 응급약으로 위기는 넘겼으나 그날따라 파도가 조금 있어 이러다 죽는 것이 아닌가 생각했었습니다.

사람이 살다보면 노도 광풍이 많겠지만 나처럼 태풍 때문에 죽을 고비와 비행기 앞 발판이 작동이 되지 않아 착륙하지 못하고 몇 시간을 헤맨 경험, 교통사고로 죽을 고비, 병원 응급실에서 아내가 각서에 서명날인하고 병원에서 치료받은 일, 이루 말할 수 없는 고비를 넘기면서 어언 60을 넘기도록 살아왔습니다.

　사람이 살아가는 동안 많은 경험들을 하지만 나처럼 많은 경험을 한 사람은 그렇게 흔하지는 않을 것 같다. 지금도 배 타고 가다가 배 깎아 먹고 배탈 나서 고생했던 일을 생각하면 아찔하게 생각되기도 하고 지금까지 그런 인생의 여정과 경험 속에 살려주셔서 하나님의 일을 할 수 있는 것 감사하다.

　그리고 추운 밤에는 차가운 배를 깎아 먹는 것이 별로 좋지 않다는 것을 나름대로 경험도 한 것입니다. 그러나 그때 나는 배를 깎아 먹고 배탈이 났다는 사실을 알기까지는 말할 수 없는 고통 속에서 심적인 불안이 더 컸다는 사실이다. 그래서 비행기에서 못 내려 기도한 때만큼 간절하지는 않았지만 간절히 기도했던 것입니다. 다시 말하면 배타고 갈 때는 배 깎아 먹는 일을 조심하라고.

사단의 역사 감정법
(창 27:41/욥 16:9/시 55:3 참조)

지금 우리가 사는 세상은 선과 악이 공존하는 세상입니다. 물론 윤리적으로도 선과 악이 공존하지만 영의 세계에도 성령의 역사와 악령의 역사가 공존하고 있습니다.

물론 예수님이 재림하셔서 심판하신 후에는 악령과 믿지 않는(악한 자) 자들은 영원히 무저갱에 갇힌 상태에서 활동이 중지되고 멸망의 영원한 저주가 지속될 것입니다.

반면 천국에는 복 받은 생명들이 영원한 행복을 마음껏 누리며 살 것입니다. 그렇기 때문에 우리가 이 땅에 사는 동안 악한 영인 사단의 역사를 구별할 줄 알아야 사단의 유혹에 넘어가지 않고 영적인 전쟁에 승리하고 우리의 삶이 날마다 성령의 인도를 받는 지혜롭고 복된 생활이 가능한 것입니다.

사단이란 히브리말로 방해자, 대적자라는 의미도 있고 속이는 자, 유혹자라는 의미도 있습니다. 사단의 직책은 사람을 악으로 유혹하는 일과 죄인으로 만들며 지상의 인간을 하나님께 「죄인이기 때문에 처벌해야 한다」고 고소하는 일을 합니다.

신약성경은 사단을 대개 악마로 많이 표현하고 있습니다.

사단은 그 역할이 시험 즉 유혹하는 일이기 때문에 "시험하는 자"라는 이름과 마귀 또는 "고소하는 자"라고 합니다(민 22:22, 32). 그러므로 사단은 시험 즉 유혹하는 일에 전심전력하고 그것이 그의 사업이요, 활동이기에 수단과 방법을 가리지 않는 것입니다(시 109:6-7/시 38:20 참조).

사단의 속성이나 그의 신분을 성경을 통하여 파악할 수 있습니다. 그러기에 일면 성경은 사단을 폭로하는 문서이기 때문에 성경을 읽지 못하도록 하고, 믿고 순종하지 못하도록 수단과 방법을 가리지 않고 방해하는 것입니다.

1. 사단에게는 사랑이 없습니다.

사단은 사람들이 멸망받고 망하게 하는 일을 즐기는 것입니다. 그러므로 사랑이 없는 인격 역시 사단의 영향권 아래 있는 것입니다.

2. 사단에게는 믿음이 없습니다.

물론 구원 얻는 믿음, 즉 하나님이 주시는 은혜의 믿음, 선물의 믿음도 없고, 서로 서로를 믿는 상대적인 믿음도 없습니다. 믿지 못하도록 하고 또 항상 불신합니다. 믿어지지 않는 것은 성령의 역사가 없고, 사단의 지배하에 있기 때문입니다.

3. 사단에게는 소망이 없습니다.

이미 저주의 운명이 결정되어 있습니다. 그러기에 한 사람이라도 더 자신들처럼 저주의 운명을 만들려고 하는 것입니다. 인간은 누구나 하나님을 믿지 않으면 희망사항은 있어도 소망은 없습니다.

4. 사단은 회개가 없습니다.

성령은 회개케 하는 영이고, 사단은 더욱 더 인간의 마음을 강퍅하게 만들어 회개치 않도록 하는 것입니다. 그러므로 사단은 마귀들의 두목으로서 항상 선에 대항하는 악의 출처인 것입니다.

5. 사단은 속이는 궤휼은 있어도 선한 지혜는 없습니다.

사단은 "어리석은 자"입니다. 그래서 그는 죽이고 멸망의 길로 가게 하는 능력은 있어도, 살리고 구원얻게 하는 능력은 없는 것입니다.

사단은 영이기에 죽일 수는 없습니다. 그러나 물리칠 수는 있습니다(엡 6:11). 그래서 예수님께서 베드로를 통해 예수님의 구원의 사역을 방해하는 말을 할 때 "사단아 내 뒤로 물러가라"고 하셨던 것입니다(막 8:33).

사단은 영이기 때문에 사단 자체가 드러나게 나타나지는 않습니다. 사람

속에 들어가 사람을 통해 그 속성을 드러내고 역사하기 때문에 우리는 그 열매를 통해 나무를 알듯이, 성령의 역사와 사단의 역사를 분별하여 간교한 사단의 역사에 넘어가거나 이용당하지 않아야 합니다. 특별히 우리는 복음 문화와 예술로 사단문화와 예술을 차단해야 합니다.

지금 우리 시대에는 그 어느 때 보다 사단적인 문화와 예술이 표현의 자유, 예술성이라는 가면을 쓰고 침투하고 있습니다. 이것이 결국 노아시대나 소돔과 고모라 시대와 같은 타락문화를 팽창케 하는 현상인 것입니다.

함량미달 남편, 불량품 주부

예수님 시대에 니고데모라는 엘리트 출신이 있었습니다.

그는 종교적으로나 사회적으로 최상류층에 속한 자였습니다. 그런데 그가 밤에 예수님을 찾아와서 "무엇을 하여야 영생을 얻겠습니까?"라고 물었습니다. 그의 종교적인 문제의 핵심적인 상담에 예수님은 무엇을 하는 것(Acting) 이전에 무엇이 되어야(Being)한다는 사실을 강조하며 상담에 응해 주었습니다.

우리는 지금, 무엇을 해야 하느냐에 비중을 너무 두다 보니 "꿩 잡는 것이 매"라는 식의 생활방식, 성공방식, 출세방식이 되었습니다. 물론 무시할 수 없는 현실적인 문제입니다. 그러나 예수님은, 그리고 성경은 무엇이 되어야 하느냐에 더 큰 관심과 핵심을 두고 있습니다.

가룟 유다가 구제를 이야기하므로 문제이지, 구제는 나쁜 것도 아니며, 예수님이 먼저이고, 예수님이 없는 구제는 참된 구제가 될 수 없는 것입니다. 하나님은 아벨을 받으셨기에 그의 제물도 받으시고, 가인을 받지 않으셨기에 그의 제물도 받지 않으셨습니다.

오늘날 정치, 경제, 교육, 문화, 종교 모든 분야에 문제가 되는 있는 것은 특히 정치 분야에 자랑스러운 지도자를 만나지 못한 것은 함량미달 남편과 불량주부, 부실가정의 결과임이 교육학자들의 견해일뿐 아니라 상식입니다.

가시나무에서 포도를, 포도나무에서 다른 열매를 맺을 수 없는 법입니다. 그러므로 무엇을 하느냐 이전에 무엇이 되어 있느냐가 더 중요합니다. 한때 상습적인 대도가 전국을 누비며 간증집회 강사로 다녔던 자가 또다시 절도범으로 걸렸다는 사실에 놀라지 않을 수 없었습니다. 그러나 우리가 알 것은 거듭났다고 해서 하루 밤사이에 장성한 분량으로 성숙하는 것도 아니지만, 정말 물과 성령으로 거듭났느냐가 가장 중요하고 우선적인 문제가 아니겠습니까?

저는 고질적인 술 중독자가 안수 기도를 받고 두 사람이 동시에 술을 끊고 변화되고 지금은 두 사람 모두 장로가 되어 충성스러운 일군이 된 일을 압니다. 그리고 재작년에 21년 만에 그 교회에 다시 가서 집회를 인도하는 보람이 있었습니다. 거듭나면 입버릇, 손버릇, 악한 기질, 모든 것이 거룩하게 변화된다는 사실을 명심해야 합니다. 아울러 우리 모두 무엇보다 함량미달 남편, 불량품 주부가 되지 않도록 기도하며 배우며 성령의 도우심을 구하는 것이 우리의 사명이며 금년도 5월을 보내면서 우리 모두의 거룩한 각오가 되어야 될 것입니다. 그리고 부언한다면 함량미달 남편, 불량품 주부, 또한 거기에서 맺어진 열매인 자녀가 지식이 있고, 재능이 있고, 예능이 있다고 한들, 그 가진 달란트가 거룩하게 활용될 가능성이 있겠느냐는 것입니다.

「내 평생소원 이것 뿐」 바리새인 되는 것

예수님 시대에 바리새파 교인들이 있었습니다. 이들은 주로 종교 지도급 위치에 있는 자들로서 오랫동안 유대 종교의 주도권을 잡고, 율법적인 전통을 이어온다고 자부하는 자들이었습니다. 그런데 아이러니하게도 이들이 예수님께 가장 많이 책망을 받았다는 사실입니다.

예수님은 저들을 회칠한 무덤, 독사의 자식들, 화를 받을 대상들로 말씀했습니다. 왜 그렇게 했을까요? 우리가 아는 바로는 바리새라는 용어는 "나누다" "성별하다"의 의미입니다. 저들은 이름의 의미 그대로 구분된 자로 생각했습니다.

그러나 예수님이 그들을 지적한 내용은 ① 말은 하되 행치 않는(마 23:31) 위선자들이었고, ② 저들은 돈을 좋아했고, ③ 과부의 돈을 늑탈하여 사거리에서 구제하는 악랄한 위선자였습니다.

바리새인들의 대표적인 모습은 ① 외식과 ② 돈을 좋아하고 ③ 교만 그리고 ④ 행함이 없는 가르침이었습니다. 그러니까 영적인 능력이 없었습니다.

1. 외식적인 종교생활

바리새인의 전통을 이어가는 것입니다. 솔직하지 못한 위선적인 삶, 보이는 데는 검소하고, 보이는 데는 겸손한 척 하나 내용은 거리가 멀다면 외식적인 종교적인 신앙생활을 하고 있다는 사실입니다(마 3:7-10). 다시 언급하면 외적인 것에 체질화 되어버렸습니다(눅 7:36-39, 7:40-50).

2. 돈을 좋아하는 것

바리새인의 제자요 전통을 이어가는 것입니다(눅 16:14, 마15:1-31). 돈을 필요로 하는 것과 돈을 좋아하는 것은 다릅니다. 돈을 좋아하는 자는 내어놓을 줄 모릅니다. 선하게 사용하지 않고 점점 쌓아간다는 것입니다. 많이 받느냐, 적게 받느냐가 문제가 아니라, 얼마나 어디에 사용하며 누구를 위해 사용되어지느냐는 것입니다. 그리고 돈 앞에 고개 숙이고, 그럴듯한 이유를 말하나 결국엔 돈인 경우를 우리는 눈에 익도록 보아오고 있지 않습니까?

3. 교만한 행위

바리새인 추종자들입니다. 겸손한 척 하는 것은 겸손이 아닙니다. 겸손은 예수님 닮는 것이고, 하나님 두려워하는 자세가 겸손이지 유교적인 개념과는 거리가 멉니다. 교세에 따라, 또 현세적인 내일이 보장되어 있다고 목에 힘을 준다든지 마음에 든든한 감정을 가지고 있다면 그는 교만이 체질화 된 것입니다. 양보를 못하는 이유, 화합이 안 되는 이유는 진리라는 가면 속에 감추인 교만인 경우가 적지 않을 것입니다.

4. 가르치기만 하고 자신은 행하지 않는 것

바리새인의 제자입니다. 물론 바리새인이라고 다 나쁜 것은 아닙니다.

바울도 바리새인 출신이고, 니고데모도 바리새인입니다. 저들은 부활이 있다고 믿는 교리라든지, 천사의 존재, 영의 존재를 믿고, 철저한 금식과 십일조 생활은 본받아야 합니다.

그러나 저들은 예수님의 말씀보다 자신들의 전통을 더 소중히 여기며 세례 요한과 예수님이 가장 신랄하게 그리고 자주 책망한 것은 하나님 중심이 아닌 인본주의(마 25:5-7)요, 저들이 하나님 나라에 앞장서기보다 핍박에 앞장섰기 때문입니다(행 9:1, 2). 그것은 신앙을 기득권의 한 부분으로 생각했으며 그 결과 예루살렘 성전이 상품 성전으로 변질된 것입니다. 그것은 탐욕의 결과였습니다(마 23:25). 그리고 영적인 것에는 무지하기 짝이 없었고(요 3:3, 4, 10-12), 전통을 지나칠 정도로 강조하므로(마 15:1-9), 하나님의 말씀을 무시해버렸습니다(마 16:6). 그것뿐 아니라 전통을 세우기 위해 성경을 왜곡하고(마 15:9), 자신들이 안 믿는 정도가 아니라(마 12:23, 24), 다른 사람들까지 예수님을 못 믿게 했다는 것입니다(요 9:16, 22).

그래서 이미 언급했지만 예수님께서 독사의 자식(마 12:24, 34), 소경(마

15:12-14, 마 23:16-19), 외식하는 자(마 6:2, 5, 16-18, 마 23:25-29, 눅 11:39, 40, 43, 44, 눅 12:1), 뱀(마 23:33), 마귀 자식(요 8:44)이라고 표현했습니다. 이들은 예수님을 시험할 뿐 아니라(마 16:1, 막 8:11, 마 19:3, 막 10:2), 예수님의 말씀을 책잡으려고 했습니다(마 22:15-22, 눅 11:53).

오늘날도 점점 바리새인화 되어 가는 지도자들이 아닌지 다시 한 번 우리들의 모습을 반성하고 회개하여 니고데모가 되고, 바울이 되어야 합니다. 가르치기를 잘 하기보다 행하는 데 피나는 노력과 하루 속히 상품교회에서 명품교회로 즉, 거룩한 공회로 개혁되어야 합니다. 그리고 돈을 좋아하여 부정이나, 싸움하는 것을 버리고 선하게 베푸는 교회로, 외식으로 인기를 얻으려고 하기보다, 자신의 삶의 스타일을 그대로 노출시키는 자세와, 하나님이 제일 싫어하는 교만을 뿌리째 뽑아버리는 삶의 투쟁과 갈등이 계속되어야 합니다.

성공한 자의 과거의 고난은 빛이 나지만 나보다 몇 배 더 고생을 해도 여전한 상태에서 외형적인 모습이 바로 실패로 판단되어 좌절하고 그래서 그 수많은 고난을 간증할 기회도 없는 농촌과 어촌의 사역자들을 생각해야 합니다.

예수님이 좋아하는 교회가 되었으면

예수님이 성전에서 가장 많이 화를 내신 기록이나 조상 적부터 대대로 믿어온 바리새인이나 종교지도자들에게 가장 자극적인 표현을 한 것을 볼 때 교회는 교회다워야 하는 것이 목회의 철학이요, 사명이어야 합니다.

그래서 저는 26년 전 목회 재수생으로 시작하면서 "교회다운 교회, 직분다운 직분, 성도다운 성도"를 저의 목회 비전으로 삼고 말씀과 기도 중심의 목회를 하려고 노력했습니다.

지금 우리는 변화하는 교회로서의 기능이 강력하므로 교회의 변질을 막아야 된다고 봅니다. 가면 갈수록 설교의 아부화로 말씀이 변질되고 영성이 상업화되고, 기독교 세미나의 기업화와 신학교육의 변질, 교회 정치의 유치화, 하나님의 교회의 사유화와 세습화, 은퇴문화의 혼란 속에 잃어버리는 것이 너무 많은 것 같습니다. 게다가 연합 사업이 예배장사가 될 위험성까지 대두되면서 상품교회로 전락할 위기를 예방해야 합니다.

교회가 크다고 나쁜 것도 아니고, 작다고 아름다운 것도 아니지만 우리는 크냐 작으냐, 많으냐 적으냐 이전에 맞느냐 틀리느냐, 옳으냐 옳지 않느냐가 먼저입니다.

그렇게 되기 위해서는 사도행전적인 교회, 말씀이 왕성하는 질적 부흥과 제자의 수 늘어나는 양적 부흥, 그리고 기신자들이 변화되는 가장 건전한 부흥을 추구하고 그 거룩한 꿈을 실현시켜 나가도록 성령의 도우심을 구하면서 기도하고 노력해야 합니다.

교회의 부흥을 위해 열정적인 전도는 선택이 아닌 필수 사명이지만 그렇다고 해서 "불신자가 좋아하는 교회"를 만들려고 노력하다 보면 교회 자체도 모르는 사이에 세속화 될 위험성도 있기 때문에 본질적인 것과 비본질적인 것을 혼돈하지 말고 "예수님이 좋아하는 교회"를 목표하고, 하나님의 능력과 말씀의 능력을 총동원하는 목회가 되기를 원합니다.

모방은 본인이 개발하고 창작하는 것보다 쉽지만 달란트가 각기 다른데 모방위주의 목회는 각자에게 주어진 달란트가 사장되기 쉽고 다른 달란트를 적용하는 데는 에너지 낭비가 심하기에 자기에게 주어진 달란트는 연마하고 더 충만케 하여 자기 달란트가 최대한 활용되는 목회를 하기를 원합니다. 이제 타인의 설교집을 뒤적거리는 데 시간을 소비하지 말고 - 물론 참고는 할 수 있지만 - 깊은 기도와 깊은 말씀 묵상으로 씨름하면서 한 편 한 편 말씀을 요리하여 교우들과 나누기를 원합니다.

대외적인 연합 사역 때문에 시간이 많이 할애되지만 그래도 기도와 말씀 연구는 게을리하지 말고 최대한의 시간 투자로 노력하고 지속하려고 합니다.

26년간 계속되어온 1년에 2회씩의 특별새벽집회는 더 적극적으로 실천하며 고난주간과 연말주간 산상금식기도도 계속하며, 매일 원고 쓰는 일과 꾸준히 책을 손에 놓지 않는 일도 계속되기를 원하며 다짐합니다. 그리고 하나님이 주신 건강과 인내도 계속 잘 관리합니다.

그러나 이 모든 각오와 결심도 성령의 충만과 도우심이 아니면 불가능하기에 하루도 빠지지 않고 첫 시간 성령님께 도와 달라고 기도합니다.

조스코로스와 유우코로스

플라톤은 인간의 성질을 두 부류로 나누어 설명했습니다. 그것은 바로 우울과 쾌락의 차이를 구분해 말한 것입니다. 예를 들어 똑같은 일인데도 A는 그 일 때문에 절망에 빠지나 B는 가볍게 웃어넘긴다는 것입니다.

대개의 경우 쾌감에 대한 감수성이 약할수록 불쾌감에 대한 감수성은 강해지며 쾌활한 성격의 소유자는 아홉 가지를 실패해도 한 가지 성공으로 충분히 위로를 받는데 불쾌감에 감수성이 강한 자는 아홉 가지를 성공했는데도 한 가지 실패한 것 때문에 별로 기뻐하지 않는다는 것입니다.

조스코로스에 속한 사람들은 상상에서 오는 재앙을 남달리 맛보는 삶을 살고 있지만 실제로 그런 재앙에 부딪히는 사람은 적다는 사실입니다. 그러니까, 얼마나 스스로 불행을 창조해가며 살고 있느냐는 것입니다.

우리는 모든 것을 비관적으로 보는 조스코로스의 성격보다는 모든 것을 긍정적이고 낙관적으로 보는 유우코로스의 성격이 더더욱 인생을 생기 있고 활기차게 만들 줄 믿습니다. 그래서 성경은 '범사에 감사하라, 항상 기뻐하라'고 하셨습니다.

보편적으로 인간은 누구나 각자의 성질의 양면성이 있는 것도 사실이지만 어느 쪽이 그 삶을 강하게 이끌어가고 있는가가 중요한 것입니다.

우리는 우산장사와 짚신장사를 하는 두 아들을 가진 어머니의 365일 걱정의 삶을 기억합니다. 비가 오는 날이면 둘째아들 짚신이 팔리지 않으니 걱정이고, 햇빛이 쨍쨍 나는 날이면 첫째아들 우산 가게가 잘 안될 것이 뻔하니 어느 한 날 걱정이 없는 날이 없었다는 것입니다.

똑같은 여건 속에서도 비가 오는 날이면 우산장사가 잘될 것이니 기쁘고 햇빛이 쨍쨍 나는 날이면 짚신 장사가 잘될 것이니 또한 기뻐한다면 1년 365일 기쁜 날이 될 수 있을 것입니다.

오늘 우리 정치나 사회 문화 구조가 부정적인 것만 끄집어내고 죽이고 파멸시키고, 제재하고, 간섭하기보다 긍정적인 면을 보며 발전시켜 나가야 정치, 경제, 교육, 문화, 종교 모든 면에 활성화와 신선한 바람이 시원하게 불 것입니다.

담백한 사랑 이야기

　말세의 고통 중에 가장 대표적인 것은 이기주의와 유물주의라고 성경은 말합니다(딤후 3:1-3). 이기주의는 개인주의이며 그 열매는 감사할 줄 모르고 무정하며 쾌락의 종이 되는 속물로 전락하고야 만다는 것입니다. 타인은 고사하고 나 자신을 반성해 보더라도 점점 정이 빈약해지고, 시대와 환경의 흐름에 쫓기며 살아가고 있는 것을 느낍니다.

　그래도 아파트 문화, 콘크리트 시설이 도시를 점령하기 전 농경시대에는 인정 있는 이웃과 사회 분위기였고, 담백한 사랑 이야기가 많았습니다. 유물주의, 무신론주의 속에는 담백한 사랑은 고사하고, 사랑얘기가 없는 것이 특징입니다. 오로지 목적을 위한 수단의 도구에 불과한 인간, 그 이상도 그 이하도 아닌 것입니다.

　최근 관람객이 가장 많이 동원되었다는 "동막골" 영화도 담백한 사랑얘기이기보다는 교묘히 이념을 깔아 넣어 역사를 모르는 청소년들에게는 반미감정을 유발케 하는 동기가 될 우려성이 충분히 있는 내용임을 부인할 수 없습니다.

　어디 그것뿐이겠습니까? 사랑이야기보다는 슬그머니 이념을 깔아놓은 것을 분명한 국가관을 가진 자라면 발견할 수 있는 내용들이 많습니다. 정치나 문화, 교육, 사회, 종교, 그 어떤 분야이든 사랑이 빠지면 생명이 없는 것입니다.

　오늘날 사단의 몸뚱아리에 천사의 패션으로 위장하고 나타나지만 거기에는 사랑의 속성이 없는 사악한 영의 본성이 역사하고 있음을 감지해야 합니다. 오늘의 혼란과 고통은 창녀가 수녀복을 입고 정절을 외치는 것 같은 위선과 거짓, 속임수에 백성들은 날마다 희생양이 되고 있기 때문입니다.

　우리는 사단문화의 위선적인 이미지와 속임수에 속지 말고, 예수 그리스도의 십자가 희생으로 보여주시고, 실천하신 담백한 사랑을 본받아 빛이 되고 소금이 되어야 합니다.

「예배장사」 연합행사

「예배순서 배정장사」를 하는 죄를 범치 않도록 각별히 조심해야 하고, 거기에 이득을 취한 일이 있다면 철저히 회개해야 합니다.

이것은 자신을 헌신하지 않으려고 개발한 기발한 아이디어 상품이 되기도 합니다. 물론 있을 수도 없고, 있어서도 안 되지만 걱정스러운 것만은 사실입니다.

이것을 부정적인 시작으로 본다고 차단할 생각을 하지 말고, 솔직하고도 양심적으로 하나님 보시기에 합당 하겠느냐를 먼저 생각하고 결론을 내려야 하며 필자 자신도 거기에 소비자가 될까 두려워서 자신에게도 하는 말임을 언급합니다.

필자도 여러 번 거절한 것은 돈이 없어서도 아니었고, 아깝고 인색해서 그런 것도 아니라 내 나름대로 아무래도 꺼림직했기 때문이었던 것입니다. 물론 요청에 응한 적도 있으나 순수한 선교 차원이 되려고 노력한 것도 사실이며 조건 없이 협조한 경우도 헤아릴 수 없이 많았습니다.

물론 이상적인 문제와 현실적인 문제도 있습니다만 그러나 너무나 노골적이고 맡은 자들의 헌신의 힘의 부족을 메우는 협력보다는 오히려 큰 이득을 챙기는 경우도 적지 않았기 때문인 것입니다. 「예배장사」, 「순서배정 상품화」 정말 있어서도 안 되고 묵인해서도 안 될 일입니다.

우리는 이상한 기도원에서 안수기도 해주고 헌금을 챙기는 것은 이단이고 잘못되었다고 핏대를 올리면서 「예배순서」를 파는 행위는 괜찮다는 궤변은 앞뒤가 맞지 않는 것입니다. 그것은 내가 하는 것은 로맨스이고 다른 사람이 하는 것은 풍기문란이라고 하는 논리와 같습니다.

이제 우리는 전시적으로 떠드는 행사나 깨알같이 기록된 조직명단에 현혹되기보다 골방에서 기도하며, 지극히 적은 소자에게 주의 사랑으로 냉수 한 그릇이라도 주는 알찬 삶으로 체질개선이 필요한 때가 되었다고 생각합니다.

성령의 기름을 부으소서

저는 기도할 때마다 우리 문학회원들에게 언제나 성령의 기름을 부으셔서 저들의 작품 속에 영감이 있고, 영력이 있기를 기도합니다.

성령을 "보혜사"라고 합니다. 보혜사는 도우시고, 변호하신다는 의미입니다. 문화의 복음화, 이것이 우리 모든 회원들의 꿈이요, 기도제목입니다.

하나님의 뜻이 하늘에서 이루어진 것처럼, 이 땅에서도 이루어지기 위해서는 우상문화, 세속문화를 복음화 된 문화로 거듭나게 해야 합니다.

특별히 오늘날처럼 앞선 자들의 「언어 사기」, 「구호 사기」가 판을 치고 있는 이 때 「정직과 성실과 섬김」의 기독교문화를 민족의 가슴속에 그리고 생활의 상식이 되도록 하는데 누구를 탓하기 전에 크리스천들이 묵묵히 앞장 서야 합니다.

언제까지 남의 탓으로 돌리고, 남에게 떠넘기고 사납고 상스러운 말이 난무하는 지도자들과 영상매체, 게다가 국적 없는 말이 대중화 되어가도 방심할 것이냐는 말입니다.

가장 심각한 문제는 문화생활은 하면서 문화인은 아닌, 즉 경제수준과 도덕수준의 밸런스가 맞지 않는 현실을 우리는 스스로 본을 보이고 그리고 자신의 삶의 철학과 열매를 작품을 통해 표현해야 합니다.

우리는 하루 속히 사단의 손에 들어간 저질 프로그램이나 사단 이미지가 들어 있는 작품들을 거룩한 문화로 변화시키고 거듭나게 해야 합니다.

이것은 힘으로도, 노력으로도 안 되고 성령의 역사와 기름 부으심으로 문화의 중심이 이루어질 때 가능할 줄 압니다.

문화를 거듭나게 하는 사명자
(딤후 3:1-7 참조)

▶ 서 론 : 진단

범죄한 인간은 타락 문화의 흐름 속에 하나님을 피하고, 하나님과 멀어져 가는 즉 거꾸로 가는 세상의 흐름과 문화를 따르고 있습니다.

하나님이 세상을 창조하시고 보시기에 "좋았더라"고 하셨고, 사람을 지으시고 "심히 좋았더라"고 하셨습니다.

그런데 인간이 범죄하므로 하나님과 인간관계, 인간과 인간관계, 인간과 자연과의 관계에 조화는 깨어지고, 질서는 점점 무너져 세상의 종말은 필연적으로 오게 되었고, 그로 인해 하나님은 새로운 인간 구원 프로젝트를 발표하시고(창 3:15), 약속하시고, 그 구원의 스케줄을 차질 없이 진행해 가고 계시는 것입니다.

그러나 성경은 말세에 필연적으로 오게 되고 그리고 일어날 징조와 현상에 대해 언급하고 있습니다. 그것이 종교적, 윤리적 타락과 자연계에 일어날 현상들과 사회적인 흐름인 것입니다. 그리고 그것 때문에 고통이 온다고 말씀하고 있습니다.

1) 거꾸로 가는 세상- I

오늘 본문은 그 대표적인 것이 사람들이 변질되는데 그 중에 다음 사항이 변질된다는 것입니다.

① 사랑하지 말아야 할 것을 사랑한다는 것입니다.
　　자기를 사랑하고, 돈을 사랑하고, 쾌락을 사랑한다는 것입니다.
② 타인과의 관계가 잘못되어 갑니다.

③ 하나님과의 관계가 거꾸로 갑니다.

2) 거꾸로 가는 세상-Ⅱ

① 어두움이 빛을 지배합니다.
② 감정이 이성을 끌고 갑니다.

3) 거꾸로 가는 세상-Ⅲ

① 무질서가 질서를 짓밟아 버립니다.
② 낙하산 인사가 장인 정신을 왕따시킵니다.
③ 무경험자가 경험자를 지배합니다.

4) 거꾸로 가는 세상-Ⅳ

① 세상이 교회를 끌고 갑니다.
② 말뿐인 자가 행동하는 자의 스승이 됩니다.
③ 거짓말의 명수 정직을 비웃(언어사기/구호사기)습니다.
④ 성실한 자가 바보 취급당합니다.

5) 거꾸로 가는 세상-Ⅴ

① 버르장머리 없는 자가 지도자가 됩니다.
② 좋은 족보를 없애버리는 것이 더 좋습니다.
③ 풍기 문란이 순진한 사랑을 평가절하시킵니다.
④ 상품교회가 명품교회를 비웃고 있습니다.

우리의 가치 판단은 「크냐? 적으냐?」 이전에 「맞느냐? 틀리느냐?」입니다.

◉ 현실 교회의 흐름 – 회개와 수정이 필요한 부분

1) 말씀의 변질 – 설교의 아부와 성경을 이용하는 연설이냐? 성경자체를 설명하는 설교냐?(이용과 인용)
2) 영성의 상업화
   타락한 예루살렘 성전의 전통을 이어받은 교회, 위임흥정, 불법개척
3) 기독교 세미나의 기업화
4) 신학교육의 변질화
5) 교회 정치의 유치화
6) 하나님의 교회의 사유화
7) 말뿐인 은퇴 문화 영구적 당회장(은퇴흥정)

▶ 본 론 : 복음과 문화와의 관계

1) 인간 문명과 인간 문화의 시작(창 4:16~21).
「여호와 앞을 떠나 나가서」 이것이 인본주의의 길입니다. 인본주의는 범죄 후에 생긴 새로운 패러다임입니다. 에덴동산에는 「인본주의」가 없었습니다.

범죄 후 「하나님의 낯을 피하려고」「숨었던」 아담 하와에게 죄의 값을 치러야 하는 영적 사망과 육의 사망이 오게 되고 그리고 에덴동산에서 축출 당하게 되었습니다. 다시는 에덴동산에 들어오지 못하게 했습니다. 그리고 그의 아들 가인은 「여호와 앞을 떠나 나가서」 자기만의 세계를 꿈꾸며 그의 아들의 이름을 따 에녹성을 건설했습니다. 여기에서 인간 문명과 인간 문화가 시작된 것입니다.

하나님께 대한 예배에 실패한 그의 삶은 인본주의였고 인간 문명과 문화의 시조가 된 것입니다. 물론 현대의 우리말로서의 의미는, 문명은 – 사회적, 기술적, 정신적 생활이 발전한 상태를 말하고, 문화는 – 한 사회의 예술, 문

학, 도덕, 종교 따위의 정신적 활동의 전통이라고 합니다만 인류 최초의 「살인자」의 후손으로부터 나온 문명과 문화는 폭력과 타락상이 강한 문명이요, 문화였다는 사실을 보여줍니다.

하나님은 그 어떤 죄를 지었더라도 회개하고 돌아오기를 원하십니다. 그러나 범죄한 인간은 하나님 앞을 떠나 자기만의 세계를 꿈꾸며 하나님의 간섭을 받지 않는 인간 문화를 건설해 갔던 것입니다.

가인과 그 후손이 건설한 인간 문명과 문화는 인간의 힘(라멕-힘센 자라는 뜻), 지혜(아다-꾸민자)와 감정(씰라-딸랑거리는 자)을 바탕으로 한 물질적 풍요와 세속적인 아름다움과 힘의 논리가 지배하는 불신주의의 사회였습니다. 그래서 그들이 추구하는 것은 정복사업과 압제 그리고 쾌락적인 삶에 탐닉했음을 드러내고 있습니다.

그러나 성경은 (잠 16:18) 인본주의의 종국은 파괴이며 부패한 성향을 드러내고야 만다는 사실을 보여줍니다. 하나님을 떠난 문명과 문화는 결국 인간을 해롭게 하고 파멸로 이끌어 갑니다.

우리는 창세기 4:23-24의 라멕의 노래에서 인간이 얼마나 폭력과 타락상이 강한가를 보여줍니다.

가인과 그의 후손들의 타락상을 정리해 보면,

① 가인은 하나님을 떠나 나가서 자기 성을 쌓았습니다(16-17).
② 라멕은 신성한 결혼의 원리를 깨뜨렸습니다.
③ 음악이나 악기가 저주의 슬픔을 치유하기 위해 발달되었습니(21).
④ 저주의 수고를 가볍게 하기 위해 각종 기계들을 만들었습니다(22).
⑤ 폭력과 살인을 예사로 알았습니다(23-24).

그러므로 세상의 문화가 타락한 인간의 손에 의해 진행될 때 문화도 더러워지고 문명도 악용되었습니다. 하나님께서 물질적인 자연을 지배할 권한 즉 문화명령을 인간에게 주셨습니다(창 1:26-28).

인간의 타락으로 세상은 오염되었으나, 인간의 문화적 활동은 계속되었습니다. 여기서 우리가 분명하게 알 것은 인간의 죄가 하나님의 섭리마저도 변하게 할 수는 없기에 인간의 타락에도 불구하고 문화를 계속 발전시켜 나갔습니다. 그러나 범죄한 인간이 창출한 문화는 죄된 인간의 인위적인 물질문화의 발달을 가져 왔을 뿐 근본적인 영혼의 안식을 가져다주지는 못했던 것이 역사적 증거요, 반복되는 흐름이었습니다. 그러므로 우리 크리스천들은 하나님이 주신 문화적 명령이 하나님의 특별하신 은혜임을 먼저 깨닫고, 거듭난 문화와 체질이 개선된 즉 하나님의 영의 감동과 인도를 받는 데서 산출된 문화적 표현과 발달이 진행되어야 합니다.

크리스천은 세상의 빛과 소금입니다. 최후의 심판 날 까지 크리스천에게 주어진 삶의 현장은 바로 이 세상입니다. 그러므로 세상의 죄악 된 문화를 극복하면서 기독교 문화의 지평선을 넓혀 가는 사명에 최선을 다하면서 성령의 도우심을 구해야 합니다. 그리고 하나님은 아벨 대신 셋을 주심으로 하나님의 구원 사역을 계속하시며 셋의 문화와 가인의 문화가 공존하는 가운데 거룩한 씨인 셋과 에노스를 통해 하나님의 거룩한 문화의 전통을 이어가게 하셨던 것입니다. 이 세상은 선과 악이 공존하고 있지만 결국은 거룩한 씨에 의해 하나님의 선한 의도와 계획은 차질 없이 진행되고 있음을 알아야 하고, 우리 또한 거룩한 씨의 후예로서 이 땅에 하나님의 나라를 건설하는 데 좋은 일꾼이 되어야 합니다.

2) 청소년 문화와 이해(요일 2:14, 요삼 11절).

지금 우리나라의 환경오염을 시계로 표시하여 12시를 기준으로 한다면 9시 5분이 되었다고 한 때가 작년입니다. 대기오염, 수질오염, 유해식품 심각한 수위에 와 있습니다. 하나님이 주신 삼천리 금수강산이 왜 이 지경까지 왔느냐? 그것은 무지와 정신오염 때문입니다.

우리는 지금 환경오염보다 더 심각한 종교 오염과 윤리 오염(피의 오염), 사상 오염에 직면해 있습니다.

맘몬주의, 꼴찌들의 반란, 버르장머리 없는 자들이 활개치고, 장인 정신은 개밥에 도토리가 되고, 경험자는 무시하고, 어른을 경시하고, 이성보다 감정이 앞서는 풍조가 확산되고 있음이 걱정스럽습니다. 부모의 말이 가정의 법이 되고, 스승의 경험이 학교의 기강이 되던 시대는 옛말이고, 질서는 파괴되고, 구별을 차별이라는 말로 구별의 기능을 마비시켜 버리는 현실입니다.

오늘날 대중문화는 상업주의 논리의 종이 되어 한탕주의의 저의에서 나온 방종문화는 가장 승산 있는 문화 상품이기에 사상의 자유, 표현의 자유, 창작의 자유, 문화의 자유라는 그럴듯한 가면을 쓰고 그럴듯한 이론으로 시공간을 초월하여 침투하고 있습니다. 또한 교회까지도 명품교회보다 상품교회로 전락하면서 이 시대를 본받는 데 솔선수범하고 앞다투어 가면서 대중문화의 노예가 되어 가고 있는 현실입니다. 또한 대중문화의 폭력성, 음란성, 반기독교성은 오염된 공기와 같아서 우리는 혈과 육이 아닌 영적인 싸움을 각오해야 하고 속도보다 방향이요, 양보다는 질이 더 중요함을 다시 한번 강조해야 합니다.

특히, 인간의 의사 전달이 구술시대로 시작해서 문자시대, 오디오 시대, 비디오 시대, 멀티미디어 시대로 발전하면서 더더욱 부모와의 대화 시간보다 인터넷과 영상 모니터와 대화하는 시간이 압도적으로 더 많고 인터넷에 오르는 말이 더 권위가 있는 시대가 되어가고 있습니다.

우리가 지도해야 할 청소년들은 사회도, 교회도 아무런 방비도 없이 내동댕이쳐 있는 상황입니다.

청소년들이 모여 CCM찬송 좀 부르고 거기에 끼여 메시지 몇 마디 듣는다고 대중문화 속에 포로가 되어 있는 그들을 구원할 수 있겠습니까? 더더구나 아볼로 목회자가 뜨는 지금의 교회의 풍조 속에 청소년들을 그리스도의 제자의 스타일로 체질 개선을 시킨다는 것이 그렇게 간단하거나 단순하지 않습니다. 7%의 기독교 인구가 로마 대제국을 기독교 국가로 바꾸어 놓았는데 우리는 25%의 기독교 인구를 자랑하면서 무능을 스스로 인정할 수밖에 없는 현실 교회가 되어 버린 데 대해 염려하면서 회개하지 않을 수 없습니다.

에릭 프롬이 "인생과 사랑"에서 종교의 참패 이유는,

① 진화론이 창조론을 압도하고 있고
② 설교는 되어지나 실천은 되어지지 않는 데 있다고 했습니다.

우리는 오늘날 교회 문화의 세속화와 개교회주의, 교파주의, 성령의 감동이 없는 예배 그리고 신 신비주의의 뉴에이지 운동의 최종 목표인 "죄를 잊으라"는 메시지는 불행의 원조를 회개로 청산해야 하는 기독교의 본질과는 정반대인 기독교의 가면을 쓴 기독교 이적 단체들의 사기술에 속고 있다는 사실입니다.

죄의 경계선이 무너지고 또는 혼선이 계속되는 것은 바로 흑암이 깊음 위에 있는 무질서 악순환이요. "하나님이 보시기에 좋았더라"고 하는 세상이 아닌 부조화, 거꾸로 가는 세상인 것입니다. 어두움이 빛을 지배하고, 감정이 이성을 리더하고, 무질서가 질서를 짓밟아버리고, 낙하산 인사가 장인 정신을 왕따시키고, 무경험자가 경험자에게 군림하는 시대의 혼란을 우리는 어떻게 대처해야 할 까요? 또한 세상이 교회를 끌어가고, 풍기 문란이 순진한 사랑을 평가 절하하는 현실 앞에 이 버르장머리 없는 풍조 속에 내일의 국가의 운명과 교회를 책임져야 할 청소년들을 우리는 어떻게 대처하여 예수님의 제자로 양육할 것인가 하는 고민과 갈등 그리고 고난을 각오해야 합니다.

3) 종의 문화가 미친 영향 (인격, 신앙, 목회 스타일 차원에서, 민 13:32~14:3).

요셉이 종살이 하다가 애굽의 총리대신으로 발탁이 되었습니다. 요셉은 본래 종의 출신이 아닙니다. 그는 비록 종살이를 하는 환경 속에서도 종의 성품이나 기질로 바꾸어지지는 않았습니다. 하나님께서 요셉을 통해 그의 가족을 구원시키시고, 그의 가족이 이스라엘 민족을 이루게 됩니다.

70여명의 가족이 애굽, 고센 땅에 정착하여 400년 혹은 430년 후에 추산 인구가 300만이 넘는 민족을 형성하게 되었습니다. 요셉이 죽고, 요셉의 공적을 알던 애굽 왕 파라오도 죽고 난 뒤, 이스라엘은 학대를 받기 시작했고, 애굽의 종살이가 계속되었습니다. 노동력 착취와 힘들고 어려운 일은 이스라엘 민족에게 맡겨졌습니다.

그 때 이스라엘 백성들은 하나님께 부르짖어 구원을 호소하게 되었습니다 (출 3:9). 하나님께서는 학문과 생활, 부함과 가난, 젊음과 늙음을 경험시킨 모세를 부르셔서 이스라엘을 출애굽 하게 하셨습니다. 그 과정에 하나님의 역사와 기적은 이루 말할 수 없었습니다. 그런데 오늘 지적하고자 하는 것은 그리고 교훈을 삼고자 하는 것은 이스라엘 백성은 430년이란 세월 속에 즉 종살이하는 과정에 자기도 모르는 사이에 종의 문화가 형성되었고, 종의 기질과 체질이 되어버렸다는 것입니다.

종의 체질은 ① 은혜를 잘 잊어버리는 체질(과거미화) ② 원망, 불평을 잘 하는 체질 ③ 쉽게 동요되는 체질 ④ 부정적인 체질 ⑤ 역사를 무시하는 체질(패기)입니다.

이런 체질은 오랫동안 종살이 속에 형성된 것입니다. 그래서 열 가지 잘 한 것은 잊어버리고 한 가지 못한 것은 기억하는 자들이 되었습니다. 감사할 줄 모르고 원망은 잘 합니다. 제가 달동네에서 몇 년간 목회를 하면서 이 사실을 체험했습니다. 2년간 구제금 주고 돌보아 주어도 떠날 때는 말없이 갑니다. 한번 섭섭하면 2년간 사랑도, 관심도 다 잊어버립니다. 종살이가 체질화되면 장기계획 삶의 철학이 없습니다. 원래 철학은 배부를 때 나오는 것입니다. 그러나 종의 문화가 바로 한의 문화입니다. 한의 문화가 비전문화로 거듭나지 않으면 목적 달성 후에 한풀이가 계속된다는 것입니다. 물론 역기능을 보완하면 목표 지향적이고 잘 견디어 내는 순기능도 많습니다. 이스라엘 백성들을 광야에서 40년간 훈련을 시켰으나 종의 기질이 벗겨지지 않았습니다. 그래서 모세의 후계자 여호수아와 갈렙 외에는 광야에서 다 죽게 하고 종의 생활의 경험이 없는 광야에서 태어난 제 2세들만 가나안 땅에 들어가게 하셨던 것입니다(체질개선이 간단하지 않다는 것).

(여기에서 하나님이 여호수아를 등장시키면서 모세를 시체도 감추어버리고…하시는 하나님의 후계자 등용 방법이 있습니다. 마치 예수님이 등장하자 세례요한을 순교당하게 하시는 것과 같습니다.)

만일 종의 기질 그대로 가지고 가나안 땅에 들어가면 얼마 되지 않아 가나안 7족속에게 먹혀 버립니다. 종의 문화는 한의 문화이고, 한의 문화는 부족심리로 형성됩니다. 항상 부족하기 때문에 그것을 채우는 데 혈안이 됩니다. 가난의 한, 핍박의 한, 전쟁문화가 낳은 한, 정치, 경제, 문화 모든 분야에 한의 뿌리가 있습니다(소설, 음악, 영화, 그림, 교육까지도 한의 영향). 부모가 자녀로 통해 대리 만족을 얻으려고 합니다.

※ 교회선택, 목회스타일, 직업선택

가난에서 벗어나야 되겠다는 각오, "우리도 잘 살아 보세"는 좋은 것입니다. 그러나 한 풀이가 될 때는 수단과 방법을 가리지 않을 위험성이 있습니다. 그래서 정직을 포기하면서까지 행동하게 되는 것입니다. 떳떳한 부자와, 뻔뻔한 부자가 있다고 합니다.

떳떳한 부자는 바람직합니다. 아리마데 요셉, 마가의 다락방, 떳떳하게 사용하는 것입니다. 그러나 한풀이로서 부자가 되면 가치 있는 사용이 어려울 수 있고, 뻔뻔한 부자가 될 수도 있다는 것입니다. "부자 되세요" 한 코미디의 대사를 모 카드사가 광고로 활용해 큰 붐을 일으키는 말이 된 것은 우리 사회의 심리적 갈망의 단면을 보여주는 것입니다. 이스라엘 백성들에게 강력하게 주입시켰던 아브라함의 하나님, 이삭의 하나님, 야곱의 하나님, 그리고 우리가 살 땅은 젖과 꿀이 흐르는 가나안 땅으로 애굽에서 나오는 과정까지는 성공했지만 가나안 땅에 들어갈 준비는 안 되었던 것입니다. 크리스천은 왕 같은 제사장입니다. 왕 같은 제사장이 비굴하면 안 됩니다. 왕 같은 제사장은 용감해야 됩니다. 다윗, 다니엘, 하나님의 선지자들, 성령받은 자들은 다 용감했습니다. 이것은 믿음에서 나온 용기입니다.

여호수아, 갈렙의 말과 태도와 다른 열 정탐꾼의 말과 태도는 완전히 달랐습니다. 믿음의 말과 행동과 불신의 말과 행동이었습니다.

예수님은 그리스도이십니다. 그리스도는 메시아입니다. 메시아는 선지자직과 왕, 그리고 제사장직을 감당하는 자입니다. 그는 베들레헴에서 나시고, 피난생활 경험과 나사렛에서 자라셨습니다. 나사렛에서 무슨 선한 것이 나겠느냐고 했지만 그는 온유하시고, 겸손하시고, 정직하게 사시고, 나사렛에서 인류의 구세주가 나타나셨습니다. 그는 인간의 한을 비전과 소망으로 바꾸어 놓았습니다. 그는 한 알의 밀알이 되셨습니다.

우리는 모든 분야에서 종의 문화, 한의 문화, 부족심리에서 벗어나야 됩니다. 간섭하기보다 관심가지고, 비판하기보다 방법을 제시해야 합니다. 불평보다 감사를, 원망보다 칭찬을, 책망보다 격려를, 불신보다 믿음을, 못한다 하기보다 할 수 있다는 체질개선, 능동적이고 긍정적인 문화로 바꾸어야 합니다.

무심코 던진 돌에 개구리가 맞아 죽듯이 부모들의 무관심한 말, 습관적인 행동이 자녀들에게 미친 영향이 지대하다는 것을 명심해야 합니다.

작년에 신문에 보니 안동에 김계행 씨가 49세에 대과에 급제하여 50대 이후 본격적인 벼슬을 했는데 그가 죽을 때 유언이 "우리 집에는 보물이 없다. 있다면 청렴뿐이다"라고 했답니다.

그의 후손들이 남자만 8천명되는데 아직까지는 뇌물받아 재판을 받거나 말썽이 생긴 자는 한 건도 없다는 것이 그 가문의 자랑이라고 합니다. 가난을 극복하는 것은 너무나 바람직하지만 한 풀이가 될 때는 역기능이 한 두 가지가 아니라는 것을 알아야 되고, 모든 분야를 같은 맥락에서 생각해야 합니다.

▶ 결 론

문화가 거듭나지 않으면 아무것도 변화된 것이 없습니다. 사회는 그렇다 치더라도 교회만이라도 기독교 문화와 복음 문화가 정착되어야 합니다.

믿음의 인내와 한풀이의 인내가 다릅니다. 한풀이 목회를 믿음의 목회라고 착각해서도 안 될 것입니다. 믿음은 하나님 영광에다 초점을 맞추고 한풀이는 자신의 신념이나 한에 초점이 맞추어져 있기 때문에 목표가 다릅니다. 우리는 한풀이 기도, 한풀이 목회보다 하나님 영광 목회, 거룩한 비전 기도가 이루어져야 합니다.

하나님께 잘 보이기 위한 몸부림
(행 13:21-24)

신앙생활의 목적은 하나님께 잘 보이는 것입니다. 또한 인간의 행복도 하나님께 잘 보여 하나님이 주실 때 가능한 것입니다.

사실, 하나님께 잘 보이는 것이 모든 문제의 해결이요, 복 중의 복이기 때문입니다.

아브라함, 욥, 요셉, 다윗이 하나님께 잘 보였기에 신앙과 인생에서 성공한 것입니다. 성경은 하나님께 잘 보이는 길을 가르쳐 주는 내용으로 가득 차 있습니다.

1. 하나님께 잘 보이는 비결은 믿음입니다.

믿음에는 적은 믿음이 있고, 큰 믿음이 있습니다. 예수님이 감탄한 믿음도 있습니다. 예수님의 관심은 믿음입니다. 그래서 믿음이 없는 자들을 책망하시고, 더디 믿는 자도 경고 하시고, 믿음이 커야 하는데 적은 것도 책망하셨습니다.

오늘 교회나 교단의 일군들의 문제는 한 가지입니다. 직분은 큰데 믿음이 적은 데서의 문제입니다. 물론 믿음이 없는 것은 두말할 나위도 없겠지요. 교단이 큰 것을 자랑하기보다 그만큼 믿음이 커야 된다는 것 명심해야합니다.

2. 하나님께 잘 보이는 모습은 회개입니다.

성경에 회개란 단어가 가장 많이 쓰인 원문의 뜻은 "중심을 고치다, 바꾸다, 슬퍼하고 애통하며 돌이키다"는 뜻입니다.

회개는 이벤트 행사가 아닙니다. 성령의 역사로 인한 중심의 고백과 삶의 갱신입니다.

그리고 한 두 번 센세이션을 일으키고, 사라지는 프로젝트가 아닙니다. 회개는 하나님께서는 가장 기뻐하시는 일이지만, 사람은 가장 하기 싫어하는 것이요, 그 외침도 가장 인기 없는 외침입니다.

가라지를 놓칠 각오로 해야 하고, 회개의 메시지를 접어 두고 교인 숫자 늘리는 데만 치중하는 인본주의는 하나님이 좋아하지 않을 것이 분명합니다. 기독교는 모두 변화된 자들의 역사입니다.

3. 하나님께 잘 보이는 기도는 비전 기도입니다

성경에는 기도하여 얻은 아들이 크게 쓰임받은 기록이 많습니다.

그리고 예수님은 기도하셨고, 기도를 가르쳤고, 기도를 명령하셨습니다.

이제 우리는 기도하되 비전 기도를 해야 되겠습니다. 한풀이 기도와 비전 기도는 근본이 다릅니다. 한풀이 기도는 전적으로 자신을 위한 것입니다. 그러나 비전 기도는 전적으로 하나님의 영광을 위한 목적을 가진 기도입니다. 한풀이 기도는 응답되면 그 다음부터는 기도를 계속하지 않을 확률이 높고, 기도하되 간절함이 식어집니다. 한풀이 기도는 자기 목적 달성을 위한 기도이고, 보상 심리의 충족을 위한 것이 될 수 있습니다.

우리는 한나의 기도처럼 서원, 또는 비전의 기도를 드려야 합니다. 예수님의 최종적인 기도, 땀방울이 핏방울처럼 되기까지 힘쓰고 애써 드린 기도는 비전 기도입니다.

4. 하나님께 잘 보이는 예배는 신령과 진정의 예배입니다

예배는 콘서트가 아닙니다. 예배는 하나님께 감사하는 최선의 행위요, 의식입니다. 우리의 삶이 예배의 연속이어야 합니다. 주일의 의식 예배가 성공해야 일주일간 생활 예배가 성공합니다. 온 마음과 정성을 다하여 성령의 임재 속에 예배가 드려져야 합니다. 우리는 베드로의 신앙고백처럼 주님의 마음을 흡족하게 해 드려야 합니다. 사단은 하나님께 밉게 보이도록 감동하고, 연구하고, 행동케 하는 악하고 더러운 영입니다. 이제 우리는 여호와 하나님이 보시기에 "심히 좋았더라"는 인간 회복의 역사가 계속되어야 합니다.

선택은 자유이지만 결과(열매)는 자유가 아닙니다

본래 인간과 세상은 하나님이 보시기에 "심히 좋았더라"는 세상이었습니다. 그러나 범죄로 인한 인간의 모습은 "하나님이 사람 지으셨음을 한탄"하셨습니다.

그것은 범죄의 결과로 하나님과의 관계, 인간과의 관계, 자연과의 관계가 모두 깨어지고 부조화의 관계가 되었기 때문입니다.

성경은 말세에 고통하는 때가 온다고 했는데, 그것은 사랑의 변질 때문임을 말하고 있습니다. 그것은 ① 자기사랑(이기주의) ② 돈 사랑(유물주의) ③ 쾌락사랑(퇴폐주의)입니다.

오늘날 세상은 질서보다 무질서를 택하고, 온전한 사랑보다 풍기 문란을 선호하고, 정상보다 비정상이 대중화되고 있습니다. 그것을 저는 "거꾸로 가는 세상"으로 표현하고자 합니다.

예를 든다면 어두움이 빛을 지배합니다. 감정이 이성을 끌고 갑니다. 무질서가 질서를 짓밟습니다. 낙하산 인사가 장인 정신을 왕따시킵니다. 무경험자가 경험자를 지배합니다.

세상이 교회를 끌고 가고, 말뿐인 자가 행동하는 자의 스승이 되고, 거짓말의 명수 정직을 비웃고, 성실한 자가 바보 취급당하고, 버르장머리 없는 자가 지도자가 되고, 좋은 족보를 없애버리는 것이 더 좋습니다. 뿐만 아니라, 풍기 문란이 순진한 사랑을 평가절하하고, 상품 교회가 명품 교회를 비웃고 있습니다.

지금 우리는 기획 혼란과 선동 아이디어, 선전 영화와 예술 속에 침투시킨 이념과 반미 정신과 사상, 또는 역사왜곡을 밥에서 돌을 가려내듯 가려내어야 합니다. 뿐만 아니라, 대인 관계나 문화, 종교, 도덕, 정치, 교육 모든 분야에 내면적 갈등뿐 아니라 현실적 갈등이 있기 마련인데, 이 갈등을 의도적으로 선동하므로 갈등 구조를 형성하며, 그로 인해 얻고자 하는 정권적 야욕을 폭로하고, 정죄해야 합니다.

지금 우리는 문화 충돌이 아닌, 이념 충돌과 국가 정체성과 국가 파괴자들과 역사 파괴 위인 소멸, 계략으로 인한 문화 충돌이 아닌 정체성 충돌이 심각한 지경에 이르렀습니다.

선택은 자유이지만 결과는 즉, 열매는 자유가 아닙니다. 뿌린 대로 거둡니다. 현 정권은 이판사판을 택하는 것 같습니다. 그 중에 어떤 자들은 오락가락하고 있습니다. 자꾸만 말 바꾸기를 합니다. 말 바꾸기란 말은 거짓말을 다르게 표현하는 표현을 연구한 단어입니다.

6.25 이후 지금까지 2,800번 도발한 북한, 43만 번 휴전 협정 위반한 북한을 믿고 대화하고, 협상하자는 자들은 정말 100% 제 정신이 아닌 것입니다.

호박에 줄 친다고 수박되지 않습니다. 가라지와 곡식은 종자 즉, 씨가 다릅니다. 병들고 약한 곡식은, 약을 뿌리고 거름을 주면서 가꾸면 회복 되지만, 가라지를 가꾼다고 곡식으로 개종되는 것 아닙니다.

공산국가는 망해도, 공산주의는 소멸되지 않습니다. 왜냐하면, 공산주의는 사단이 만든 제품이기 때문에, 예수님께서 재림하셔서 심판하시는 그날까지는 그 활동의 강약의 차이, 확산의 차이는 있어도 소멸은 되지 않을 것입니다.

이 땅은 천국도 지옥도 아닌 선과 악의 공존 시대이기에 우리의 선택에 따라 그 열매가 맺어질 것입니다.

지금 우리는 어떤 의미에서 아주 심각한 위기에 있습니다. 즉, 선택의 기로에 있습니다. 아주 혼란한 가운데 있기 때문에 선택에 엄청난(돌이킬 수 없는) 실수를 할 수도 있습니다. 이것은 변화와 발전에서 일어나는 하나의 현상이 아닙니다. 또한, 역사 혼란이 발전을 가져오거나 기대하는 변화를 가져온 적이 별로 없습니다.

그것은 너무나 무능을 정당화하고, 무지를 합법화하려는 자기변명과 방어에 불과하며, 이미 말씀드렸습니다만 계획적이고, 기획적인 혼란을 감추려는 사악한 계략인 것입니다.

자연은 뿌린 대로 거두게 합니다. 거짓말 하지 않습니다. 인간의 성공과 실패도 선택이 좌우한다고 해도 과언이 아니며, 선택은 자유이지만 열매는 자유가 아니라는 사실입니다.

1. 진리를 택할 것인가? 비진리를 택할 것인가?

진리는 그 자체가 진리이지 사람의 많고 적음에 따라, 시대에 따라, 환경에 따라 달라지는 것이 아닙니다. 예수님은 길이요, 진리요, 빛이라고 했습니다. 이 땅에는 많은 비진리들이 있습니다. 우리는 진리를 택하고 진리를 믿고 진리로 나아가야 합니다.

2. 빛을 택할 것인가? 어두움을 택할 것인가?

선은 빛이요 어두움은 악입니다. 진실은 빛이요, 거짓은 어두움입니다. 예수님은 빛으로 오셨습니다. 빛이 오심으로 어두움이 드러났습니다. 어둠의 결과는 좌절과 멸망입니다. 그런데 사람들은 어두움을 좋아하는 타락한 속성이 있습니다. 우리는 빛을 택해야 합니다.

3. 이성이 감정을 인도할 것인가? 감정이 이성을 끌고 갈 것인가?

이성에서 나오는 감정이라야 건전하고 바로 된 정서입니다. 오늘날 이성이 감정을 끌고 가기보다 감정이 이성을 끌고 가기 때문에 이렇게 정치, 경제, 교육, 문화, 국방 모든 분야를 혼란하게 하고 퇴보하게 만들었습니다.

오늘날「역사 바로 세우기」라는 명분으로 오래 전 역사를 그 시대에 보지도 있지도 않은 자들이 평가한다는 것은 말이 안 되는 일이고 정말 어이없는 일입니다.

4. 질서를 택할 것인가? 무질서를 택할 것인가?

요즈음은 순서가 무시되고 기성세대는 폐품처리 되고 있는 실정입니다. 정규 코스나 정식보다 오히려 비정상을 더 알아주는 시대가 되어 버렸습니다. 낙하산 인사가 장인을 왕따시키고 부실기업이 건실한 기업을 매수하고 무경험자가 경험자를 지배하고 있는 경우가 너무 심해졌습니다.

5. 정직을 택할 것인가? 거짓을 택할 것인가?

성실한 자, 정직한 자는 지리산에서 온 자와 단군 시대 사람으로 취급해 버리는 오늘날의 시대 풍조, 거짓의 왕초들이 날뛰는 시대입니다. 그때그때 거짓으로 잘 속이는 정치인이 활개치는 세상이 되어서는 안 되는 법입니다. 환상적인 정치공약의 100분의 일도 못 이루어 놓을 일을 거침없이 공약하고, 거기에 속아 넘어 가는 우둔한 유권자들 그러나 열매는 피할 길이 없습니다.

6. 예의 있는 자가 될 것인가? 버르장머리 없는 자가 될 것인가?

예의와 질서는 권위주의가 아닙니다. 버르장머리 없는 자들의 무질서가 변화로 가는 한 과정도 아닙니다. 가정에서부터 공무원, 정치인까지 너무 버르장머리 없는 말과 행동이 대중화되어 가고 있는 현실입니다.

7. 건전한 사랑을 택할 것인가? 퇴폐적 풍기 문란을 택할 것인가?

성이 레크리에이션 도구가 되고 또는 상품화되고, 순진한 사랑과 순결은 개밥에 도토리가 되고 있습니다. 무분별하게 침투하는 음란문화, 악덕 업자들의 인터넷 포주들, 정말 소돔 고모라를 뺨치고 있습니다. 성도덕 파괴, 건전한 사랑의 실종은 전쟁보다 핵보다 더 파괴력이 있는 것입니다.

8. 민주주의를 택할 것인가? 공산주의를 택할 것인가?

우리는 유일하게 이념 대립국가입니다. 종교 대립은 있어도 이념 대립은 다 문을 닫았는데 유독 북한은 끝까지 적화통일 야욕을 버리지 않고 있습니다.

우리는 상당한 젊은이들이 공산주의 이론에 속고 있고, 데모만 하고 실력 없는 대학 졸업자들이 요소요소에서 설치고 있습니다. 우리가 알 것은 공산주의 이론은 거짓 이론입니다. 우리는 통일론에 속지 말아야 합니다. 민주 통일이어야 하고 자유 통일이어야 합니다. 또한 민족을 앞세우는 속임수에도 속지 말아야 합니다. 국가 없는 민족은 아무런 의미가 없습니다. 공산주의는 유물론 무신론입니다.

그러므로 무신론과는 하나 될 수 없습니다. 그러므로 서로서로 다른 체제 속에서 전쟁 없이 유지하든지 아니면 공산주의를 버려야 하는 것입니다.

9. 하나님을 믿을 것인가? 미신을 믿을 것인가?

하나님을 믿으면 살고, 영원한 생명을 얻고 하나님이 지켜 주시는 복을 받고 하나님을 믿지 않으면 버림받고 소망도 희망이 없습니다. 하나님을 믿는 개인, 가정, 국가는 흥하고 그렇지 않는 나라는 결국은 망합니다. 우리는 선택해야 합니다.

Happy Together
(시 133:1-3, 롬 12:9-13)

사람은 혼자 태어날 수 없습니다. 사람은 혼자 살아갈 수 없습니다. 사람은 혼자 행복할 수 없습니다.

사람의 직업이 크게 세 가지입니다. 자연을 상대하는 직업입니다. 기술을 (기계) 상대하는 직업입니다. 사람을 상대하는 직업입니다. 사람을 상대하는 직업은 사람을 잘 만나면 행복하고 보람됩니다. 그러나 사람 잘못 만나면 스트레스 받고, 불행합니다. 하나님께서 사람을 지으시고, 혼자 사는 것이 좋지 않음을 아시고, 삶의 동반자를 창조하셨습니다.

하나님이 보시기에 심히 좋았습니다. 그러나 인간이 행복을 위한 하나님의 법을 어김으로 인간이 하나님 앞에 골치 아픈 존재가 되었습니다. 죄는 서로 마주 볼수록 골치 아프고, 스트레스를 유발하게 합니다. 그래서 하나님께서 먼저 사랑과 자비로 인류 구원 프로젝트를 계획하시어 누구든지 예수 그리스도를 믿는 자는 구원을 얻게 하시고, 영원한 생명 즉, 영원한 행복의 길을 진행하시고 이루셨습니다.

예수님께서 "나는 길이요 진리요 생명이니 나를 믿는 자는 죽어도 살겠고, 살아서 믿는 자는 영원히 죽지 아니하리라"하셨습니다. 인간은 누구든지 예수 그리스도를 믿음으로 ① 죄에서 구원받고 ② 병에서 구원받고 ③ 죽음에서 구원받고 ④ 가난에서 구원받을 수 있습니다.

믿는 자가 소망하는 천국은 가난과 병과 죽음에서 구원된 영원한 행복의 장소요, 삶입니다. 그 사실을 믿는 자들이 함께 모여 신앙 생활하는 것이 지상교회 생활입니다. 이 땅에 많은 사람들이 어리석은 희망의 노예가 되어 있는 경우가 많습니다.

감추인 보화는 아무나 발견하는 것이 아닙니다. 영적인 지각이 열려야 하는 것입니다. 사람이 성령과 말씀으로 거듭나지 않으면 교회 다녀도 육적인 신자에 그칩니다. 영적인 참 신자가 될 수 없습니다.

오늘 본문 시편 133편은 영생의 복을 받은 자들의 아름답고 행복한 동거를 말하는 내용입니다.

1. 형제와 연합하여 동거할 때 행복하다는 것입니다.

우리는 그리스도 안에서 형제입니다. 형제는 한 핏줄입니다. 형제는 한 가족입니다. 형제가 아닐 때는 혼합은 가능하나 연합은 불가능합니다. 그러나 형제라도 연합하지 않으면 원수 될 수 있고, 불행의 씨앗이 될 수 있습니다.

이삭과 이스마엘, 이스라엘과 에서는 형제이지만 즉, 육적인 형제임에 틀림없지만 영적인 형제가 되지 못하므로 수천 년간의 전쟁의 역사가 끝이 나지 않고 있지 않습니까?

우리는 그리스도 안에서 영적인 형제가 되어야 합니다. 양과 염소는 다릅니다. 곡식과 가라지는 다릅니다. 이것은 항상 불안한 동거입니다. 배부르고 아쉬운 것 없으면 순간적으로 조용할 수는 있으나 함께 영생하고, 함께 행복할 수는 없습니다.

보배로운 기름이 흐르고 헐몬의 이슬이 내리는 것 같은 은총과 행복의 공동체는 불가능합니다. 시편 133편의 시온의 산들은 성전을 의미합니다. 모든 축복과 행복이 교회로부터, 말씀의 순종으로부터 오는 것입니다.

야곱과 에서 간의 불화와 전쟁의 요인이 어디 있습니까? 야곱은 이스라엘로 변화되었지만 에서는 변화되지 않았다는 사실입니다. 우리가 교회 다녀도 명목상 신자라도 거듭나지 않으면 영원한 형제, 영적인 형제는 될 수 없는 법입니다.

누구든지 그리스도 안에 있으면 새로운 피조물이 됩니다. 새로운 피조물들끼리의 연합과 동거는 축복과 행복의 삶인 것입니다.

여러분!

형제라도 다 다릅니다. 쌍둥이라도 다른 점이 많습니다. 다르다고 틀린 것은 아닙니다. 타이어와 핸들이 다르다고 틀립니까? 나하고 다르다고 틀리다고 속단하지 말아야 합니다. 타이어와 핸들이 동거해야 합니다. 액셀레이다와 브레이크가 동거해야 합니다. 전조등과 후미등이 동거해야 합니다. 우리는 달라도 형제입니다. 우리 중에는 등산을 잘 하는 사람이 있습니다. 그러나 등산이라 하면 전혀 취미로도 할 줄 모르는 사람이 있습니다.

수영을 잘하는 사람이 있고, 개구리 수영도 할 줄 모르는 사람이 있습니다. 그렇다고 틀리는 인생이 아닙니다. 나하고 다를 뿐입니다. 그러나 피는 같습니다. 그러기에 형제입니다. 형제라도 연합하지 않으면 원수가 됩니다.

이기주의, 개인주의, 독선주의, 분리주의자는 연합이 어렵습니다. 욕심이 연합의 적입니다. 욕심은 행복을 파괴하지, 이루지 못합니다.

2. 행복은 서로 사랑해야 합니다.

형제라도 사랑이 없으면, 우애가 없으면, 존경이 없으면, 믿음이 없으면, 기도가 없으면, 대접할 줄 모르면 행복한 관계가 될 수 없습니다. 사랑하되 서로 해야 합니다. 사랑하되 서로서로 먼저 해야 합니다. 사랑도 먼저, 존경도 먼저, 우애도 먼저, 대접도 먼저 해야 합니다.

그러려면 부지런해야 합니다. 부지런하지 않으면 사랑실천은 불가능합니다. 부지런하지 않으면 섬기고 대접하는 것도 힘듭니다. 손님 대접하려면 몇 날 며칠 시장보고 그리고 대접하고 나면 뒤처리와 정리가 보통 일입니까?

게으른 사람은 섬기는 일, 대접하는 일을 못합니다. 기독교의 본질이 게으른 사람은 잘 믿기 힘든 종교입니다. 그래서 무엇이든지 하지 말자는 사람의 공통점은 게으른 사람, 돈내기 싫은 사람들입니다.

행복은 서로 사랑해야 합니다. 서로 사랑은 부지런해야 합니다. Happy together! 우리 함께 행복 합시다. 지금부터 그리고 날마다 예수님은 인류 행복을 위해 부지런히 뛰고 달리시다가 십자가를 지시고 죽으셨습니다. 천국을 예비하시는 것도 인류 행복을 위해서입니다. 그러므로 예수 그리스도 안에서 그리스도의 삶을 본받는 자가 행복을 만들어 가는 사람입니다.

행복위원회
(롬 12:3-21)

우리의 삶이 행복해야 합니다. 그러려면 혼자서는 행복할 수 없습니다. 삶은 관계입니다. 마치 우리 몸과 같습니다. 눈 하나만 밝으면 다 되는 것 아닙니다. 음식 소화만 잘되면 다 되는 것도 아닙니다. 사람의 지체는 서로가 불가분리의 관계를 가지고 있습니다. 인간은 하나님과의 바른 관계와 사람들과의 바른 관계에서 행복을 발견하고 누릴 수 있습니다.

오늘은 특별히 이웃과의 올바른 관계를 말씀드리고자 합니다. 우리는 모두 행복하기 위해 『행복위원회』를 조직하고, 우리 모두가 그 위원들이 되어 잘 운영될 때 행복을 발견하고, 누리게 될 줄 믿습니다.

1. 행복위원회는 생각이 지혜로워야 됩니다.

그 지혜는 믿음의 분량에서 나온 지혜이어야 합니다. 대인관계에서 지혜롭지 못하면 행복위원이 될 수 없습니다.

지식은 땅에서 얻는 것이지만, 지혜는 하늘에서 옵니다. 그 지혜는 믿음의 분량대로 나오는 지혜입니다. 그러므로 믿음에서 나오는 지혜가 아니면 하나님이 주신 지혜가 아닙니다. 행복위원회는 회원들이 지혜로워야 되는 것입니다.

2. 행복위원회는 충성스러운 협력 관계가 되어야 합니다.

신자들은 각각 은사가 다릅니다. 하나님은 신자들의 각각 다른 은사들을 주셔서 교회가 균형 있게 자라도록 하십니다.

어떤 교회는 듣기만 즐기는 교인들로 구성되어 있어서 아무 일도 못하는 교회가 있고, 어떤 교회는 가르치기만 즐기는 교인들로 구성되어 있어서 봉사가 힘든 교회도 있습니다. 각자 다른 은사를 소유하므로, 충성스러운 협력 관계가 될 때, 그 조직은 행복위원회가 될 수 있는 것입니다. 우리는 나의 달란트와 은사를 통하여 전체에게 유익이 되어야 합니다.

그러므로 나의 것은 무가치하다, 필요 없다고 생각하는 자괴감도 문제이고 내가 가진 것이 최고다, 다른 사람의 것은 시시하다고 생각하는 것도 잘못된 것입니다.

여러분 손톱 발톱을 자주 깎아야 되고, 귀찮은 것 같아도 하나만 없어도 얼마나 불편한지 모릅니다. 다 필요하고, 다 유익한 것입니다.

여러분 영적 은사는 전시용도, 자랑거리도, 가지고 노는 장난감도 아닙니다. 봉사의 도구입니다. 섬기는 도구입니다. 고린도 교회는 영적인 은사를 남용하므로 분열을 가지고 왔습니다. 모든 은사는 교회를 일으켜 세우는 목적을 위해 사용해야 됩니다. 건강도, 재능도, 물질도, 시간도 교회를 일으켜 세우는 목적이 아니면 충성스러운 협력 관계가 될 수 없습니다.

여러분 누가 부인 하겠습니까? 서로 협력이 잘 될 때 얼마나 행복합니까? 행복위원회는 서로의 행복을 위해 지체로서 사명을 다 할 때, 위원회 위원 자격이 있는 것입니다. 어떤 경우는 많은 달란트가 있는데, 모두 자기만 알고, 자기만 위하려고 하다 보니 결국 보람도 행복도 없는 것입니다.

우리나라가 행복 지수 102위라고 합니다. 178개국을 조사를 한 통계입니다. 그 이유가 무엇이겠습니까? 최근에 급속도로 만연된 개인주의, 이기주의 때문입니다.

우리는 지금 투기꾼 1%를 잡느라 99%가 고통을 당하고 있지 않습니까? 우리는 0.4%도 안 되는 좌경꾼들 때문에 96%가 시달리고 있지 않습니까? 이제 우리는 충성스러운 협력 관계가 되어야 합니다. 그럴 때 행복과 무궁한 발전을 가져옵니다.

3. 행복위원회는 소망, 인내, 기도가 있어야 합니다(롬 12:12).

소망이 목적이고, 인내가 현실이며, 기도가 일과이어야 합니다. 소망 없이 행복이 없습니다. 인내는 행복으로 가는 과정입니다. 기도는 날마다 힘을 공급 받는 방법입니다.

4. 행복위원회는 평화와 사랑입니다.

일을 할수록 화평이 도모되어야 합니다. 어떤 경우는 일만 하면 싸웁니다. 불화합니다. 욕심과 개인의 생각이 기준이기 때문입니다. 주님의 영광과 교회를 먼저 생각하지 않기 때문입니다. 일 많이 하고 원수지기보다 일 적게 하고 화목하는 것이 낫습니다. 높은 지위를 얻고 가정이 무너지기보다 가정을 살리는 것이 더 우선입니다.

5. 행복위원회는 선한 일을 해야 됩니다.

선행은 행복이 따르고, 악행은 불안과 불행이 따릅니다. 선한 일은 열심히 주님을 섬기고, 열심히 이웃을 섬기는 일입니다. 우리는 어떤 일이 있어도 나 때문에 하나님으로부터 받은 행복이 감소되지 않도록 해야 합니다.

당회나, 제직회나, 남·여 전도회, 주일학교, 각 선교기관, 각 구역이 행복을 무너뜨리는 멤버가 되지 말고, 모두 「행복위원회」가 되시기를 주님의 이름으로 축원합니다.

말의 실수를 점검합시다
(약 3:2)

대인관계에서는 말이 너무나 중요합니다. 대화가 끊어지고 의사소통이 잘 안 되는 가정을 한번 상상해 보십시오. 생각만 해도 어두운 느낌이 올 것입니다.

우리는 사랑의 말, 믿음의 말, 소망의 말, 감사의 말, 그리고 칭찬과 격려의 말을 잊지 말아야 합니다.

특히 상대방을 기분 좋게 만드는 진실된 격려의 말은 상대방에게 용기와 희망을 주는 것입니다.

우리는 "고마워요, 난 행복해요, 당신이 최고야, 미안해, 내가 잘못했어, 걱정하지마, 다음엔 잘 할 수 있어" 이런 말을 많이 사용해야 합니다. 특별히 하루의 일과가 끝나고, 잠자리에 들기 전에 꼭 기도하며 오늘 하루 한 말들을 점검해 보는 것도 자신의 발전을 위해 엄청난 효과가 있을 줄 압니다.

생각과 말이 먼저 거듭나야 합니다. 하나님께서 이사야의 입을 통해 하나님의 말씀을 전하는 사명을 주실 때 입술을 화저로 찢었습니다. 이것은 먼저 입술이 변해야 변화된 입술로 하나님의 말씀을 전할 수 있기 때문입니다. 사람이 살아가면서 말의 실수는 하지 않을 수 없습니다. 그러나 노력하므로 날마다 날마다 변화될 줄 믿습니다.

주여! 말의 실수 없는 자가 되게 하여 주시옵소서!

예수님 이름으로 기도합니다. - 아멘 -

그 어머니와 그 아들
(삼상 12:22-25 참고)

사무엘은 한나의 기도로 얻은 아들입니다. 한나가 성전에서 오랫동안 기도하므로 응답받아 사무엘을 낳았습니다.

그리고 약속대로 사무엘을 하나님께 바쳤습니다. 그런데 나중에 사무엘이 이스라엘의 지도자가 되어 얼마나 열심히 기도했는지를 우리는 알 수 있습니다.

1. 어머니의 기도의 전통이 그대로 이어졌습니다.

신앙전통, 기도전통보다 복된 전통이 어디 있겠습니까?

사무엘은 믿음의 사람, 믿음의 지도자, 기도의 사람, 기도의 지도자가 되었습니다.

2. 학생들에게 가르치는 지도자 사무엘

이스라엘 백성을 진실되게 하나님을 섬기도록 가르쳤습니다. 한나가 사무엘을 성전에 맡겨 사무엘을 가르치도록 했습니다. 사무엘도 지도자가 되어 가르치는 일에 최선을 다한 줄 믿습니다.

진실로 그 어머니와 그 아들입니다. 우리는 기도의 본을 보여주고 기도의 본은 정말 복된 본이요, 또한 전통입니다.

우리는 어떤 본을 보여주고 있는지 반성해야 합니다.

신령한 정보
(눅 24:1-12 참고)

우리는 지금 정보화 시대에 살고 있습니다. 인터넷 문화는 시간과 공간의 제한 없이 수많은 사람들이 다양한 정보를 공유할 수 있는 편리를 제공하고 있습니다. 그러나 순기능 못지않게 역기능도 있습니다. 불량 프로그램의 확산이나, 사기적 정보로 인한 오판 및 피해입니다.

그러나 지금 말하고자 하는 것은 디지털 문화로 인한 시공간을 초월한 다양한 정보나 프로그램은 땅에 속한 것이지만, 우리는 하늘의 정보, 신령한 정보에 귀가 열리고 눈이 열려야 합니다.

이 정보는 물과 성령으로 거듭난 사람만 발견하고, 깨닫고, 공유할 수 있는 것입니다. 그러면 우리가 공유해야 할 신령한 정보, 즉 영적인 정보는 무엇이겠습니까?

1. 예수 그리스도의 탄생입니다.

예수 그리스도의 탄생은 예수님께서 오시기 전부터 제사제도와 성막을 통해, 그리고 여러 선지자들의 예언을 통해 이미 계시하시고 반복적인 정보가 있었습니다. 그러나 영적인 정보 즉 신령한 정보에 눈이 어두운 자들은 눈이 있어도 보지 못하고, 귀가 있어도 듣지 못했습니다.

오늘날은 그 어느 때보다 정치, 군사, 문화, 경제, 모든 분야에 정보가 빨라야 하고 앞서가야 하는 정보 경쟁시대입니다. 마찬가지로 신령한 정보가 정확하고 빠른 가정이, 교회가 그리고 나라가 승리합니다.

예수 그리스도의 탄생 정보는 가까이에 있는 사람보다는 먼 곳에 있던 동방박사가 먼저 알았고, 왕궁에 있는 자들보다 목자들이 먼저 알았고, 젊은 사람들보다 성전을 떠나지 않고 기도하며 기다리던 연로한 시므온과 안나가 먼저 알았습니다. 우리는 신령한 정보가 정확하고 빨라야 합니다.

2. 예수 그리스도의 죽으심과 부활에 대한 정보입니다.

예수님께서는 제자들에게 점점 강도 높게 십자가에 죽어야 한다는 사실을 말씀했습니다. 그러나 제자들은 깨닫지 못했습니다. 그리고 예수님의 죽음의 의미조차도 깨닫지 못했습니다. 더더구나 부활에 관한 정보가 예수님을 따르던 갈릴리에서 온 여자들보다 늦었습니다(눅 24:10).

마귀와 그 추종 세력들은 예수님에 관한 정보, 특히 십자가 죽음과 부활에 대한 정보를 수단과 방법을 가리지 않고 차단하려고 합니다.

3. 신령한 정보를 깨닫고 받은 자는 최선을 다하여 전파해야 합니다.

박해가 올 때는 기쁜 맘으로, 생명을 걸고 증거하고 전파해야 합니다. 이 신령한 정보는 죽느냐 사느냐 하는 문제이며, 영원한 축복이냐 영원한 저주이냐 하는 문제입니다.

4. 그러면 어떻게 하면 신령한 정보를 얻을 수 있습니까?

믿음입니다. 기록된 말씀 성경입니다. 기도입니다. 성령의 감동과 인도입니다. 하나님을 믿고 의지하는 자에게는 하늘의 신령한 정보, 영적인 정보통이 되어 세상과 마귀와 죄악을 이기고 자신도 이기고 날마다 승리하는 생활을 하게 됩니다. 그리고 날마다 감사하며 살게 될 것입니다.

나그네 정신과 떠돌이 정신

성경은 인생을 나그네라고 표현한 곳이 많습니다. 그리고 믿음의 사람들은 다 나그네 정신으로 산 사람들이라 해도 과언이 아닙니다. 아브라함(창 23:4), 이삭, 야곱(창 47:9), 요셉, 모세(출 2:22) 등이 나그네 생활을 했고, 나그네 정신이었습니다. 사실 이스라엘 민족 자체가 나그네 민족입니다(창 15:13). 흩어져서 살던 유대인들은 어디서나 그들의 눈은 예루살렘을 향해 있었습니다. 그래서 외국에 있을 때도 회당은 예배 자가 예배할 때 얼굴이 예루살렘을 향하도록 지어졌습니다.

모든 인생은 나그네입니다. 크리스천들도 나그네입니다. 그러나 성경이 말하는 나그네는 천국의 기업을 가진 나그네요, 하늘에 본향을 둔 나그네로서 이 세상의 삶을 나그네라고 표현한 것입니다.

우리는 나그네 정신으로 살아야 합니다. 이 세상이 천년 만년 살고 지고 할 곳이 아니라 잠시 잠깐 후면 떠나야 할 곳입니다. 땅도, 건강도, 물질도 그 어느 것도 영원히 소유 할 수 없습니다. 그러므로 나그네입니다.

나그네 정신으로 살아야 나누며 살 수 있습니다. 그리고 돌아갈 고향을 늘 마음에 두고 살 수 있습니다. 나그네는 이 세상에 살지만 이 세상에 속해 있지 않다는 의미입니다.

이방지역에 사는 체류자들을 그리스어로 「파로이코스」 라고 한 것은 멀리 고국을 떠나 이방 지역에 살면서도 그의 생각은 언제나 고향에 있는 사람입니다.

나그네는 고향이 있습니다. 갈 곳이 있습니다. 목적지가 분명합니다. 우리 아버지 되시는 하나님의 집이 고향입니다. 그러므로 이 세상 삶은 나그네입니다. 그러나 우리가 알 것은 나그네와 떠돌이는 다릅니다. 떠돌이는 갈 곳이 없습니다. 떠돌이는 소망이 없습니다. 떠돌이는 늘 불안합니다. 날마다 생존에 대한 불안 속에 살기에 생활이 없습니다.

생존과 생활은 다릅니다. 우리는 떠돌이가 아니라, 나그네입니다. 나그네이기에 다 주고 갈 것입니다. 집도, 사용하던 물건도, 모두 주고 갈 것입니다.

저의 연구실과 사택에는 2만 여권의 책이 있습니다. 30여년 이상의 작가 생활의 소산물이요, 절반 이상이 작가들에 의해 기증받은 책들입니다. 그동안 수집하고, 연구하고, 간직하면서 온갖 애정이 묻어 있는 책들이지만, 극단적으로 말해 나그네 생활 끝나기 전에 주기 싫어도 주고 가야 되고, 두고 가야 됩니다. 게다가 제가 그 동안 피와 땀과 눈물과 긴 밤을 지새우며 울며, 웃으며, 감사하며 기록했던 기도, 칼럼, 강해, 교안, 설교 다 주고 갈 것입니다.

자신이 나그네인데, 아니 자신이 떠돌이기도 한데, 그 사실을 모르고 살면 정말 비극입니다. 가치 있는 삶은 불가능합니다.

이번에 저희 교회에서 두 주간 특별 새벽기도회를 인도하면서, 온 몸에 느껴지는 새벽바람과 공기는 쌀쌀했습니다. 어느덧 다가오는 겨울 앞에 가을은 밀려가지 않을 수 없었던 줄 압니다. 한 세대는 가고, 한 세대는 오는 것이 반복됩니다. 그러므로 우리는 나그네 정신으로 항상 날 수를 계수하는 지혜를 가지고 살아야 합니다.

우리 모두 다음의 나그네가 사용하도록 언제나 남기고 갈 수 있는 마음의 준비와 여유가 필요하며, 또한 남기고 갈 것을 준비하여야 합니다.

멀미가 없는 해가 되었으면

　사람들 중에는 자동차나 배 또는 비행기를 타면 멀미가 심한 사람이 있습니다. 특히 파도가 심할 때 배를 탔거나, 기후가 나쁠 때 비행기를 탔을 때는 평소 멀미를 하지 않던 사람도 하게 됩니다.

　최근 우리 백성들은 절대 다수 멀미를 하고 있습니다. 그것은 갈팡질팡하는 교육정책, 경제정책(주택정책) 그 외 여러 가지 정부의 방침 때문입니다. 그뿐 아니라 어느 날 갑자기 영웅이 역적이 되고, 간첩이 애국자가 되고, 약 50회 이상 바뀐 건축법, 이렇게 뒤집혀지고, 바꾸어지고 순간적으로 이랬다, 저랬다 하는데 어떤 장사가 멀미하지 않고 견디어 내겠다는 것입니까?

　금년에는 말장난도 그만하고, 무식하다는 소리도 듣지 말고, 모든 분야에 갈팡질팡하지 않고, 흔들림 없는 안정이 있었으면 합니다. 약을 먹지 않아도 조용해지면 멀미가 사라지듯이 오늘날 희망 대신 멀미만 준 정치도 안정만 되면 멀미는 저절로 치료될 줄 확신합니다.

　모든 면에 안정적 발전을 위해서는 경험자의 말, 지혜자의 말, 애국자의 말에 귀를 기울여야 되며 실패자의 말, 실패한 이념, 실패한 정책은 듣지도 말고 따르지도 말아야 합니다. 부자라고 다 죄인이 아니듯이 가난하다고 다 선한 사람도 아닙니다.

　결과적으로는 이유가 어떻든 정부가 갈등조작의 동기부여 자가 되었다는 사실을 절실히 깨달아야 합니다. 그리고 우리 민족의 도덕 수준과 분별능력을 업그레이드 시켜서 사기적 발전 청사진에 속지 말고, 능수능란한 선동에도 현혹되거나 사기당하지 말고 분명한 국가관과 정직한 애국, 그리고 감정에 매장당한 지성이 아니라 지성에서 일어난 감정의 삶이 되어야 합니다.

　멀미는 약보다는 안정입니다. 멀미로 혼미해진 우리 모두의 바람입니다.

『이미지 메이킹을 합시다』 (image making)
(눅 19:1-10 참고)

개인이나 국가나, 교회, 그리고 기업, 모든 분야가 이미지가 중요합니다. 이미지 관리에 성공해야 인생도 성공하고 모든 분야에 향상되고 발전됩니다.

예수님은 이미지 메이커입니다. 예수님을 만나고 거듭난 자마다 이미지가 달라졌습니다. 경우에 따라서는 너무 향상되고 변화된 이미지에 놀라기도 했습니다. 죄인의 이미지가 의인의 이미지로, 무식하게 생각했던 이미지가 유식하고 수준 높은 이미지로 변화되고, 갱신되었습니다.

죄송합니다만 어떤 경우에는 목사가 되었는데도, 지도적인 자리가 할당 되었는데도(낙하산) 깡패 이미지, 똘만이 이미지가 그대로 있고, 오히려 그것을 보존하고 있는 경우도 있습니다.

세상에서 올바른 성공을 하려면 이미지 메이킹을 먼저 해야 합니다. 지금은 유능한 회사 사원을 뽑을 때도 그 사람의 실력을 보는 것은 물론이지만 인격이나 풍기는 이미지를 보는 경우가 많다는 소리를 들었습니다.

이미지를 바꾸면 인생이 달라집니다. 이미지를 바꾸면 교회가 달라집니다. 이미지를 바꾸면 국가가 달라집니다. 지금까지 우리나라는 대외적으로 이미지가 참 좋았습니다. 그런데 현재는 세계적인 권위 있는 통계에 의하면, 계속 이미지가 추락하고 있습니다. 불신 이미지가 강해졌습니다. 좌파성 이미지가 증가하고 있습니다.

모든 분야에 이미지 메이킹이 필요합니다. 그 중에 교회가, 크리스천들이 더욱더 필요합니다. 부정적인 이미지, 인색한 이미지, 불평적인 이미지, 변질된 이미지, 물량주의 이미지를 바꾸어야 합니다.

우리는 하나님께는 이미지가 좋아야 합니다. 구약 족장시대 아브라함이 하나님께 순종하여 100세에 얻은 독자 이삭을 바친 후 하나님이 보시는 의미가 달라졌습니다. "이제야 네가 나를 사랑하는 줄 알겠다"고 하셨습니다.

이스라엘의 2대왕 다윗에 대하여 하나님께서 하시는 말씀이 "이새의 아들 다윗을 만나니 내 마음에 합한 자"라고 했습니다. 욥은 "순전하고 정직한 믿음"의 부자로 인정받는 이미지였습니다.

오늘 본문에 삭개오라는 세리장의 이미지가 예수님을 만나고 영접한 후 그의 말씀을 통하여 완전히 변화된 내용입니다.

우리는 그 사람의 이미지로 그 사람의 결과를 예측할 수 있습니다. 좋은 이미지는 좋은 결과를 가져옵니다. 그리고 좋은 이미지는 마음에서부터 시작됩니다. 좋은 이미지는 하루 아침에 되거나 하늘에서 떨어지는 것도 땅에서 캐내는 것도 아닙니다.

가인은 그의 아우 아벨을 쳐죽이고 난 뒤, 그의 안색이 하나님 보시기에 안 좋은 것은 물론이었거니와, 그 이전에 벌써 가인의 이미지는 하나님이 보시기에 좋지 않았습니다. 그래서 가인 자체를 받지 않으셨기에, 그의 제물도 받지 않으신 것입니다.

초대교회 시대를 지나면서 사도들의 사역 가운데서도, 구리 장색 알렉산더의 이미지나, 요한3서에 등장하는 으뜸 되기를 좋아하는 디오드레베 같은 자는 아주 이미지가 좋지 않았습니다.

예수님의 사역 기간에 바리새인들과 서기관들의 이미지는 회칠한 무덤이요, 독사의 자식들이요, 잎만 무성한 무화과 같은 자들이었습니다. 우리는 하나님이 보실 때나, 이웃이 볼 때나 좋은 이미지를 풍기고 남겨야 하겠습니다.

인생이 바뀌면 이미지가 바뀌고, 이미지가 바뀌면 인생이 바뀌는 것입니다. 예수님을 만나면, 예수님의 말씀을 듣고 순종하면 그리고 예수님께 내 인생을 맡기고, '가서 너도 이와 같이 하라'는 주님의 삶의 자취를 따라 산다면 우리 모두의 이미지는 변화될 것입니다. 또한, 하나님이 받으시는 예배를 드리며, 날마다 성령으로 충만하면 날마다 이미지가 향상됩니다.

★ 성경구절 묵상 ★

학개 2:4 "내가 너희와 함께 하노라"(확신)

데살로니가후서 3:11-12 "종용히 일하여 자기 양식을 먹으라"
(기본정신)

야고보서 2:22 "행함으로 믿음이 온전케 되느니라"(산 믿음)

마태복음 5:15-16 "착한 행실"(인격적인 삶)

마태복음 6:1-2 "사람에게 보이려고 하지 말라"(하나님 중심)

디모데후서 4:7-8 "나의 달려갈 길을 마치고"(충성-하나님 영광)

전도서 9:10 "힘을 다하라"(근면)

1. 직업은 사명입니다.

애나 제임슨(교육가) - 직업은 하늘이 주신 기쁨으로 깨달을 때까지 그대는 행복하지 않을 것입니다.

스페인 속담 - 악마는 게으른 자를 보면 그 속에 들어가 한바탕 휘저어 놓을 충동을 받는다.

칼렙로자도(목사) - 맥도날드에서 시간당 4달러 25센트에 일하는 것과 마약을 뒷골목에서 팔아 하루 50달러를 버는 것 중에 어느 쪽이 가치 있는가? 가치는 수입의 액수에 달린 것이 아니다.

탈무드 - 자신의 땀을 소득으로 사는 자가 경건한 인간이다. 신은 그에게 배의 축복을 내리신다.

성경은 일하기 싫거든 먹지 말라고 했습니다. 놀고 먹는 것을 축복으로 생각하는 것은 잘못된 사실입니다. 노새 노새 젊어서 노새가 아니라, 일하세 일하세 젊어서 일하세 늙고 병들면 일을 못하기 때문입니다.

게으른 자는 개미에게 가서 배워 부지런한 체질이 되도록 권합니다. 근면 정신이 성경적입니다. 우리는 일군(work)이 되어야지, 밥벌이(Job)로 매워지면 곤란합니다.

2. 이미지가 가장 중요한 이력서입니다.

성경은 한 인물을 논할 때, 지역, 부모의 이름까지 말하는 경우가 대부분입니다. 우리의 이력서에 이미지를 가장 소중하게 여기는 풍조가 되어야 합니다. 학벌, 재산, 건강 모든 필요가 갖추어져도 이미지가 나쁘면 그는 부적격자인 것입니다. 그러므로 이미지 관리를 잘하고 좋은 이미지 경력이 많아야 됩니다.

3. 이미지 양식(養殖)과 화장(化粧)

(1) 인격관리

① 언어훈련 - 감사, 긍정적 언어, 믿음, 칭찬, 격려

② 자세훈련 - 질서, 인내, 절제, 용기, 성실

③ 비전훈련 - 계획(목표), 추진, 노력

④ 봉사훈련 - 섬김, 헌신

(2) 신앙관리

① 신앙기본훈련

② 신앙성장훈련

③ 영혼구원을 위한 훈련(선교, 전도)

우리의 최선의 목표는 예수님을 닮아 하나님께 영광 돌리는 것입니다.

GMS 국제화 포럼 마무리 기도

하나님 아버지 감사합니다. 이번에 GMS 국제화 선교 포럼을 열게 하셔서 한층 더 선교 영역 확대와 효과적이고 장기적인 선교 전략과 정책을 점검하고 수립하는 데 유익된 시간을 주신 것 감사합니다.

하나님 아버지, 우리 한국교회 특히 우리 교단 더 나아가 세계 교회와 여러 선교단체가 날마다 발전과 변화는 계속되되, 변질되지 않도록 도와주시옵소서.

보냄받은 선교사들이나 보내는 선교사들 특히 교회, 선교기관, 선교의 권태기가 오지 않도록 사도행전의 역사는 계속되게 하시고, 선교 사역이 한 순간의 이벤트가 되거나 센세이션이 아닌 신앙생활의 극히 상식적인 사역이 되도록 도와주시고, 우리들의 삶이 되고, 교회의 체질이 되도록 도와주시옵소서.

하나님 아버지! 이제 우리는 무조건 달려온 우리의 방향을 다시 점검 확인하게 하시고, 총체적이고, 통전적이고, 현장성 있는 무엇보다도 하나님을 감동시키는 선교 비전과 정책 그리고 선교사들이 되도록 성령께서 계속 인도하시고, 충만케 하여 주시옵소서.

항간에는 한국교회 선교의 열정을 악용하여 도망자의 도피성이 되기도 하고, 사명보다는 사역의 보존 연한 연장 수단이 되기도 하고, 생존의 돌파구, 실패자와 권태자의 정착지가 되기도 하는 역기능도 있었지만, 그로 인해 선교의 열정이 방해받지 않도록 도와주시옵소서.

더더욱 선교사 지원자가 증가하게 하시고, 점점 연소화되게 하여 주셔서 이제 선교 사역의 다양성과 지속성 방법의 전문화와 체계화가 이루어지게 하여 주시옵소서. 또한 인격적 자질과 신학적 바탕, 사명적 영력과 영권, 실력적 방법이 준비되고 갖추어지는 기독교 문화로 거듭난 인적자원이 풍부하도록 하나님이 섭리하시고 주관하여 주시옵소서.

또한 거룩하고도 고귀한 선교 사역이 사기적 선교회나 선교 기관 때문에 발꿈치가 상할지라도 주님께서 십자가 능력으로 그 머리를 상하게 하는 역사가 일어나게 하여 주시옵소서.

특별히 이 시간도 추운 지방, 더운 지방, 미개한 지역, 종교의 자유가 없는 공산권과 이슬람권에서 선교하는 선교사들과 그 가족들을 천군 천사로 호위하여 지켜 주시고, 성령의 능력이 충만케 하여 주시옵소서.

이제 우리가 선교지로, 사역지로 돌아갑니다. 다시 하나님의 사역에 십자가를 지는 우리 모두가 되어서 가룟 유다는 스스로 없어지고, 성령을 거역하고 속인 아나니아 삽비라는 망하는 공개적인 영권의 시대가 다시 도래하고, 그리고 교회는 날마다 더더욱 부흥하는 역사가 일어나게 하옵소서.

이번 대회를 위해 실제적으로 수고하며 이름도 없이 빛도 없이 시간과 물질과 모든 달란트를 동원한 주님의 일군들에게 주께서 복을 주시옵소서.

예수님 이름으로 기도합니다. - 아멘 -

코스모스문예의 브랜드가치를 높이려면
(신 33:29 참조)

시인들 중에는 롱펠로우(Longfellow)의 시를 읽지 않은 분이 거의 없을 것입니다. 그가 백지 위에 시 한 편을 쓰게 되면 그 종이 한 장 값이 몇 만 달러가 됩니다.

경제인 중에 소프트웨어를 개발해서 50년 만에 현재 세계 최대 갑부가 된 빌 게이츠나, 이미 타계했지만 록펠러를 모르는 분이 없을 것입니다. 이 분들이 수표 위에 사인만 하면 그 종이 한 장의 가치가 몇 십 만 불, 몇 백 만 불의 가치를 발휘하게 됩니다.

오늘 우리는 하나님이 창조하신 천하보다 귀한 생명을 소유한 존재라는 긍정적인 자아상, 건강한 존재 의식을 가지고, 마치 토기장이가 진흙을 이겨 도자기를 만들 때, 그것이 수 천 만원의 가치를 발휘할 수 있는 작품이 될 수 있듯이, 하나님이 주신 달란트로 진흙을 이기듯이 기도와 땀과 눈물과 깊은 생각과 노력 속에 영성과 지성을 움직이는 능력 있는 작품을 생산해내는 월간지가 되도록 노력해야 합니다.

삽 한질 파서 펑펑 솟아나는 물이 생수일 수 없고, 모래 위에 세운 집이 든든할 수 없는 것처럼 easy, easy, Take it easy - 모든 것을 쉽게쉽게 이루려고 하지 말아야 합니다.

하룻밤 철야 기도하고 축복이 쏟아지기를 기대하거나 10분(分)명상하고 깊은 영감과 작품이 순산되기를 꿈꾸지 말아야 합니다. 한 방울의 물이 계속 한 곳에 꾸준히 떨어질 때 바위도 구멍을 내듯이 인내가 필요합니다. 계속해야 됩니다.

미국의 아트 링클레이터(Art linklater)라는 사람은 인생의 행복과 성공의 길에 대해 4가지를 말했습니다.

① 항상 겸손해야 됩니다.

② 끈질긴 인내가 있어야 됩니다.

③ 용기가 있어야 됩니다.

④ 영감이 있어야 됩니다.

그렇습니다. 겸손해야 발전합니다. 인내 속에 인격의 가치도, 신앙의 수준도, 작품의 질도 올라갑니다. 행복한 자아상은 끊임없는 발전 그리고 영감과 용기에서 나옵니다.

코스모스문예는 CEO잡지도, 마케팅 매거진도 아닙니다. 각자의 분야에서 일하고 살아가며 떠오르는 영감과 생각을 붙들어 표현한 자신들의 내장이요, 속살입니다.

그러므로 헐리우드 액션이 아닙니다. 숙달된 모션도 아닙니다. 그리고 괴테(Guethe)가 말한 대로 『가장 유능한 사람은 계속해서 배우는 사람이다』고 한 것처럼 날마다 배우는 사람들입니다.

열심히 배웁시다. 부지런히 일합시다. 정직하게 삽시다. 사랑하며 삽시다. 행복의 발견자가 됩시다.

문화신문에 기대하는 것

월드 미션 문화 신문은, 크게 보면 한 가지 목적이지만, 각론에서는 두 마리의 토끼를 잡아야 할 사명을 가지고 출발하는 것 같습니다.

하나는 세계 선교를 위한 사명과 다른 하나는 문화 선교를 위한 사명인 것 같습니다. 문화 선교는 우리가 발을 딛고 사는 땅에서 출발하여 확장시켜 타문화권까지 나아가는 비전이라면, 세계 선교는 시작부터 세계를 대상으로 하는 거대한 포부가 아닌가 싶습니다.

시작은 미약하지만 하나님의 관심의 대상이 되므로 나중은 창대케 되는 역사가 있기를 바랍니다. 그렇게 되기 위해서는 여기에 관련된 모든 자들이 (발행인, 편집인, 기자) 올바른 신앙관, 시대관, 사회관, 가치관을 바탕으로 끊임없는 포부와 정열을 품어야 될 줄 압니다. 또한 국제성이 있는 안목과 아이디어, 그리고 실현 가능한 믿음과 공감대를 독자들로 하여금 불러 일으켜야 합니다.

교계신문, 잡지의 홍수 시대입니다. 그러나 종류나 숫자가 많은 것이 전혀 문제되지 않습니다. 다만 영향력을 얼마나 끼치느냐가 중요한 줄 압니다. 지금도 늦지 않습니다. 읽을거리 있고, 특색 있는 신문만 된다면, 많은 독자를 얻을 수 있을 것입니다.

읽을거리 없는 신문, 설교집도 아닌 신문에, 설교로 가득 채우며 연명한다면, 거기에는 객관성도, 공정성도 잃게 될 것이고, 더더욱 국제성에 안목을 돌릴 겨를이 없이 연명하는데 급급한 나머지 가진 자의 이용물이(악용) 될 위험성도 배제할 수 없을 줄을 압니다.

정말 30여 년 가까이 글을 쓰고 있는 미미한 작가의 한 사람으로서, 1면부터 마지막 면까지 활자 하나 놓치지 않고 정독하는 신문이 되었으면 하는 기대 속에, 문화신문의 창간을 축하드립니다.

부활절 감사 예배 및 예배극

예수님의 부활은 믿는 자의 최대의 소망과 기대요, 첫 열매입니다. 생명의 부활은 아무나 하는 것이 아닌 첫 열매되는 예수 그리스도를 나의 구주로, 하나님의 아들로 믿고 고백하는 자들의 것입니다.

금년 부활절 감사 예배 및 예배극과 뮤지컬 공연은 부활의 기쁨을 예술을 통해 더 깊이 또는 실감나게 표현하고, 하나님께 영광 돌리는데 목적이 있는 줄 압니다.

하나님께서 우리에게 주신 하나님의 이미지와 능력, 문화, 창조의 기능을, 그리고 하나님의 계시와 신비를 사람들의 시각을 통해, 심령으로 전달하도록 하는 데 동원되는 수단이 오늘 우리의 노력입니다.

오늘날은 춥고, 배고픈 시대보다는, 훨씬 더 아름다움을 사랑하는 시대에 살고 있기 때문에 하나님께 접목시키는 역할로서의 노력이 하나님께 영광되고, 우리 모두에게 은혜의 시간이 되기를 바랍니다.

오늘 주제나 형태나 양식이 인간 심리에 의해 감각 형상으로 받아지되 일상적인 방법이 아니지만 거룩한 자극이 되기를 기대합니다. 사단에게 악용된 예술이 타락의 붐을 일으키는 도구가 되기도 하기에 우리는 영적 전쟁을 하고 있는 것입니다.

오늘 우리 모두의 재능이 동원된 작품이 감각 형상으로 받아지되 일상적인 방법은 아니지만 그러나 거룩한 자극이 되기를 다시 한번 간절히 기대하면서 수고한 분들에게 하나님의 복이 충만하기를 기대합니다.

(사)한국기독교 문화예술총연합회
- 제3회 시상식 -

하나님이 사람을 지으시고, 하나님이 보시기에 심히 좋았다고 했습니다. 하나님이 보시기에 좋았다는 것은 하나님의 만족 표현입니다. 이것은 하나님이 지으신 모든 것이 질서 있게 즉, 창조 의도대로 진행되고 있었다는 것입니다.

그런데 질서 파괴범 마귀의 유혹에 빠져 행복의 규칙을 어긴 인간은 하나님과의 관계가 파괴되고, 이웃과 자연, 모든 분야의 불화가 생겨나게 되었고 마귀와 사단의 종노릇하게 된 것입니다.

그러나 하나님의 구원계획이 실현되므로 누구든지 인간의 몸을 입고 이 땅에 오신 하나님의 아들 예수 그리스도를 믿는 자는 다시 회복되는 구원의 은총을 주시므로 하나님의 구원계획 프로젝트는 차질 없이 이루어져 가고 있습니다. 오늘 수상자는 바로 이 구원의 맴버쉽이 된 자들의 하나님의 사랑과 은총에 대한 감사의 고백으로 살아가는 사명적 삶의 노력이 계속되는 자들의 발견입니다. 물론 많은 대상자들이 있을 것이나 우리들의 기준에 의해 제한된 선별이지만 우리들의 기준은 "방향설정"에 둔 것은 분명합니다.

- 영원히 사는 것도 중요하지만 방향설정이 더 중요하듯이 - 대상자들은 그리스도와 그 교회를 위하여 무엇보다 하나님께 충성하는 일군이 되어 하나님의 칭찬의 대상이 되고자 하나님이 주신 달란트로 부지런히 장사하여 이(수입)를 남긴 자들임에는 틀림이 없다고 보게 되었습니다. 우리 한국기독교 문화예술연합회는 저들의 신앙고백이 든 여러 분야의 예능과 기능인을 양성하고 발굴하여 복음문화의 대중화를 목표하고 있으며 이 일은 하나님이 기뻐하신다는 확신을 가지고 있습니다.

지금 우리의 노력은 마귀는 프로이고, 세속문화는 전문 교수팀들의 적극적인 지도(사단들)를 받고 있는데 크리스천들은 아마추어가 되어서는 안 됩니다. 공산주의는 프로인데 민주주의는 아마추어가 되어서는 사단 문화를 이길 수 없기 때문입니다. 그러므로 우리의 지도 교수인 성령님의 인도를 받으면서 복음문화예술의 전문화와 영적인 예능인과 기능인을 양성하고자 하는 것입니다.

  축하해 주십시오, 기도해 주십시오, 동참해 주십시오, 자랑해 주시고 실천해 주십시오.

인사말씀(한국기독교 문화예술 대상식)

오늘 (사)한국기독교 문화예술 총연합회 주최로 거행되는 이 귀하고 복된 모임에 수상자 여러분들과, 축하해 주시고, 동참하셔서 아낌없는 응원과 기도로 도와주신 여러분들에게 하나님의 은총과 축복이 넘치시기를 기원합니다.

오늘 여섯 명의 수상자들은, 하늘의 상급을 받을 수 있는 사람이라고 느껴지는, 즉 거듭난 자들의 공감대에 의해 뽑혀진 사람들이라고 믿고 싶습니다. 또한 우리 연합회에 검증된 수상자들은, 하나님 나라에 가서도 틀림없이 상을 받을 수 있는 착하고 충성된 종들이 될 줄 믿어마지 않습니다. 만일 땅의 여러 기관, 여러 분야에서 많은 상을 받았는데 하늘나라에서는 그들의 이름이 보이지도, 불려지지도 않고, 심지어 하늘 백성의 명단에서조차 빠져 있다면 저들의 판단과 심사는 기독교라는 탈을 쓴 인본주의, 또는 복음적 기준과는 거리가 멀었기 때문이라고 말할 수 있을 것입니다.

그래서 우리는 대상식 때마다 함께 기도하며, 고민하며, 성령님의 인도와 거듭난 양심의 소리에 순종하고자 노력하며, 때로는 갈등도 합니다.

우리는 생각해야 합니다. 지구의 절반을 휩쓸었던 사기적 유토피아가 70년 만에 이미 부도났습니다. 그리고 항상 선지자적인 안목과 거룩한 지혜로, 사기적 역사 바로 세우기가 되지 않고, 사기적 민주화가 되지 않도록 순교자 세례 요한과 같은 광야에서 외치는 소리가 있어야 합니다.

우리는 이벤트보다, 센세이션보다, 대성황을 이루는 것보다, 더 우선하고, 중요시해야 하는 것은 이것이 진리냐? 비진리냐? 옳은 것인가? 틀린 것인가? 입니다.

기도합니다. 노력합니다. 우리들의 행사는 「하나님이 보시기에 좋았더라」에서 「심히 좋았더라」고까지 만족히 여기시고 칭찬을 아끼지 않는 대상식이 되도록 하는 거룩한 이상과 비전입니다.

장인정신이 개밥에 도토리가 되는 시대나 조직은 이미 희망이 없고 붕괴되고야 맙니다. 더더구나 거룩한 장인정신은 역사의 운명과 미래를 결정하는 거룩한 씨요 그루터기가 되어야 합니다. 이 일에 앞장서서 기독교 문화예술 대중화를 위해 선지자 역할을 한 오늘 수상자들과 이 자리에 참여한 모든 거룩한 역사의 그루터기님들에게 하나님의 은총과 성령 충만의 역사가 계속되기를 기도하며 인사의 말씀을 드립니다.

"Better half in Jesus Christ"
(창 1:27-28, 31/2:18-25)

하나님이 사람을 지으셨습니다. 남자가 혼자 사는 것이 좋지 않게 생각되어 여자를 지어 가정을 이루게 하시고, 복을 주셨습니다. 영어에서는 배우자를 "better half"라고 합니다.

이것은 나보다 더 나은 반쪽이라는 의미입니다. 우리는 예수 안에서 더 나은 반쪽을 구하고, 찾고, 두드려야 합니다.

반쪽이기에 더 나은 반쪽으로 더 나은 하나, 온전한 하나를 만들어야 합니다. 그러므로 결혼은 하나를 창조하려는 두 사람의 의지인 것입니다(니이체).

독일의 유명한 작가 한스 카로사는 "Life is encounter" 즉 "인생은 만남"이라는 말을 했습니다.

우리는 부모를 만나고, 스승을 만나고, 친구를 만나고, 부부를 만납니다. 부모는 선택권에 의한 만남이 아닙니다. 그러나 부부는 선택에 의한 만남입니다.

이 만남을 통해 둘이 하나 되어 피의 원리, 사랑의 원리로 인륜과 천륜을 지키며 살아가는 것입니다. 그러나 일단 선택으로 맺어지기 때문에 우리는 가정을 이루는데 꼭 있어야 할 사랑의 기능, 경제적 기능, 교육적 기능, 그리고 도덕적 기능을 생각하지 않을 수 없습니다.

물론 진정한 사랑만 있으면 만사가 해결된다고 보기도 하지만 그 사랑을 변함없이 유지하고 보완하기 위해서는 다른 기능도 필요함을 삶의 과정속에 실감하게 됩니다.

그리고 예수 그리스도 안에서의 가정은 가정을 성소로, 가정을 과수원으로, 가정을 샘물로, 가정을 쉼터로 만들어야 주책부리는 신부, 돌팔이 신랑을 면할 수 있을 것이기에 이런 결혼 예비훈련이나, 신혼생활 정보는 없어서 안 될 과정이요, 필요라고 봅니다.

예수님의 첫 번째 이적이 잔치집에서 일어난 일이고, 십자가상에서 운명 직전에 육신의 어머니의 장래를 배려한 것을 볼 때 더 이상 설명이 필요 없는 줄 압니다.

창세기 본문은 하나님이 아담을 지으시고 난 후 독처하는 것을 좋지 못하게 생각하셔서 배필을 지어야 되겠다고 생각했습니다.

(The Lord God said "It is not good for the man to be alone, I will make a helper suitable for me" 창 2:18)

그리고 사람을 지으심으로 창조사역을 끝내시고 매우 만족해 하셨습니다. 그러므로 가정은 하나님이 만드신 제도이며 하나님이 보시기에 가장 만족해 하시는 모습이 가정을 이루어 하나님의 목적대로 사는 것입니다.

저는 결혼에 대해 정의하기를 "결함이 있어도 결심하고, 결단하고, 결정하여 결합하는 것이 결혼"이라고 생각합니다. 원래 결혼이란 말 자체가 독일어로는 Trauung은 Trauen 즉 "신뢰한다"는 말에서 파생되었습니다. 이것은 믿음과 믿음의 결함을 의미합니다.

유대용어로 결혼을 나타내는 말은 kiddushin이라고 합니다. 이것은 성별 또는 헌신의 의미입니다. 하천풍언 선생은 결혼을 함으로써 비로소 그의 "연애"가 그 사회에 인정을 받는다고 했습니다.

윌리엄 리온 펠프스는 "이 세상에 가장 위대한 예술은 남자와 여자가 함께 사는 예술이다"라고 했습니다.

하나님은 우리를 사랑의 대상으로 지으셨습니다. 우리의 이웃도 사랑의 대상입니다. 가정의 요소도 사랑입니다. 우리는 하나님의 참사랑을 받은 자입니다. 참사랑은 하나님 안에서만 가능합니다.

◎ 참 사랑은 기쁨을 생산합니다.

물론 저질적인 기쁨의 차원이 아닙니다.

◎ 참 사랑은 내가 하고 싶은 사랑이 아니라 주님이 하라는 사랑입니다.

주님이 하라는 사랑은 주님이 우리를 사랑하신 사랑입니다. 주님이 본을 보이신 사랑입니다.

◎ 참 사랑은 모든 촛점(Focus)을 사랑의 대상에게 맞추는 것입니다.

◎ 참 사랑은 함께 하는 것입니다.

◎ 참 사랑은 최고가 되기 위한 수단이 아니라 최선의 삶이요 최선의 길입니다(The best life and road).

당신은 사랑받기 위해 태어났고 사랑하기 위해 태어났습니다.

사랑하기 위해 결혼하십시오. 찾으십시오. 구하십시오.

사랑받는 것도 행복하지만 사랑하는 것이 더 행복합니다.

나와 그것의 만남으로 변질된 결혼을 나와 「너의 만남」으로 승화시키는 결혼이 되었으면 합니다.

읽을거리 없는 신문을 만드느라 얼마나 수고가 많습니까?

오늘날 홍수처럼 쏟아져 일방적으로 우송되는 교계 신문을 보면서 가끔은 「읽을거리가 없는 신문을 만드시느라 얼마나 수고가 많으십니까?」라고 말하고 싶은 경우가 없지 않습니다.

물론 그런 생각은 주관적인 생각이지 객관적인 것은 결코 아님을 우선 언급합니다. 그것은 나는 읽을거리가 없어도 다른 사람에게는 그렇지 않기 때문입니다. 적어도 광고를 낸 교회나 교회 상대 기업체, 그리고 사진과 설교 한 편이라도 올린 사람들은 저의 생각과는 다를 것이 분명합니다.

기독여성신문 창간 3주년에 즈음하여 기독여성신문은 읽을거리가 있는 신문, 복음의 길잡이, 선한 충동을 일으키고 믿음의 영양제 역할을 하는 신문이 되기를 바랍니다. 그리고 차제에 꼭 더하고 싶은 말은 기독교에 있어서의 신학적 여성 상징의 세 가지 유형인 교회론적인 기능, 지혜론적인 기능, 하나님과의 관계의 영적이고 신비적인 기능도 중요하겠지만, 예수님께서 가나안 여인에게 「여자야 네 믿음이 크도다」라고 칭찬하시고, 인정하시고, 선포하신 것처럼 주님께 인정받는 신앙인들의 고백과 그리고 거룩한 몸부림이 동영상 되는 신문이 되기를 바랍니다.

몇몇 사람이 날마다 신문을 차지하는 구멍가게형 신문보다는 작지만 많은 필요를 채울 수 있는 다양성 있는 복음마켓 역할을 바라고 싶습니다.

가나안 여인에게는 사랑, 신앙, 기도, 인내, 소망이 있었듯이 여성신문에서도 발견할 수 있기를 바랍니다. 또한 기독여성신문이기에 여성의 기질과 이미지가 담겨져 있는 신문, 즉 남성화된 신문도 아니고, 여성화되려고 구태의연한 몸부림 없이 창조의 질서와 신비 그대로 표현되어지기를 바랍니다.

여자의 몸을 통해 이 땅에 오신 예수님은 부활하신 영광스러운 영체를 제일 먼저 여자에게 나타내 보이신 것은 차별의 차원이 아닌 주님의 지극한 사랑과 관심의 차원에서 감사하며 계속적으로 주님이 오시는 그날까지 주님께 인정받는 여성의 모습으로 살아가고 지켜가야 합니다.

「기독여성신문」, 「읽을거리가 없는 신문을 만드시느라 얼마나 수고가 많으십니까?」라고 말하고 싶은 대상의 신문이 아니기에 … 그리고 계속 아니기를 바라면서… 축하의 말씀을 드립니다.

청계천이 열리듯이

콘크리트로 덮인 지(1958년) 47년 만에 청계천이 열렸습니다. 전체 구간 5.8km의 청계천은 악취 가득하고, 사고의 위험 신호 속에 사용되어졌던 역사가 끝나고 물고기가 노는 삶의 터전이 되었으며 환경과 문화와 역사, 그 어느 것도 소홀히 여기지 않으려고 노력한 복원이라 함께 기뻐하며 시원함을 느끼지 않을 수 없습니다.

차제에 우리의 정치도, 경제도, 교육도, 사회도 청계천이 열리듯이 시원스럽게 열리고 생명과 무한한 가능성이 약동하는 모습으로 변했으면 하는 간절한 바람이 있습니다.

너무나 폐쇄적이고 숨겨져 있는 이념, 그리고 그것을 콘크리트로 덮어놓은 것처럼 감추어져 있어 사람들을 속이고 있지만, 그래서 우선은 괜찮은 것 같으나 엄청난 폭발의 위험성을 안고 있는 것입니다.

진노, 개혁, 비리척결, 참교육, 시민단체 겉으로 보기에는 좋은 소리, 좋은 단어 다 동원해 깜짝쇼에 천재적인 아이디어를 가지고 있지만, 그 속에는 사악하고, 엉큼한 이념이 있음을 알아야 합니다. 문자 그대로 양의 가죽을 쓴 이리의 모습임을 알아야 합니다.

노숙자가 증가하고 노는 자들이 많아지고, 노는 날이 많아지고, 노인들이 푸대접받고, 노동운동이 사악한 무리들로 인해 악용되고, 노가다까지도 일거리가 없는 시대를 만들어 가면서도, 전체 백성들이 받는 스트레스는 상상을 초월하고 있는데도 한 번도 맞지 않는 경제전망, 개혁이라는 청사진으로 포장한 이 모든 속에 든 악취가 백일하에 파헤쳐지고 쓰레기 처리가 되어야 합니다.

청계천 8경의 내용을 보니 청계광장, 광통교, 빨래터, 소망의 벽, 옥류천, 패션광장, 하늘물터, 버들습지 등 어느 하나 소홀히 할 수 없는 고대와 현대가 어우러진 조화 속에 흐르고 또 흐르는 열린 청계천, 생동하는 청계천을 바라보며 시원함을 느끼며 배우고 깨닫고, 필요를 충족하듯, 우리의 모든 분야도 이렇게 되었으면 합니다.

특별히 말만 열린 정치라고 하면서 철저하게 닫혀버린 정치, 그렇게 여론을 중시하여 어용여론이라고 생각되는 여론까지도 철판 깔고 등장시켜 떠들고 온갖 언론 매체를 동원하더니 공산화된 사학법을 처리하는 데는 그리고 모든 정책이 완전히 귀를 틀어막고, 여론이나 백성들을 완전히 무시하는 닫혀도 보통 닫힌 정도가 아닌 쇠빗장을 걸어버린 잠근 정치는 우리 모두를 위하기보다 자신들만 위한 정치 단체로 전락하고 말았으니 정말 한심하기 짝이 없습니다.

정부의 힘으로 사정없이 밟아 버리는 사학재단에 대한 사학법, 유시민 의원을 대통령이 차세대 지도자로 키운다고 하니 쥐 잡아 코끼리로 키우겠다는 발상처럼 들려지는 것입니다.

선전, 선동 도구가 된 TV, 이제 하루 속히 청계천이 열리듯이 열려 모든 감추어진 쓰레기와 악취를 정리하고, 전통적인 역사의 흐름을 만천하에 드러내어 생명과 인간의 존엄과 가치가 흐르고 약동하는 시대를 가꾸어 가야 합니다.

청계천은 살아났건만

　청계천 복원은 자연 복원이요, 역사 복원이요, 문화 복원입니다. 메탄가스, 흑암, 오물, 오염투성이로 닫혀 있던 청계천이 47년 만에 다시 복원된 것입니다. 그런데 이렇게 경사스러운 현실인데도 KBS, MBC, SBS는 개막식 방송도 하지 않는 옹졸함을 보이더니 추락사고가 나자 민첩하게 방송하는 것을 보면서, 웃어야 할지 울어야 할지 모를 일입니다.

　하기야 KBS 안 본지가 6년이 다 되어 가고, 한 두 부류의 신문 외에는 믿지 않은지 오래된 저로서는 의례히 그렇게 될 것을 예측하고 있었지만 그래도 해도 너무하고 유치해도 너무나 지나칠 정도로 유치한 소행들이 아닐 수 없습니다.

　세계에서 1, 2등을 다투는 독재국가, 못 사는 나라가 그렇게 선망의 대상인지, 좌경화된 프로그램들과 그런 목적의 내용들을 쏟아내면서 자유민주주의와 국가의 정체성과 자부심을 송두리째 짓밟아대는 그들은 지금 누구의 덕택에 자유를 누리고 밥 먹고 사는지 묻고 싶은 심정입니다.

　역사 바로 세우기는커녕, 역사 파괴하고 과거사 청산이라는 미명하에 애국의 지주들을 매도해 버리는 일들을 서슴치 않는다면 그러면 이 땅은 누구 때문에 지탱해 왔으며, 세계가 보기 드문 경제, 민주, 자유, 교육, 문화, 예술, 종교 등이 발전해 왔단 말인지 묻고 싶습니다.

　가장 중요한 것은 공부 좀 해야 하고 지도자로서의 리더십 훈련이 너무나 필요한 자들이 앞장서서 무엇을 한다고 설쳐대고 있으니 그 결과는 너무나 뻔한 것이 아니겠습니까?

　청계천은 살아났건만, 감추고 있는 사기 이념은 여전히 덮여져 있고, 온갖 악취와 더러움이 흑암 속에 기생한다면 47년이 아니라 107년이 되어도 열려지지 않을 것이고, 맑은 물은 세차게 흐르게 못합니다.

  청계천은 살아났건만, 유치와 옹졸은 여전히 부둥켜안고 덮어놓고 있으니 내 가슴에 청계천은 언제 열리겠습니까?

제4회 기독교 문화예술 대상식에 즈음하여!

그 시대와 그 나라의 문화를 변화시키고 발전시키는 것은 문화인들의 사명입니다. 우리가 사는 땅은 아직도 우상문화(샤머니즘), 거짓문화, 체면문화의 뿌리와 때가 깊이 묻어 있어 막대한 영향을 미치고 있습니다.

기독교문화는 정직, 섬김, 영혼과 인간 사랑입니다. 우리 기독교가 외적으로 급성장은 세계에서 보기 드문 기적의 역사였으나 기독교문화는 아직도 뿌리내리지 못하고 있는 현실입니다.

기독교 문화예술이 이 민족의 가슴과 정신 속에 뿌리내리도록 기독교 문화인들이, 예술인들이 성령 충만해서 그 영적인 능력이 현실화되어야 가능할 줄 압니다.

오늘날처럼 「언어사기」, 「구호사기」가 판을 치고 「깡통 애국자」들이 설쳐대고, 사단의 몸뚱이에 천사의 세마포로 위장하고 나타나는 고도의 이념 전술 속에 우리가 신령한 눈과 신령한 귀가 열리지 않으면 저들의 사기 전술에 여지없이 밥이 될 것입니다.

바야흐로 인터넷은 이미 사단의 손에 장악되어가고 있고, 여러 영상매체는 속물들의 굿판이 되어가고 있는 비극을 보면서 이제 우리 기독교 문화예술인들이 신령한 달란트와 자신이 가지고 있는 끼에 세례를 받아 새롭게 인생을 디자인하도록 해야겠습니다.

오늘 세속화되어가고 있는 문화와 예술을 보면서 삼손을 잡아 결박해 두 눈을 뽑아 청중 앞에 처참한 모습을 보이게 하면서 승리의 개선가를 부르는 블레셋 방백들처럼 사단의 미소가 충만한 문화를 복음 문화로 거듭나게 해서 마귀가 슬피 울며 이를 갈도록 해야 합니다.

이 일을 위해 기도와 노력과 피와 땀과 눈물과 시간을 쏟아 부은 여러 대상자들에게 심심한 축하와 임마누엘의 축복이 있기를 바랍니다.

작품의 향기
(아 4:16)

　인생은 누구나 향기를 내며 살아야 할 사명이 있습니다. 향기는 타인에게도, 본인에게도 좋습니다. 우리는 좋은 냄새를 향기라 하고 나쁜 냄새를 악취라고 합니다. 누가복음 10장에 보면 강도와 사마리아인이 등장합니다.

　강도를 악취 나는 삶이라고 한다면 사마리아인은 향기나는 인생이라고 말할 수 있습니다.

　예수님께서 나사로 집에 계실 때 마리아가 나드 한 근에 해당되는 지극히 비싼 향유를 가져다가 예수님의 발에 붓고 자기의 머리털로 예수님의 발을 씻으니 향유 냄새가 가득했다고 했습니다(요 11:1-8).

　물론 향유 냄새도 좋았지만 그의 헌신의 행동이 더욱 향기 나는 것이었습니다. 코스모스는 향기가 납니다. 대단하지는 않지만 은근히 스며드는 향기는 보는 즐거움 못지않게 서서히 향취에 취하게 합니다.

　우리는 그리스도의 편지요, 그리스도의 향기입니다(고전 2:15). 명목상 그리스도인은 마치 조화처럼 생명과 향기가 없습니다. 물론 시각적으로 구별하기 어려울 정도로 조화의 기술이 발달되었습니다. 게다가 향수를 뿌려놓으면 상당한 시간 향기도 날 것입니다. 그러나 그것은 생명의 향기는 아닙니다. 조화 같은 시, 조화같은 소설, 조화같은 작품은 향기와 생명이 없습니다.

　우리는 예수 그리스도에게 붙어 있는 생명이므로 모든 작품 속에 복음의 향기 즉 그리스도의 향기가 배어 있어 계속 생명의 향기를 뿜어내어야 합니다.

　죽은 생명은 생명을 잉태하고, 탄생시킬 수 없습니다. 예수 그리스도 안에서 새 생명으로 거듭나서 새 생명을 공급받을 때 많은 사람에게 생명을 주고 향기를 날릴 수 있으리라고 믿습니다.

생명의 향기는 호흡과 음식과 운동으로 지속되고 발전합니다. 우리의 새 생명 즉 영적인 생명도 기도와 말씀과 전도 또는 봉사로 우리의 영적인 생명이 보존되고 성숙해 갈 줄 믿습니다.

코스모스 14호에 실린 모든 시나 단편소설, 기타 작품들 역시 그리스도 안에서 깊은 기도와 말씀 묵상, 그리고 저들의 삶을 통해 뿜어내는 삶의 표현이며 향기이기를 바라며 앞으로도 계속 이런 향기 있는 작품이 생산되기를 바랍니다.

하나님은 향기를 좋아하십니다(창 8:21, 시 66:15). 그러므로 하나님께 드리는 것은 향기로워야 합니다(레 4:31, 민 15:7, 출 31:11).

나의 강단 열두 가지 철학

1. 예수자랑, 예수 잘 믿게 하는 데 목적을 둔다.
   (연설, 논설, 학술, 발표문이 되지 않도록 하라)

2. 간증은 하되 자기 자랑은 하지 않는다.
   (중심에 배어 있는 겸손한 자 되게 하라)

3. 성경을 그대로 전하되 성경을 이용하지는 않는다.
   (성경의 의도대로 전하라)

4. 아부하는 말이나 육의 생각으로 말을 하지 않는다.
   (성령의 감동대로 하라)

5. 사실 무근한 말이나 덕 되지 않는 말은 하지 않는다.
   (덕 되는 말, 정직한 말을 하라)

6. 어려운 언어나 저속한 인사를 사용하지 않는다.
   (쉽고 깨끗한 말을 구상하라)

7. 타인을 악평하거나 저주의 말을 하지 않는다.
   (이해하고 복된 말을 하라)

8. 화난 마음으로 말하거나 기분 나쁘게 하는 말을 하지 않는다.
   (호감과 감동의 말을 하라)

9. 속단하거나 비판하는 말을 하지 않는다.
   (깊이 생각하고 기도하고 말하라)

10. 세속적인 말이나 부풀린 말을 하지 않는다.
    (항상 성경의 말, 사실을 말하라)

11. 화목을 깨거나 편 가르기 말을 하지 않는다.

(부드러운 칭찬과 화목을 이루게 하는 말을 하라)

12. 무시하는 말이나 동정을 구하는 말을 하지 않는다.
(한 생명을 천하보다 귀하게 여기고, 하나님의 일꾼으로서의 품위를 지켜라)

하나님의 뜻에 수종들려고 노력하는 - 김기원 목사 -

나의 목회 열두 가지 교훈

1. 기도하는 목회자가 되라.
   (항상 성령의 도우심을 구하고 기도 준비 없이는 말씀 증거하는 일이나 그 어떤 일도 시행하지 않는다)

2. 말씀을 깊이 연구하라.
   (땅을 깊이 파서 나오는 물이 생수이다. 모든 학문은 말씀 연구를 위한 스폰지다)

3. 항상 미리 준비하라.
   (준비되지 않으면 남의 것을 도용하는 명수 된다)

4. 정직하고 성실하라.
   (하나님은 정직한 자 쓰신다. 성실은 신앙 인격의 혈관과 같다)

5. 끝까지 참도록 하라.
   (참지 못하면 실패한다. 급한 성질은 후회가 따른다)

6. 진실하고 겸손한 자가 되라.
   (위장된 겸손이 겸손 행세를 하는 문화 속에 살고 있다. 마음을 낮추는 훈련을 계속하라)

7. 부드러운 자가 되도록 노력한다.
   (부드러운 것이 강하고, 오래간다. 부드러운 혀가 사람을 움직인다)

8. 가슴이 따뜻하고 정이 있는 사람이 되라.
   (공적으로는 평범하되 사적으로는 정과 인품을 느끼는 자가 되라)

9. 예의를 지켜라 - 기독교를 저질 종교로 만들지 말라.
   (예의는 신앙 인격의 기초요, 바탕이다)

10. 대화로 풀어라.
    (잡담하지 말고, 가슴의 언어, 청취의 명수 되라)

11. 항상 거듭난 말을 한다.
    (믿음의 말, 긍정적인 말, 사랑의 말, 감사와 화목의 말, 소망(비전)의 말을 하라)

12. 희생을 각오하고 실천하라.
    (죽으면 살고 열매 맺고, 살고자 하면 한 알 그대로 있고 죽는다)

불순종했던 종 항상 회개하는 마음으로 목회하는 -김기원 목사 -

나의 리더십 열두 가지 노력

1. 정직하고 성실한 자가 되라.
   (삶에 배어 있는 정직과 부지런한 자가 되라)

2. 분명한 철학을 가져라.
   (철학은 건물의 기둥과 같고, 인체의 척추와 같다)

3. 사치하지 말고 분수를 지켜라.
   (깨끗하고 단정은 하되 비싼 옷을 입지 말라)

4. 참고 기다리라.
   (조급하거나 서둘지 말라, 만사에는 때가 있다)

5. 항상 준비하고 연구하라.
   (손에 책을 놓지 말고, 남의 것을 자기 것인 양 하지 말라)

6. 고독의 강을 건너라.
   (사람은 올라갈수록 고독하다. 고독을 이기지 못하면 비정상적 인정에 빠질 위험이 있다)

7. 과거와 현재의 역사를 볼 줄 알아라.
   (역사는 하나님의 일반 계시요, 자연 법칙과 같다)

8. 여리고를 무너뜨려라.
   (강하고 담대하게 말씀에 순종하라)

9. 칼을 사용하여 상하게 하거나 죽이지 말라.
   (살리는 말, 살리는 일만 하고, 죽이는 일에는 가담하지 말라)

10. 결백하고 본을 보여라.
    (부정은 족쇄와 같다. 영과 육, 물질과 이성, 모든 면에 깨끗하라)

11. 인본주의자가 되지 말고 신본주의자가 되라.
    (하나님의 방법대로 하고 선과 악의 경계선을 분별하라)

12. 상은 후하게 주고 벌은 사랑으로 하라.
    (마음에서 우러나오는 칭찬은 하되 아부는 하지 않도록 비록 사랑을 베풀되 공의를 포기하지는 말라)

하나님의 사자의 품위를 지키려고 노력하는 - 김기원 목사 -

신년에 기대하는 것
(기독여성신문)

　기독여성신문의 사명은 복잡하지 않은 줄 압니다. 단순하지만 그러나 분명하고 아주 중요한 줄 압니다. 기독여성신문은 세상의 사정과 새로운 소식을 알려주는 정기간행물 차원의 사명만 아니라 크리스천들의 삶의 질, 무엇보다 신앙의 질을 높이는 선지자적인 역할을 감당해야 합니다.

　언론이 잘못되면 오히려 삶의 질을 떨어뜨리고 화합보다는 분리, 이해보다는 갈등을 조작하는 결과를 가져올 수도 있고, 날마다 그 사람, 그 얼굴, 그 말로 채워지는 아무것도 기대할 수 없는 소모품지로 끝날 수도 있기 때문에 말씀과 기도중심, 교회중심, 화합중심으로 교회와 사회문화를 선도하는 사명지가 되어야 합니다.

　또한 무엇보다 이 땅을 복음화시키고 그리스도의 섬기는 삶을 따르는 분위기 조성과 그리고 이 거룩한 목표가 현실화되기 위해서 기독여성들이 지혜로운 삶을 살도록 선도해야 합니다.

기독여성신문 창간 2주년을 축하합니다

　기독여성신문이 20주년이 되어야 하는데 이제 2주년이 되었다는 사실에 경제와 문화, 복음과 기독교 문화와의 균형이 맞지 않는 느낌이 듭니다만 그러나 아들만 줄줄이 낳던 가정에 공주가 태어나듯 기독여성신문이 태어나 건강하게 그리고 아주 정상적으로 무럭무럭 자라게 된 것 천만다행으로, 그리고 한없는 기쁨으로 생각합니다.

　경우에 따라서는 기독교 계통 신문이 열 가지 잘한 것보다 한 가지 실수한 것 비판하기 위한 사명을 가지고 태어난 것 같은 느낌을 주고 오로지 기독교 브랜드 가치를 어떻게 하면 추락시킬까 하고 연구하는 신문인 것 같은 느낌을 충분히 주는 경우도 없지 않으나 기독여성신문은 정말 건전하고, 부드럽고, 비판보도보다는 긍정적인 면을 더 부각시키는데 노력하고 있는 것처럼 보입니다.

　앞으로도 남의 눈의 티보다 자신의 눈의 들보를 회개하는 자세와, 하나님의 크신 사랑을 나누고 땅 끝까지 복음을 전하는 일의 한 부분을 충실히 감당하며 하나님께 감사와 찬양과 영광 돌리는 일에 매진하는 신문이 되기를 기원하며 축하드립니다.

격려사(56사단 기도회)

    수도 방위에 불철주야 수고하시는 부대장님 이하 참모님들 그리고 모든 국가를 사랑하는 분들에게 금년에도 하나님의 도우심이 계속되기를 바랍니다.

    역사는 하나님이 주관하십니다. 혼란스럽고, 희망을 주지 못했던 2003년도는 다시는 돌아오지 않는 역사의 과거 속으로 갔습니다. 역사는 선택은 자유이지만 그리고 심고 뿌리는 것은 자유이지만 결과는 그리고 열매는 자유가 아니라는 사실을 가르쳐 주고 있습니다.

    우리는 정치적 혼란이 경제, 교육, 사회, 국방 모든 분야에 혼란을 가져왔습니다. 그래도 빠져나갈 출구를 찾느라 혼란을 변화의 과정에 일어나는 일로 유권해석을 하지만 역사는 혼란은 파멸과 퇴보를 가져왔지 변화 발전을 가져 온 일이 없음을 명심해야 합니다.

    지난 해는 후세인 생포가 세계적 이슈가 되고 톱뉴스가 되었습니다. 현재 세계 3대 독재자가 있는데 그중 랭킹 1위가 김정일이고 다음 후세인 그리고 빈라덴으로 봅니다. 소련 붕괴 후 세계는 국경 없는 침략이 점점 강해지고 있습니다. 후세인은 911테러의 주범으로 미국이 보고 있습니다. 후세인이 얼마나 악랄한 독재자이냐 하면 그가 정권을 잡으면서 정적 50명을 공개 처형했습니다. 그리고 처남과의 관계가 좋지 않게 지내다가 중재자를 통해 화해가 이루어져 왕궁을 방문하여 용서를 받고 화해하고 나가는데 권총으로 쏴 죽였습니다. 그리고 그 외에도 그는 정권 유지를 위해 1백만 명 이상을 죽였고, 이라크에 유명한 아나운서가 후세인 부인에 대해 약간의 조크 방송을 했다고 당장 체포 명령을 내려 혀를 잘라 버린 자입니다. 세계는 이런 사단의 종들 때문에 전쟁과 비극이 가중되는 것입니다.

    우리도 북한 김일성이 일으킨 전쟁으로 수백만 명이 전사하고 교회가 문을 닫고, 특히 수많은 목회자와 교인들을 학살했습니다. 최근에도 북한 지하 크리스천들이 86명이나 공개 처형당했다는 탈북자의 보고가 있습니다. 6.25

전쟁으로 미군이 54,246명이 전사했고, 400조 이상의 국방비가 지출되었습니다(400조는 현재 우리나라 1년 예산의 4배입니다). 미국의 911자살 테러단에 의해 파괴된 세계 무역 센타에 하루 거래량이 우리나라 1년 예산의 77배라고 합니다(부총재인 한국 교포의 말). 지금 세계 국방비는 7,500억불인데 그 중에 미국의 국방비가 3,500억불입니다. 이 말은 세계 전체와 미국 한 나라와 싸워도 미국이 이길 수 있는 국방력이라는 것입니다. 이런 미국과 우리나라와 동맹국으로 지내왔습니다. 그래서 6.25때 즉각 파병했습니다. 만일 5일만 늦었다면 남한은 북한에 완전히 패배해 역사에 영원히 사라지는 나라가 될 뻔했다는 것입니다. 그런데 우리나라는 작년 9.3에 파병 요청을 했는데 아직 파병하지 않고 있습니다. 이러면 동맹국이 아닙니다. 그래서 작년에 미국의 국방장관이 한국에 와서 동맹국이란 말을 한 번도 사용하지 않았습니다. 왜 이런 말을 하느냐 하면은 미국의 동맹국인 관계로 우리의 약한 국방력에 조금도 걱정 없이 안전하게 지금까지 잘 지내왔다는 사실입니다. 그래서 북한은 적화야욕을 버리지 않고 미군 철수를 부르짖는 것입니다.

여러분 아실 것은 유엔 안보리 회원 100명 중 99명이(1명은 입원 중) 만장일치로 후세인 정권타도에 찬동했습니다. 공산주의와 독재는 협상의 대상이 아닙니다.

우리나라도 지도자 96명 중 94명이 파병을 찬성했습니다. 문제는 정부가 소수편이고 혼란스러운 정치를 하고 경험자와 기성세대 학자를 푸대접하고, 50대 이상만 되어도 경력이나 공적이나, 경험과는 상관없이 폐품처리 되는 무질서와 기초를 다 파헤쳐 버리는 즉 주춧돌이 없는 건물과 기둥 없는 집처럼 되어가고 있는 현실입니다. 여기에 특히 군은 혼란스러운 국가관 속에 어떻게 국방의 의무를 감당해야 하는가 하는 갈등과 불확실성 속에 시달려왔다는 것입니다.

이때 우리 군은 분명한 국가관과 국토방위에 흔들리지 않는 정신 무장이 필요한 때 인줄 압니다. 또한 무신론 국가인 북한의 적화 통일의 꿈에 이용당하거나 패배하지 않도록 하나님이 지켜 주실 것입니다. 그리고 그 일을 위해 우리는 기도해야 합니다.

여러분의 노고에 감사와 격려를 드립니다.

「사랑하기 때문에」 사모의 길이 행복합니다

사모는 「여자」입니다(열국의 어머니).

사모는 「아내」입니다.

사모는 「스승의 아내」입니다.

사모는 「목자의 동역자」입니다.

사모의 길은 억지로 가면 「여자의 일생」이 됩니다. 사모의 길을 준비하고 있던 사람은 있을지 모르나 연습은 없었습니다. 여자로 살기 위해 연습하고 나온 것이 아니듯이 결혼도 연습이 없고 사모도 연습이 없습니다. 사모의 길을 사랑으로 가면 행복합니다.

목사인 그대는 「남자」입니다.

남자인 당신은 「나의 남편」입니다.

나의 남편인 그대는 「영적 지도자」입니다.

영적인 지도자인 당신은 하나님께 사명받은 「목자」입니다.

여자는 남자의 보조자입니다. 아내는 남편과 둘이 하나 된 자입니다. 가정은 「믿음, 소망, 사랑」의 공동체입니다.

사모는 함께 드러내 놓고 동역하는 동역자가 있고, 나타나지 않고 자신을 감추고 동역하는 동역자가 있습니다. 그러나 목사는 안수를 받고, 영적인 라이선스와 법적인 라이선스를 받지만 사모는 안수도(영적인 라이선스) 법적인 라이선스도 받지 않습니다.

물론 결혼할 때부터 사모가 되겠다는 사명감을 가지고 사모가 된 자도 있고, 남편따라 사모가 된 자도 있을 것입니다. 어쨌든 현실은 「사모」입니다.

키미 박이 쓴 선택일까? 운명일까? 「목사의 아내는 남편이 없다」는 책을 보면 사모의 한이 서려 있는 부분도 많지만 그러나 현실은 「사모」이기 때문에 선택이든 운명이든 그것 가지고 시시비비할 시간이 없습니다.

우리는 오랜 세월 무엇을 해야 하느냐를 우선으로 했기에 갈등과 고민, 피곤과 시달림 속에 살아왔습니다. 그러나 예수님은 무엇을 해야 하느냐 이전에 무엇이 되어야 하느냐가 근본적인 문제임을 가르쳐 주셨습니다.

1. 물과 성령으로 거듭나야 되는 것이 사모의 첫 관문이 아니겠습니까?(요 3:5)

가인이냐? 아벨이냐? 가 더 중요한 것이지 제물이 더 중요한 것이 아닙니다. 제물 드리는 자가 누구이냐? 입니다. 전화기가 아무리 좋아도 전화선과의 연결이 안 된 전화는 한 건의 통화도 불가능합니다.

2. 말씀과 기도로 거룩하여짐이니라(딤전 4:5)

말씀과 기도 없이는 변화받은 사모, 성숙된 사모가 불가능한 것입니다.

기본을 무시하는 오늘의 「꼴찌들의 반란」이 교회의 질서를 무너뜨리는 세속적 자극을 받지 않도록 해야 합니다. 사모는 언제나 그리고 먼저 성경을 통해 듣게 되는(listen) 하나님의 말씀(word of God)과 기도(pray)를 통한 하나님과의 대화(dialogue)로 이루어지는 하나님과의 영적인 교류가 계속되어야 하는 것입니다.

3. 하나님(성부, 성자, 성령)이 나를 사랑하기 때문에 사모가 되었노라

이 믿음, 이 확신, 이 영적인 자부심과 간증 속에 포로가 되어야 합니다. 「사모」는 아무나 되는 것도 아니며 아무나 하는 것도 아닙니다.

목사의 길이 소명도 사명도 없이 부모님의 아들, 딸 재고 처분의 방편이 아니라, 하나님이 나를 사랑하기 때문에 주어진 사명자의 길이요, 선택받은 사모임을 자각하고, 감사해야 합니다.

4. 예수님을 사랑하기 때문에 사모가 되었노라

하나님의 선택과 나의 바람이 일치될 때 「은쟁반에 금사과」입니다. 예수님, 부활하신 예수님, 곧 승천을 앞두고 요한의 아들 시몬에게 반복적으로 "네가 나를 사랑하느냐?" 물으셨습니다. 그리고 사랑하는 방법까지 확실하게 가르쳐 주셨습니다.

주님을 사랑하는 열정이 바로 사명입니다.

5. 교회를 사랑하기 때문에 사모가 되었노라

교회는 피로 값 주고 사신 주님의 몸입니다. 하나님의 구원의 역사는 교회를 통하여 이루어가십니다. 교회를 사랑하는 것이 바로 주님을 사랑하는 방법입니다.

성경은 교회를 가정처럼, 가정을 교회처럼 사랑하라고 강조하고 있습니다. 하나님은 성전을 떠나지 않고 있는 사무엘을 부르시고, 사명을 주셨습니다.

6. 목자 되신 남편을 사랑하기 때문에 사모가 되었노라

여자는 남자의 사랑을 먹고 삽니다. 아내는 남편의 사랑을 먹고 삽니다. 사모는 목자인 남편의 사랑을 먹고 삽니다. 전교인의 사랑보다 한 사람 남편의 사랑이 더 중요하고, 효력이 나타납니다.

남편의 사랑을 충분히 받는 사람은 피부의 탄력도 있어서 더 젊어지고 생활의 생기도 넘칩니다. 그래서 가정이 행복의 샘이 됩니다.

반면에 남자 역시 여자의 사랑의 보조와 아내의 사랑이 온 몸과 인격에 배어 있어야 부드러운 남자, 부드러운 목회자가 됩니다.

사랑을 받은 자라야 사랑을 알고 사랑을 배부르게 먹고 마신 자라야 양떼들에게 변함없는 사랑을 베풀게 됩니다. 사모의 사랑이 부족하거나, 그 사랑을 채워주지 못하면 젊음이 끝나가는 갱년기에 늦바람의 유혹에 빠질 위험성이 있습니다.

죄송합니다만 사모가 못 생겨서 바람나고 사모가 예쁘기에 바람나지 않는 것이 아니고, 사랑에 굶주릴 때 젊을 때는 오히려 잘 인내하다가 인생의 갱년기가 올 때 내 젊음이 완전히 바닥나기 전에 그 부족한 사랑을 한번이라도 채워보고 끝내고 싶은 유혹에 빠지는 것입니다. 그래서 그렇게 거룩해 보이고 만세반석 위에 세워진 집 같은 남편이 상상도 못하게 처참하게 자기 아내를 즉, 사모를 죽음으로 몰고 가버리게 된다는 것입니다. 그러나 사모의 사랑의 바다에 온 몸이 잠긴 사람은 모든 면에 자신감으로 가득 찹니다. 다른 것 좀 부족해도 크게 문제가 되지 않습니다.

모든 것을 구비해도 사랑을 잃어버리면 다 잃어버린 것이요, 모든 것 다 갖추어도 사랑을 갖추지 못하면 아무것도 갖춘 것이 없는 것과 같습니다.

목자 되신 남편을 사랑합시다. 하늘만큼 땅만큼 사랑합시다. 하늘 쳐다보고, 남편 쳐다보고, 주님 쳐다보고, 목자이신 남편 쳐다보고 이것이 사모의 역할입니다.

목회를 사랑함이 즉 목회하는 남편을 사랑하는 것이 바로 목회이고, 남편이 하는 목회를 사랑하는 것이 바로 남편을 사랑하는 것입니다.

신앙생활이 연애생활이듯이 목회생활도 연애생활입니다.

「사랑에 멍들고 상처 입은 과거를 가슴에 묻고 사는 사람들은 다시는 사랑하지 않으려고 노력하는 자가 되기도 합니다. 그래서 미워하려고 연구하고 미움의 대상으로 만들려고 노력합니다. 가장 무서운 병입니다. 약으로 치료될 수 없는 중병이요 영적인 지병입니다.」

우리는 하나님의 사랑의 대상입니다. 하나님은 또한 우리의 사랑의 대상입니다.

사랑은 응답이 있어야 참사랑입니다. 예수님께서 베드로에게 요한의 아들 시몬아, 네가 나를 사랑하느냐? 물었습니다. 두 번, 세 번 물었습니다.

이것은 목회는, 선교는, 제자 양육은 사명 감당은 「사랑이 아니면」 안 되기 때문입니다. 주님을 사랑하는 맘으로 하지 않는 것은 다 주님과 상관없는 것입니다.

사랑하는 사람과 같이 있는 시간은 행복하여라.
사랑하는 자에게 드릴 것을 준비한 사람은 행복하여라.
사랑받고 싶은 자에게 사랑받는 자는 행복하여라.
기쁨도, 슬픔도 나눌 수 있는 자는 행복하여라.
가슴에 사랑을 품고 사는 사람은 행복하여라.
가슴속에 사랑을 품고 노래하는 사람은 행복하여라.
나는 사랑받기에 행복하여라.
나는 사랑하기에 행복하여라.
사랑 행복, 행복 사랑

1) 참사랑은 기쁨이 있습니다.

기쁨이 행복입니다. 기쁨이 없는 행복이라면 누가 행복을 바라겠습니까? 우리의 신앙생활에도 우리의 목회에도, 우리의 사모길에도 사랑이 있을 때, 사랑으로 할 때 기쁩니다. 행복합니다.

　　예배가 기쁩니다.
　　봉사가 기쁩니다.
　　심방이 기쁩니다.
　　만나는 것이 기쁩니다.
　　기도가 기쁩니다.
　　충성이 기쁩니다.
　　사명이 기쁩니다.

여러분의 목회, 사모의 길, 교회생활이 행복하기를 바랍니다. 기쁘기를 바랍니다. 사랑이 빠진 목회는 목회가 아닙니다. 사랑이 빠진 예배는 예배가 아닙니다. 기쁨이 없습니다. 힘들고 고달픕니다. 사랑이 빠진 심방은 힘들고 고

달픕니다. 사랑이 빠진 기도는 노동 중에 노동입니다.

그러나 내가 하나님을 사랑하고 내가 교회를 사랑하고 내가 목회자 남편을 사랑하면 고달프지 않습니다. 행복합니다. 기쁩니다. 내 영혼의 즐거움은 시작됩니다.

내 심령 속에 사랑의 대상인 예수님의 영, 하나님의 영이 내 심령을 점령해 있을 때, 기쁨은 시작됩니다. 행복은 계속됩니다. 우리들의 이야기는 「사랑 이야기」로 가득해야 합니다. 기쁨으로 보내는 시간은 시간가는 줄 모릅니다. 기쁨으로 하는 일은 힘들지 않습니다. 기쁨으로 쓰는 물질은 아깝지 않습니다(482장, 209장).

2) 참사랑은 내가 하고 싶은 사랑이 아니라 주님이 하라는 사랑입니다.

주님이 하라는 사랑은 주님이 우리를 사랑하신 사랑입니다. 주님이 본을 보이신 사랑입니다. 주님이 우리에게 가르쳐주신 사랑입니다. 내가 하고 싶은 사랑은 내 욕심에서 나온 것 일 수도 있고, 온라인 포르노에 병든 사랑일 수도 있습니다. 이기주의의 사랑일 수도 있습니다.

그러므로 주님의 사랑을 체험하지 못한 자는 참사랑을 알 수도, 할 수도 없습니다. 사람이 거듭나면 사랑도 거듭납니다. 사람이 거듭나면 기쁨도 거듭납니다.

때때로 내가 하고 싶은 사랑과 주님이 하라는 사랑에 갈등이 생길 수도 있습니다. 나는 받는 사랑을 원하는 데 주님은 주는 사랑을 하라고 합니다. 나는 대접을 받고 싶은데 주님은 대접하라고 하십니다. 나는 살고 싶은데 주님은 죽으라고 하십니다.

그러나 주님이 하라는 사랑이 참사랑입니다. 끼리끼리만 사랑하지 말고, 원수까지 사랑하라고 하십니다. 고집대로 하지 못해 안달나고, 성질대로 하지 못해 안달나고, 욕심대로 하지 못해 안달나면 참 사랑은 못합니다.

3) 참 사랑은 모든 초점(All Focus)을 사랑의 대상에게 맞추는 것입니다.

네가 나를 사랑하느냐?

초점이 주님입니다.

초점이 주님의 몸된 교회입니다.

초점이 말씀입니다.

초점이 남편입니다.

하와가 뱀의 말을 들은 것이 비극의 원인입니다.

21세기는 못난 얼굴로 수난시대입니다. 남자는 시각에 동요되도록 지으셨고, 여자는 청각에 가장 영향을 많이 받도록 지으셨습니다. 그래서 미에 관심이 많습니다. 여자는 남자에게 전시하기 위해 가꾸고 화장합니다.

그러므로 여자는 20분 전에 일어나서 미리 준비해야 합니다.

하와가 뱀의 말에 속았던 것입니다.

「사랑한다는 것은 미운 짓을 해도 반시간도 못가서 1초에 네 번 반복할 수 있는 말, 하루 16시간(잠자는 시간외)이면 이십 삼만 사백 번, 1년이면 8천 2백 8십만 번, 앞으로 20년만 산다고 해도 16억 5천 6백만 번 해주고 싶은 말, 듣고 싶은 말, 싫증이라고는 나지 않는 말, "사랑합니다"」

아내에게는 늘 사랑한다고 말해야 됩니다. 주님께도 사랑한다고 고백해야 합니다. 「마음이 중요한 것이지 꼭 말을 해야 되나?」 그렇지 않습니다. 울리지 않는 종은 종이 아니며, 부르지 않는 노래는 노래가 아닙니다. 고백하지 않는 사랑은 사랑이 아닙니다. 그렇습니다. 말이 마음에서 나옵니다.

「주님, 주님은 별을 지으신 분이시지만 주님이 별이라면, 저는 주님 곁에 작은 별이 되고 싶습니다.

주님, 주님은 노을을 지으신 분이시지만 주님이 노을이라면 저는 주님의 뒷모습을 비추어주는 저녁 하늘이 되고 싶습니다.

주님, 주님은 나무를 지으신 분이시지만, 주님이 나무라면 저는 주님의 발등에 덮인 흙이 되고 싶습니다.

오! 주님은 봄 숲을 지으시고 고운 소리를 내는 은빛 새를 지으신 분이시지만, 주님이 이른 봄, 숲에서 우는 은빛 새라면 저는 주님이 앉아서 쉬는 한창 물오른 싱싱한 나뭇가지가 되고 싶습니다.」

사랑합니다. 주님, 언제나 같이 있고 싶습니다.

참사랑은 모든 초점이 사랑의 대상에게 맞추는 것입니다.「화성에서 온 남자와 금성에서 온 여자와의 만남일지라도 모든 초점은 사랑의 대상에게 맞추는 것입니다.

주님이 죄인인 우리에게 찾아오시고 용서하시고, 낮아지셔서 우리의 눈높이와 맞춘 것처럼, 우리는 이제 모든 초점을 주님께 맞추어야 합니다.

주님이 사랑하라고 하셨기에 사랑해야 합니다.

주님이 내 양을 먹이라고 하셨기에 먹여야 합니다.

주님이 땅 끝까지 복음을 전하라고 하셨기에 전해야 합니다.

우리의 사랑은 자기에게 초점이 맞추어져 있지 않습니까? 사랑의 대상을 무시한 사랑은 참사랑이 아닙니다. 뜨거운 사랑은 사랑의 눈동자를 다른 곳으로 돌리지 않습니다. 다시 강조합니다.

목회는 목회가 좋아서 해야 합니다. 사모는 사모된 것이 좋아서 해야 합니다. 참사랑은 사랑의 초점이 사랑의 대상에게 맞추어져 있습니다.

4) 참사랑은 함께입니다.

우리는 주님과 함께입니다.

   with God all the time

   with Jesus all the time

   with Holy spirit all the time

   with minister all the time

주님을 사랑하는 증거는 주님과 함께입니다.

사랑하는 사모(성도) 여러분!

우리는 외롭지 않습니다. 주님이 계십니다. 주님이 언제나 함께 계십니다. 주님이 지켜 주십니다. 주님이 보호해 주십니다. 주님이 감찰해 주십니다. 주님과 함께 잠을 자십시오. 주님과 함께 일어나십시오. 주님과 함께 목회하십시오. 주님과 함께 사모의 길을 가십시오. 주님의 인도를 따르십시오.

사랑은 함께입니다. 변질된 사랑은 참사랑이 아닙니다. 웃을 때에도 마음에는 슬픔이 있고, 즐거움 끝에도 근심이 있습니다(잠 14:13).

5) 참사랑은 최고가 되기 위한 수단이 아니라 최선의 삶이요, 최선의 길입니다(the best life and road).

최고가 되려고 결혼하면, 최고의 사람이 선택의 대상이 된다면 그는 실패합니다. 사모의 길은 최고가 되고자 선택한 것이 아닙니다. 최선의 길입니다. 목회는 최고가 목표가 아닙니다. 최선이 체질이 되어야 합니다. 목회는 한풀이가 아닙니다. 거룩한 비전입니다.

한과 비전은 노력이 같은 것 같아도 목표가 이루어졌을 때부터 극과 극의 길로 갈라집니다. 최고가 목표이면 건강할 때 만났다가 병들면 헤어집니다. 부할 때 만났다가 가난하게 되면 깨어집니다. 아름다움 때문에 만났다가 교통사고 나서 찢어지고 다치면 식어집니다. 만남의 성사가 깨지는 것은 최고를 기대하기 때문입니다. 사랑은 최고가 아닙니다. 최선입니다. 사랑보다 더 최선은 없습니다.

목회는 사랑으로 하는 것입니다. 사모의 길은 목회자를 사랑하는 길입니다. 사랑하면서 살아도 모자라는 세상, 그리고 잠시 잠간뿐인 세상 미워하면서 세월을 낭비하고 미워하는 시간으로 채우면 되겠습니까?

우리는 사랑하기 위해 태어난 사람입니다.

6) 참사랑은 사랑하는 방법을 깨닫고 배워야 합니다.

주님이 구체적으로 가르쳐주고, 성경이 우리에게 가르쳐주신 사랑을 배워야 합니다. 신앙 훈련은 사랑 훈련입니다. 봉사 훈련도 사랑 훈련입니다. 목회 즉 실천신학은 사랑 신학입니다.

① 주님의 계명을 지키는 것이 주님을 사랑하는 방법입니다.
　　요한복음 14:15에 "너희가 나를 사랑하면 내 계명을 지키라"고 했습니다.
성령 받은 증거가, 열매가 사랑으로 증거됩니다. 옥합을 깨뜨려 예수님께 부어드리고 자신의 머리카락으로 예수님의 발을 씻어드린 것이 사랑의 표시입니다. 우리를 사랑하신 하나님은 우리에게도 사랑을 요구하십니다(미 6:6-8).

② 주님을 사랑하는 방법은 교회를 사랑하는 것입니다.
사모의 길은 교회를 사랑하는 길입니다.
개혁주의 생활원리는 하나님 중심, 성령 중심, 교회 중심입니다.

③ 목회자인 남편을 사랑하는 것이 바로 주님을 사랑하는 방법이요, 그것이 사모의 사명입니다.

④ 주님을 사랑하는 방법은 가족과 형제, 그리고 양떼를 사랑하는 것입니다.

⑤ 주님을 사랑하는 방법은 주님이 기뻐하시는 일을 하는 것입니다.

주님은 믿음에 관심을 가지십니다. 주님의 관심은 사랑입니다. 섬기고 베푸는 것, 모두 사랑의 열매입니다. 주님은 예배를 기뻐하십니다. 주님은 감사를 기뻐하십니다. 주님은 주님과 교제를 즐기십니다. 주님은 주님 자신을 알려주고 선전하는 것을 좋아하십니다.

주님의 관심은 모든 행위에 사랑입니다. 예수님은 사랑 때문에 왔습니다. 예수님은 사랑 때문에 십자가 지시고, 희생하셨습니다. 예수님은 사랑 때문에 우리의 과거를 묻지 않습니다.

예수님은 사랑 때문에 다시 오십니다. 주님의 사랑은 변함없는 사랑입니다. 사랑의 응답은 사랑밖에 없습니다.

오 할렐루야, 주님을 사랑합니다. 우리 주님을 사랑합니다. 주님을 사랑하는 최선의 길이 목회입니다. 죽기까지 사랑합니다. 죽기까지 목회합니다. 죽기까지 사모의 사명 감당합시다.

사랑하기 때문에 이 길을 갑시다. 사랑이 충만할 때 행복이 충만합니다. 사랑이 충만할 때 만족이 충만합니다. 입이 높아지면 먹는 것으로 만족이 없고, 눈이 높아지면 보는 것으로 만족이 없고, 귀가 높아지면 듣는 것으로 만족이 없고, 마음 높이면 아무것도 받을 것 없지만 사랑은 높이면 높일수록 만족합니다. 행복합니다. 싫증나지 않습니다.

사랑은 눈물의 씨앗이 아니라 행복의 씨앗입니다. 예수님과 연애하면서 부르는 노래가 찬송입니다. 예수님과 연애하면서 쓰는 시가 신앙고백, 사랑고백입니다. 예수님과 연애하다가 그린 그림이 성화입니다. 예수님과 연애하면서 고백한 글에 곡을 붙인 것이 찬양입니다.

7. 사명을 사랑하기 때문에 사모의 길을 갑니다.

사명은 해도 되고, 안 해도 되는 것이 아닙니다. 해야 됩니다. 해야 될 사명을 사랑해야 합니다.

8. 양떼(주님의)를 사랑하기 때문에 사모의 길을 갑니다.

사랑 때문에 오직 이 길, 끝까지 이 길, 행복한 길이 있을 따름입니다.

사랑합니다. 사랑합시다.

크리스천 공동체 지도자론
(요 13:12, 눅 9:23, 딤후 2:2)

"모든 조직과 사회는 지도자의 영향에 의해 좌우된다" 해도 과언이 아닙니다.

예수님께서도 "소경이 소경을 인도할 수 없고" "스승 된 자의 책임이 중함을" 말씀하셨습니다. 예수님의 설교는 부패한 지도자들에 대해서는 직설적이고 충격적이었습니다(이 독사의 자녀들아, 회칠한 무덤).

우리의 격언에도 "윗물이 맑아야 아랫물도 맑다"는 말이 있습니다. 그런데 "윗물을 누가 맑게 하느냐"가 문제입니다.

크리스천 공동체 지도자론이라 함은 바로 교회 공동체 또는 성도 공동체 내에서의 성경적 지도자상이라고 하겠습니다.

그것은 공동체라고 말할 때, 지역 공동체와, 혈연 공동체, 경제 공동체, 그리고 종교 공동체로 나눌 수 있기 때문입니다. 지금은 이념(사상) 공동체에서 경제공동체에로 탈바꿈하고 있으며 결국 지역 이기주의 즉 자기 국가 이기주의가 강하게 나타나고 있는 현실입니다.

그러면 크리스천 공동체 지도자는 어떻게 해야 하겠습니까?

유명한 야구감독 베어 브라이언트(Bear Bryant)는 농사꾼 출신이었습니다. 그가 감독으로서 선수들에게 자주 쓰는 말이 무엇이 잘못되었을 때는 내 책임이라고 말했고, 무언가 좀 잘했을 때는 우리가 해냈습니다. 그리고 무언가 아주 잘했을 때는 "너희들이 해냈다"라고 말했다고 합니다.

가장 중요한 것은 지도자 발굴이고, 지도자의 역할입니다. 어느 조직이든 가장 귀중한 자산은 바로 사람입니다. 시스템도 옛것으로 변해 버리고 건물은 결국은 허물어지고야 말며 기계는 낡아지기 마련이지만 그러나 사람은 노력하고 노력하면 무한한 가능성을 나타낼 수 있는 영물입니다.

특히 위대한 지도자를 만나면 성장하고 발전하며 유능한 인재들이 되는 것입니다.

1. 지도자와 지배자를 혼동하지 말아야 합니다.

지도자가 많은 시대는 번영과 안정과 평화의 시대요, 행복과 발전의 시대입니다. 그러나 지배자가 많을 때는 억압과 독재와 흑암의 세대요, 인권과 자유를 잃어버린 불행한 시대입니다. 공산주의는 지배자는 많으나 지도자는 없는 체제요, 민주주의는 지도자가 이끄는 체제입니다. 지배자는 정치, 경제, 사회적 실권을 가지고 다른 사람 위에 군림하고 통치하는 자요, 거기에는 지배 계층과 지배 세력이 형성되는 것입니다.

그러기에 상대편의 의사나 인권을 무시합니다. 그러나 지도자는 그렇지 않습니다. 모든 일에 솔선수범하여 앞장서는 자입니다. 사람들에게 인정받는 자입니다. 끌고 가는 것이 아니라 자원해서 따르게 하는 자입니다.

지도자는 어떤 목적이나 이념을 이루기 위해 사람들을 이끌어 가되 책임을 지고 모범을 보이며 단순히 대표자나 지위나 문화 영역에 있어서 권위주의자들과는 구별되는 자들입니다.

구약에 모세나 여호수아, 요셉을 지도자라면 파라오나 사울은 지배자였습니다. 예수님은 인류역사상 최고의 지도자였습니다. 그러나 헤롯이나 빌라도는 지배자였습니다.

오늘 우리 사회나 심지어 교계에도 지도자 흉년이 너무 오래 계속되는 것은 아닌가 생각됩니다. 저의 오판이기를 바랄뿐입니다. 돈을 쓰거나 운동을 해서 뽑히는 자는 지도자가 아닙니다. 추대받은 대표자가 아니라 쟁취한 대표직을 가지고는 지도자가 되기는 어려울 것입니다.

지옥은 사단의 지배를 받는 자들의 종접이라면 천국은 주님의 지도를 받던 자들의 연합 공동체입니다.

히틀러나 김일성은 지배자였지 지도자는 아닌 것이 분명합니다. 사실 지배는 사람이 동물을 관리하는 데 사용되는 적당한 용어이지 인격 대 인격은 지배해서는 안 될 것입니다. 강요하는 지배자가 줄어들고 설득하며 모범을 보이는 지도자가 많이 나타나고 양성되어야 합니다.

2. 참된 지도자는 하나님이 만드시며 지배자는 마귀의 조종을 받는 자입니다.

정직은 하나님의 성품이며 거짓은 마귀의 대표적 속성입니다. "너희는 너희 아비 마귀에게 났으니"라고 거짓 지도자를 예수님이 지적했습니다.

크리스천 공동체의 성경적 지도자는

1) 먼저 소명(calling)이 있어야 합니다.

소명은 목사의 전용물이 아님을 먼저 언급하고 싶습니다. 우리는 모두 자기의 삶의 영역에서 하나님의 영광과 주권을 위해 살도록 부름 받은 자들입니다.

폴란드의 신학자인 헨드릭 크레머는 평신도를 "잃어버린 존재 동결된 자산"이라고 해서 평신도의 잠재력을 일깨워 주었습니다.

소명감이 없는 목사보다 소명감 있는 평신도가 더 귀합니다. 오늘의 우리의 무능은 일차적으로 소명감 없는 지도자가 하나님의 생명의 복음을 약화시켜 무생명으로 만들기 때문이기도 합니다.

2) 건강한 영성의 소유자이어야 합니다.

영성의 골격은 말씀과 기도입니다(딤전 4:10).

기도와 말씀 없이 건강한 영성을 소유한다는 것은 사막에 물고기가 싱싱하기를 기대하는 것보다 더 불가능한 일입니다.

우리의 삶 가운데 하나님의 살아 있는 말씀의 체험이 있어야 하고, 기도로 회개와 결단, 하나님과의 교제와 부탁, 그리고 힘을 공급받아야 영적인 에너지와 영적인 아이템이 산출될 것입니다.

특히 영적인 체험 없이 크리스천 공동체의 지도자가 된다는 것은 자신도 공동체에도 막대한 불행을 초래하게 되는 것입니다.

지도자는 장작불을 지피듯 영적인 에너지를 기도와 말씀으로 계속 보충해야 합니다. 건강한 영성은 건강한 정신과 건강한 육체를 생산하게 됩니다.

   3) 끊임없는 연구와 천부적 재능 개발을 계속해야 합니다.

     지도자 성장은 조직의 성장이요, 조직의 성장은 사람의 성장입니다. 지금은 책 두 권 읽은 자가 한 권 읽은 자를 지도하는 세상입니다. "알아야 면장합니다" 그런데 군사 정권은 "면장하면 안다"는 인사정책을 씀으로 여러 가지 모순의 열매를 거두었습니다. 죽을 때까지 책을 손에서 놓지 말아야 합니다.

  특히 책이라면 하나님의 말씀을 손에서 놓지 말아야 하고 눈에서 사라지지 않아야 합니다. 마음과 생각의 창고에 가득 채워져 있어야 합니다. 바이올린 하나를 만드는 기술을 매일 8시간씩 4년을 배워야 한다고 합니다.

  천부적 재능 개발은 단순히 모방이 아니라 각자 나름대로의 장점을 발견하고 그것을 집중적으로 연마하는 것입니다. 삼국시대에도 주먹구구로 다스리지 않았는데 21세기에 끊임없는 연구 없이 지도자가 되겠다는 것은 정말 무모한 행동입니다.

  마포구에 사는 정우용 할아버지는 1996년 11월 22일 0시에 해발 5천 6백 85미터를 6시간 30분의 사투 끝에 정상을 정복했습니다. 얼음 가루를 동반한 강풍 속에 평지의 50%밖에 안 되는 산소량인데도 40대 50대가 여럿이 가다가 포기했는데도 끝까지 노력했던 것입니다.

  우리에게는 무한한 자원을 하나님이 주셨습니다. 영국의 헨리포셋트는 장님으로 최선의 노력결과 체신부 장관까지 했습니다. 연구하지 않고 게으른 자는 지도자가 될 수 없습니다. 특히 나에게 주어진 천부적 재능은 개발만 하면 무한한 발전이 있습니다.

   4) 성령의 도우심을 전적 의뢰해야 합니다.

     이것이 크리스천 공동체 지도자의 중요한 부분입니다. 일반 지도자와의 차이점이기도 합니다.

  지도자의 계속적인 연구와 재능을 개발해도 역동적인 힘은 자기 자신에게서 나오는 것으로 부족합니다. 성령님이 감동하시고 인도하시고 도우시며 능력을 주셔야 합니다. 성령의 능력이 떠난 삼손의 상태를 우리는 잘 압니다. 성경은 요셉에 대해 말할 때 언제나 강조하는 말이 있습니다.

"하나님께서 요셉과 함께 하시므로"입니다. 고린도후서 6:1에 사도바울은 사역자들을 "하나님과 함께 일하시는 자"(5장에서는 그리스도의 사신)라고 했습니다. 예수님께서는 복음 전하는 제자들에게 세상 끝날까지 함께 하시겠다고 약속했습니다. 성령 충만은 크리스천 공동체 지도자에게 필수적이어야 합니다.

3. 지도자는 훈련 되어진 자요, 계속 훈련이 되어야 합니다.

하나님은 훈련된 자를 쓰시고 하나님이 쓰실 자들은 훈련을 시키십니다.

1) 육체훈련 - 체력, 실력, 박력, 시간관리
2) 영성훈련 - 영력, 호소력
3) 인격훈련(사회적 훈련 / 상식훈련) - Moral Power
(인사, 정직, 인내, 대화, 근면, 절제, 질서, 협력)
※ 예수님 - 30년 준비 3년 활동(준비기간 10분의 9)
모 세 - 40년 학문 40년 생활(40년 활동 - 준비기간 3분의 2)
요 셉 - 13년 미움 받음(사랑받고 자람)
바 울 - 3년간 영성훈련
제자들 - 3년간 훈련(대학원 과정 - 180년 낮 90년)
4) 섬기는 훈련, 사랑실천 훈련

4. 초대교회 집사 선택의 예

1장에 맛디아와 6장에 7집사 비교

1) 믿음의 실력자 - 성령충만
2) 봉사의 실력자 - 지혜충만
3) 인격의 실력자 - 칭찬 듣는 자

5. 나는 참된 지도자로서의 위치와 사명을 다하고 있습니까?

지도자는 영향력이 있는 자요, 자발적인 추종자를 모을 수 있는 능력이 있는 자입니다.

"사람은 본성이 관리되고 싶지 않습니다만 다만 인도되기를 원합니다" 이것이 세계적인 경영자의 말입니다. 일하는 방법을 아는 것은 일하는 자의 일이고 다른 사람에게 일하는 방법을 보여주는 것은 교사의 일입니다.

그리고 사람들이 일을 하도록 점검하는 일은 경영자의 일이라면 지도자는 사람들이 자신의 역량보다 일을 잘 할 수 있도록 고무시키는 일을 잘 하는 자입니다. 모든 사람은 누군가에 영향을 줍니다.

영향력은 계발될 수 있는 기술이요, 인격이요, 노력의 결과입니다.

지배자는 직원을 부리지만 - 지도자는 그들을 지도합니다.

지배자는 권위에 의존하지만 - 지도자는 열정을 일으킵니다.

지배자는 "내가"라고 말하지만 - 지도자는 "우리가"라고 말합니다.

지배자는 실패의 책임을 묻지만 - 지도자는 실패를 고쳐 줍니다.

지배자는 일이 성취 될 수 있는 방법을 알지만 - 지도자는 그 방법을 제시합니다.

지배자는 "너는 가라"고 말하지만 - 지도자는 "함께 갑시다"라고 말합니다.

지도자는 많은 시간의 노력이 요하며 더 많은 헌신은 더 큰 지도력을 생산하게 됩니다. 탁월한 지도자들을 일곱 가지 치명적인 실수를 하지 않습니다.

① 존경 받기보다는 모든 사람이 좋아하는 사람이 되기를 힘쓰는 것입니다.
② 다른 사람의 충고나 도움을 구하지 않습니다.
③ 기술보다는 규율을 강조함으로써 개인의 달란트를 약화시킵니다.
④ 비판을 건설적으로 수용하지 않습니다.
⑤ 조직 내 사람들의 책임 의식을 계발 시키지 못합니다.
⑥ 모든 사람을 권면 일률적인 방법으로 다룹니다.
⑦ 사람들에게 지속적으로 정보를 제공하는 일에 실패합니다.

뿐만 아니라 지도자는 그들을 믿고 모험하도록 격려하며 그들에게 관심을 보이고 사랑으로 관계를 두텁게 해야 합니다.

청중 즉 멤버를 모르는 지도자는 올바른 지도가 불가능합니다. 각자의 특성에 맞는 발전을 도모하기 위해서입니다.

지혜로운 가르침은 무한한 성장을 가져오며 신뢰는 충성심을 발동시킴은 물론 화목과 협력의 힘을 발휘합니다. 늘 새로운 일을 지도케 하므로 도전을 유발하고 칭찬하고 높여 줌으로 결과를 공동체 회원들에게 돌려주어야 합니다.

중요한 것은 참된 지도자가 되기를 갈구하고 노력하면 날마다 향상 되지만 그런 이상과 목적이 시들어 버리면 나도 모르는 사이에 지배자가 되어 있고 서기관과 바리새인으로 변질되어 버린다는 사실을 명심해야 합니다.

『Nominalizm Christian』
(명목상 크리스천)

지옥은 불신자만 가는 곳이 아닙니다. 잘못 믿은 사람도 갑니다. 하나님과 가장 먼 곳이 지옥입니다. 물론 거리 개념이 아닌 분리 개념, 차별 개념입니다.

크리스천 중에 명목상 크리스천에서 벗어나지 못하면 교회 다니는 불신자, 직분까지 받은 불신자, 안수 받은 불신자가 됩니다. 우리 여성 성도들 중에 불신자는 없을 줄 믿습니다가 아닌, 없기를 바랍니다.

1. 명목상 크리스천은 사단도 압니다.

사단은 영입니다. 영이되 악한 영입니다. 사단은 속이는 영이요, 마귀의 수하에서 움직이는 행동 대원입니다.

사단은 뱀과 같이 간교하게(창 3:1-8), 우는 사자처럼 적극적이고, 가장 위협적으로(벧전 5:8) 그리고 가장술에 능하기에 천사의 모양으로 신령한 것처럼 성경 말씀을 이용하여(마 4:6) 유혹합니다.

그런데 사단의 핵심적인 사역은 모든 기회와 감정을 충동하여 믿음에서 떨어지도록 유혹하고 결국은 그들이 가는 지옥에 같이 들어가도록 합니다. 그리고 문제는 사단의 아이큐가 높다는 사실입니다. 게다가 가장술, 위장술이 뛰어납니다. 사단은 온갖 정보로 다 갖고 있습니다. 사단은 압니다. 누가 명목상 크리스천인지도 압니다. 하나님도 알고 예수님이 하나님의 아들이심을 아는 사단은 믿음을 선물로 받지 못했기에 영원히 저주의 운명이 된 것입니다.

명목상 크리스천은 사단의 사역에 가장 효과적으로 쓰임받을 수 있습니다. 그는 하나님을 만난 자, 예수님을 직접 만난 자, 성령받은 자, 그리고 충만한 자 너무나 잘 압니다. 사단의 눈을 속일 수 없습니다.

우리는 베드로처럼 성령의 감동과 지혜로 "주는 그리스도시요 살아 계신 하나님이시다" 고 고백하는 신앙이어야 명목상 크리스천이 아닌 주님께 인정받는 신자가 될 수 있습니다.

2. 사단의 역사에 대해 정확히 감정하면 명목상 크리스천을 알 수 있습니다.

지금 우리가 사는 세상은 선의 세상도, 선악 구별 세상도 아닌 선과 악의 공존 세상입니다. 물론 윤리적으로도 선과 악이 공존하지만, 더더구나 영의 세계에 성령의 역사와 악령의 역사가 공존하고 있습니다.

물론 예수님께서 재림하셔서 심판하신 후에는 악령과 믿지 않는 자들은 영원히 무저갱에 갇힌 상태에서 활동이 중지되고 영원한 저주의 생명이 지속될 것입니다. 반면 천국에는 복 받은 생명들이 영원한 행복을 마음껏 누리며 살 것입니다.

그러므로 우리가 악한 영인 사단의 역사를 분별할 줄 알아야 사단의 유혹에 넘어가지 않고 영적전쟁에 승리하고 우리의 삶이 날마다 날마다 성령의 인도를 받는 현명하고도 복된 생활이 가능한 것입니다.

사단은 히브리말로 방해자, 대적자, 속이는 자, 시험자, 유혹자라는 의미가 있습니다. 신약 성경은 사단을 악마로 표현하고 있습니다. 사단의 속성이나 신분은 오직 성경에서만이 파악할 수 있습니다.

(1) 사단에게는 사랑이 없습니다.

그러기에 사람들이 멸망받고 망하게 하는 일을 즐깁니다. 명목상 크리스천도 이와 같은 기질을 가지고 있습니다. 사단의 영향권에 있는 명목상 크리스천은 이런 인격을 소유하고 있습니다. 그 대표적인 것으로 사랑이 없습니다. 바리새인들에게는 이런 사랑이 없었습니다.

(2) 사단에게는 믿음이 없듯이, 명목상 크리스천은 믿음이 없습니다.

예수는 아무나 믿는 것도 아니고, 믿어지는 것도 아닙니다. 사단에게는 구원얼는 믿음인 하나님의 은혜의 선물도 없고 또한 서로를 믿는 상대적인 믿음도 없습니다. 믿어지는 것은 성령의 역사입니다. 명목상 크리스천은 사단의 지배하에 있기 때문에 믿는 척은 하지만 믿어지지는 않습니다.

(3) 사단에게는 소망이 없습니다.

이미 저주의 운명이 결정되어 있습니다. 그러기에 한사람이라도 더 자신들처럼 저주의 운명을 만들려고 합니다. 인간은 누구나 하나님을 믿지 않으면 희망 사항은 있어도 소망은 없습니다.

명목상 크리스천은 소망이 없기에 지상주의, 유물주의, 이기주의, 개인주의 노예가 되는 것입니다. 그러기에 돈을 보면 부정한 돈이라도 상관없이 돈 앞에 굴복하고 심하게 말하면 환장을 합니다. 현대판 가룟유다가 됩니다.

(4) 사단은 회개가 없습니다.

성령은 회개케 하는 영이고 사단은 더욱 더 인간의 마음을 강퍅하게 만들어 회개치 않도록 하는 것입니다. 그리고 항상 선에 대항하는 악의 출처입니다. 명목상 크리스천도 회개하는 법이 없습니다. 코너에 몰리면 회개하는 시늉을 합니다. 그러나 중심의 회개는 못합니다. 바리새인들이나 서기관들이, 세례요한이나 예수님을 통해 그렇게 회개를 외쳐도 회개했다는 기록이 없습니다.

(5) 사단은 궤휼은 있어도 선한 지혜는 없습니다. 그러기에 "어리석은 자"입니다.

그렇기 때문에 그 능력도 죽이고 멸망의 길로 가게 하는 능력은 있어도 살리고 회개시키고 구원 얻게 하는 능력은 없습니다. 사단은 영이기에 죽일 수는 없습니다. 그러나 물리칠 수는 있습니다(엡 6:11).

사단은 영이기에 사단 자체가 드러나게 나타나지는 않습니다. 사람 속에 들어가 사람을 통해 그 속성을 드러내고 역사하기 때문입니다. 우리는 열매를 통해 나무를 알듯이 알 수 있습니다. 그러므로 다시 강조합니다만 명목상 크리스천이 가장 사단이 효과적으로 활동할 수 있는 사역의 무대입니다.

3. 성령의 기름 부음을 받으면 명목상 크리스천들이 가장 싫어하는 자가 될 수 있습니다.

바울은 불신자보다 유대교인들의 공격과 핍박의 대상이었습니다. 심지어 먼 곳까지 찾아와서 죽이려고 했고, 바울을 죽이기 전에는 먹지도 마시지도 않겠다고 각오하고 동맹한 무리들이 있었습니다. 누이 좋고, 매부 좋은 신앙생활은 불가능합니다. 우리가 연합을 추구해야 하지만 혼합을 연합으로 착각하거나 우기면 안 됩니다.

가룟유다는 없어져야 하고, 아나니아와 삽비라 가정은 망해야 하는 것입니다. 가라지는 뿌리체 뽑아야지 가지를 치거나 줄기를 자른다고 되는 것은 아닙니다. 예수님은 40일 금식기도 후 사역을 본격적으로 시작한 단계에 제일 먼저 찾아 온 자가 마귀였습니다.

지금 우리는 마귀에게 인기 있는 자가 교회와 교계에 활개치지 않도록 영성으로 무장하여 박멸하고 물리쳐야 합니다. 오늘날 타락한 정보 홍수 시대에 거룩한 충동보다는 악에 대한 경계선이 무너지고 있는 가운데 있습니다. 『피가 고름이 될 수는 있어도, 고름이 피가 될 수 없는 법』인데 사단이 회개하기를 기다리다 보니, 기독교는 변질되고 무능한 종교로 전락해 버리고 마는 것입니다.

예수님은 오늘도 한국 교회 때문 스트레스를 받고, 오래 믿은 신자나 종교지도자들 때문에 화내시고 스트레스 받고 계시지는 않는지 우리가 깊이 반성하고 회개하여 명목상 크리스천이 개교회에나 총회, 여러 기관에 활개치지 못하는 때가 되어야 교회의 브랜드 가치는 날마다 업그레이드되고 성령의 역사는 날마다 강하게 나타날 줄 믿습니다. 그리고 이 노력이 하나님을 가까이하는 거룩하고도 복된 노력인 것입니다.

예수는 아무나 믿나?
(엡 2:8-10)

시리즈 설교 7가지 중 첫 번째가 「예수는 아무나 믿나」입니다. 두 번째는 「기도는 아무나 하나」, 세 번째는 「교회는 아무나 다니나」, 네 번째는 「전도는 아무나 하나」, 다섯 번째는 「헌금은 아무나 하나」, 여섯 번째는 「교회는 아무나 짓나」, 일곱 번째는 「축복은 아무나 받나」입니다.

행복은 아무나 발견하고 누리는 것 아닙니다. 행복 경작법을 알아야 하고 내 삶을 행복하도록 디자인 할 줄 알아야 합니다. 옥토는 저절로 되는 것이 아니라, 계속 경작하면서 옥토를 만들고 보존해 가야 되는 것입니다.

인간이 살아가는 과정에 누구나 근심, 걱정, 불안, 시기, 질투 같은 감정들이 얽히고설키게 됩니다. 이것들은 날마다 뽑아내고, 곡식은 가꾸고 늘 돌보아야 하는 것입니다.

인간의 최고의 행복은 예수님을 믿는 것이고, 예수님을 믿는 것은 하늘로부터 즉, 하나님께로부터 믿음의 선물을 받아야 하는 것입니다.

1. 믿음의 선물을 받아야 예수님을 믿습니다.

믿음의 선물을 받으면 영안이 열립니다. 영으로 하나님을 보고, 만나고, 영의 귀가 열리고, 영의 입이 열리고, 예수 그리스도의 구속의 은혜와 하나님의 사랑을 깨닫게 됩니다. 믿음을 선물로 받은 증거는,

① 선물받은 사람은 기쁩니다. ② 선물받은 사람은 감사합니다. ③ 선물받은 자는 가슴이 뜨거워집니다. ④ 선물은 귀한 것입니다. 그러므로 도둑맞거나, 빼앗기면 안 됩니다.

본문 에베소서 2장 8절에 「믿음은 하나님의 선물」이라는 사실을 강조합니다. 예수는 믿음의 선물을 받은 자라야만이 믿을 수 있습니다.

복 중의 복은 믿어지는 것입니다. 여러분, 예수 그리스도가 하나님의 아들이심이 믿어집니까? 여러분, 예수 그리스도가 나의 구주이심이 믿어집니까?

예수는 아무나 믿는 것이 아닙니다. 믿음의 선물을 받은 자만이 믿습니다.

2. 예수는 선한 일을 위하여 지음받은 자만이 믿을 수 있습니다 (10).

인간은 악한 일 하라고 지음 받고 보냄 받은 것이 아닙니다. 우리를 이 땅에 보내시고, 생명을 주신 것은 목적이 있습니다. 선한 목적, 복된 목적이 있습니다. 선한 일 하다가 죽으라고 부르신 줄 믿으시기 바랍니다. 악한 마음먹지 말아야 합니다. 악한 말 하지 말아야 합니다. 악한 길 가지 말고, 악한 장소에 가지 말아야 합니다.

죄가 악입니다. 게으름이 악입니다. 불신이 악입니다. 예수님의 자취를 따라 사는 것이 선한 일입니다.

예수님은 복음을 전하셨습니다. 예수님의 생애는 섬기는 생애였습니다. 예수님은 죽으러 오셨습니다. 희생하러 오셨습니다. 예수님은 선한 일을 위해 지음을 받았다는 사실을 깨닫는 자들이 믿는 것입니다.

3. 복 중의 복은 예수 믿는 것입니다.

예수는 최고의 복을 받은 자들만이 믿을 수 있습니다. 하나님은 우리의 믿음을 보십니다. 그러므로 날마다 자라는 믿음이 되어야 합니다. 믿음만큼 됩니다. 믿음만큼 행복합니다. 믿음은 축복입니다.

하나님이 아버지가 되심을, 예수님이 구세주가 되심을, 성령님이 보혜사 되심을 믿는 믿음, 정말 복 중의 복입니다.

은과 금을 많이 가진 것이 복이 아니라, 예수 그리스도를 마음에 모시고 사는 것 복입니다.

예수 그리스도가 나의 보물입니다. 예수 그리스도가 나의 모든 것입니다. 우리는 예수 그리스도가 아니면 용서받을 수도, 구원얻을 수도 없기에 예수 믿는 것은 복 중의 복입니다. 우리가 예수 그리스도로 말미암아 구속받고, 하나님의 자녀가 되었기에, 하나님을 아바 아버지라 부르게 된 것입니다.

　이제 하나님은 내가 기도할 때 들어 주십니다. 이제 하나님은 내가 순종할 때 축복 주십니다. 내가 일할 때에 힘을 주십니다. 내가 찬송할 때 좋아하십니다. 내가 겸손할 때 은혜를 주십니다. 내가 인내할 때 소망을 주십니다. 내가 봉사할 때 기억해 주십니다. 내가 아플 때에 치료해 주시고, 내가 슬플 때에 위로해 주시고, 내가 핍박받을 때에 돌보아 주십니다.

　할렐루야!
　예수는 아무나 믿나?

주여! 내게 생수를 주옵소서
(요 4:13~15)

예수님께서 사마리아를 통행하셨습니다. 조용한 시간 혼자 물을 길으러 온 여인에게 물을 청하면서 영원히 목마르지 않는 생수를 가르쳐 주셨습니다. 예수님 자신이 영원히 목마르지 않는 생수이십니다.

목마르면 갈증이 생깁니다. 목마르면 불만이 옵니다. 목마르면 불평이 납니다. 목마르면 짜증이 납니다.

1. 생수는 찾아야 합니다.

구하는 자가 얻습니다. 생수는 하나님의 선물입니다. 이 생수는 땅에서 솟아오르는 것이 아닙니다. 하늘에서 내려 온 것입니다. 하늘에서 온 예수 그리스도로 말미암아서만 얻습니다.

생수 무엇인지도 모르면서 어떻게 생수를 얻겠습니까? 인간 욕구의 갈증에만 허덕이던 사마리아 여인은, 예수님을 만나 예수님의 말씀을 듣고 드디어 영원히 목마르지 않는 생수를 구하게 되었습니다. 생수는 구하는 자가 얻습니다. 이 생수를 얻는 자는 목마르지 않는 인생을 삽니다. 생수를 마셔야 제정신이 돌아옵니다.

생수를 마시고 나면, 갈 길이 분명해집니다. 할 일이 분명해집니다. 뛰고 달려도 피곤하지 않습니다. 순간을 위한 삶이 아니라, 영원을 위한 삶을 삽니다. 시간도, 몸도, 마음도, 재능도, 물질도, 모든 달란트를 그 나라와 그 의를 위해 노력합니다.

우리 코스모스 회원들은 생수를 마신 자들로 계속 마시는 자들이 되어야 합니다.

2. 생수는 발견되어져야 얻습니다.

예수님은 생수를 구하는 여인에게 남편을 불러 오라고 했습니다. 죄를 깨닫게 한 것입니다. 육욕과 죄에 대한 욕망이 눈을 어둡게 하는 이상 생수는 발견되지 않습니다. 회개의 과정 없이는 은혜를 받을 수 없습니다. 성령의 깨달음도 없습니다. 막힌 것이 뚫어지지 않는 한, 생수는 터지지 않습니다.

은혜받은 자, 은총을 입을 자는 자신의 죄를 인정하고, 고백해야 합니다. 회개치 않는 바리새인은 생수를 얻지 못했습니다. 예수님의 능력 부족이 아닙니다. 예수님의 말씀의 능력이 없어서가 아닙니다. 닫힌 병에는 소낙비가 내려도 한 방울의 물도 들어가지 않습니다.

3. 생수는 신령한 예배를 통해 마실 수 있습니다.

기도와 찬양, 신령과 진정으로 예배드리며 말씀을 사모할 때 생수를 마실 수 있습니다.

생수의 출처는 예수님이십니다. 생수의 출처는 말씀입니다. 생수의 출처는 성전입니다. 그러므로 성전을 멀리하거나 성전과의 관계가 좋지 못한 자는 한 방울의 생수도 얻을 수 없습니다.

사랑하는 회원 여러분!

은혜 받아야 합니다. 능력 받아야 합니다. 변화 되어야 합니다. 언제까지 가물어 메마른 땅 같은 심령으로 살아가겠습니까? 피리를 불어도 슬퍼하지 않고, 춤을 추어도 기뻐하지 않는 자가 될 것입니까?

생수를 마시고, 생수를 전합시다.

나를 찾아 감사하라
(시 40:27-31)

우리는 하나님을 알고, 자신을 알고, 이웃을 알고, 세상과 시대를 알아야 합니다. 특별히 자신에 대하여 내가 어디서 와서 무엇 때문에 살며, 어디로 가는지 알아야 됩니다.

인간은 하나님을 찾아야 자신을 발견할 수 있습니다. 최근에 「마음의 여행자」라는 책이 출간되었습니다. 그 내용은 자기 자신을 찾아 떠난 주인공들의 이야기를 그린 소설입니다. 사람이 자기 자신을 찾아야 존재의 의미와 자유와 행복을 얻게 된다는 내용입니다. 11명의 단편 소설 모음집입니다.

오늘날 실직, 이혼, 가출 등 혼란의 근본적인 이유는 자기 자신의 존재의 가치와 의미를 잃어 버렸기 때문입니다. 눈먼 소경에게는 밝은 전기불도, 태양도 아무런 의미가 없듯이 자기 자신을 발견하기 전에는 아무것도 발견할 수 없는 것입니다.

1. 야곱아! 이스라엘아! 아담아! 아담을 부르신 하나님!

아브라함아! 아브라함아! 아브라함을 부르신 하나님!

사울아! 사울아! 사울을 부르신 주님!

지금도 우리를 부르고 계십니다. 사랑하셔서 부르십니다. 도와주시려고 부르십니다. 말씀하시려고 부르십니다. 야곱은 약속의 이름입니다. 이스라엘은 축복의 이름입니다.

이사야 1-39장까지는 책망과 경고의 메시지입니다. 40-66장은 소망과 위로의 메시지입니다.

하나님의 관심은 사람입니다. 사람들 중에 자기의 택한 백성들입니다. 우리는 나와 하나님과의 관계를 알아야 감사가 나오고, 찬송이 나오고, 행복할 수 있습니다.

2. 나에게 새 힘을 주시는 하나님이 계십니다(27-31).

영원하신 하나님, 피곤치 않으신 하나님, 명철이 한이 없으신 하나님이 새 힘을 주십니다. 하나님을 의지하는 자는 날마다 새 힘을 공급 받습니다. 인간의 힘은 한정되어 있습니다. 쇠잔해집니다. 시간과 공간의 제한을 받습니다.

그러나 하나님의 힘은 영원합니다. 하나님의 힘은 무궁합니다. 사망 권세를 이기는 힘입니다. 모든 불행은 힘의 부족에서 옵니다. 우리는 하나님의 새 힘을 공급받고 사는 존재입니다.

3. 행복은 자신을 발견하는 것입니다.

우리는 예수님을 영접하므로 하나님의 자녀가 되었습니다. 우리는 하나님과 영원히 살 수 있는 삶을 보장받은 자들입니다. 우리는 예수님의 보혈로 모든 죄의 문제가 해결되었습니다. 죄의 문제가 해결되었다는 것은 불행이 해결되었다는 말입니다.

하나님은 우리에게 말씀을 주셨습니다. 하나님은 우리에게 기도하면 다 들어 주신다고 했습니다. 하나님은 우리에게 성령님을 보내주셨습니다. 하나님은 내가 일할 때 힘을 주십니다.

하나님은 내가 찬송할 때 기뻐하십니다. 하나님은 내가 인내할 때 소망을 주십니다. 하나님은 내가 아플 때 위로해 주십니다. 하나님은 내가 봉사할 때 기억해 주십니다. 하나님은 내가 순종할 때 복을 주십니다. 하나님은 내가 겸손할 때 은혜를 주십니다.

내가 누구입니까?

죄악과 상관없는 존재입니다. 불행에서 건짐 받은 존재입니다. 멸망에서 영생 얻은 존재입니다. 그러므로 오늘날도 병마에서 건져 주실 것입니다. 시험에서 건져 주실 것입니다. 유혹에서 승리케 해 주실 것입니다. 환난에서 건져 주실 것입니다. 가난에서 건져 주실 것입니다. 기가 막힐 웅덩이에서도 건져 주실 것입니다.

믿습니까? 나는 불행하려고 해도 불행할 수 없습니다.

포도나무에서는 가시 엉겅퀴가 나지 않습니다. 그러므로 우리는 자신을 과소평가 하지 맙시다. 겸손하되, 무가치한 존재, 쓸모없는 존재는 아닙니다. 그러므로 어떤 상황에서도 포기하지 맙시다. 절대로 불가능하다는 생각에 동의하지 마시기 바랍니다. 어려움 앞에서도 낙심하지 말고 끝까지 노력합시다. 당장 눈에 보이지 않더라도 믿음으로 밀고 나아갑시다. 할렐루야!

그래서 항상 웃는 얼굴, 항상 긍정적인 말, 항상 감사한 마음, 항상 받는 자가 아닌, 줄 것을 준비하는 승자의 습관을 가져야 합니다.

나를 찾아 감사하라.

나를 찾아 행복하라.

근심을 끄고 살자
(요 14:1-6)

세상에는 근심된 일이 많습니다. 근심은 영적으로도 비틀거리게 만들고, 정신적으로도 약하게, 또는 혼란스럽게 만듭니다. 무엇보다도 육적으로 병들게 합니다. 인격도 병들게 하고, 꿈을 상실케 합니다.

1. 강한 믿음은 근심을 끄게 합니다(요 14:1).

근심은 저절로 사라지거나 세월이 지나서 해결되는 것이 아닙니다. 꺼야 됩니다. 우리는 항상 기분 나빴던 것은 날려 보내고 기분 좋았던 것만 붙들어야 합니다. 근심과 걱정도 하나의 성품이요, 습관일 수 있습니다.

근심은 백해무익합니다. 인간의 근심 걱정의 92%는 공연한 것이라고 합니다. 육신건강, 정신건강에 손해되는 것은 잊어버리고, 지워버리는 훈련을 해야 합니다. 마음을 믿음, 소망, 사랑으로 가득 채워서 빈자리가 없게 해야 합니다. 인간의 삶에 감사와 웃음은 하나님이 인간을 치료하기 위해 주신 특별한 약입니다. 그런데 근심, 걱정은 이 감사와 웃음을 다 삭혀버립니다.

2. 항상 감사하면 근심은 꺼집니다.

근심과 감사는 극에 극입니다. 감사하면 기쁨이 찾아옵니다. 감사하면 소망이 가득찹니다. 감사하면 은혜가 넘칩니다. 감사하면 마음이 평안해집니다. 감사하면 축복이 따라옵니다. 감사하면 찬송이 찬송다워집니다. 감사하면 삶의 보람을 발견합니다. 구원얻은 자의 공통점은 감사입니다. 감사하면 근심이 사라집니다. 그래서 범사에 감사하라고 하신 것입니다. 건강의 특효약이 감사입니다.

인격의 핵심 매력이 감사입니다. 화목의 분위기 재료가 감사입니다.

3. 인생을 가장 비참하게 하고, 무능하게 하는 것이 근심입니다.

인간은 자신이 누구인지 자각이 필요하듯이 근심이 얼마나 해로운지를 아는 자는 어떤 방법으로든지 근심을 끄려고 합니다.

자신을 너무 모르고 사는 12가지가 있다고 합니다.

① 무지가 자신의 눈을 어둡게 한다는 것을 모른다는 것입니다.

② 편견이 나의 판단을 흐리게 한다는 것입니다.

③ 독선이 나의 이성을 마비시킨다는 것입니다.

④ 아집이 나의 총명을 혼탁케 한다는 사실입니다.

⑤ 독단이 나의 지혜를 우둔케 합니다.

⑥ 허영이 나를 어리석게 한다는 것입니다.

⑦ 과욕이 생명을 단축시킨다는 사실입니다.

⑧ 탐욕이 나의 인격을 마비시킨다는 것입니다.

⑨ 사심이 나를 미혹케 합니다.

⑩ 교만이 나를 미련하게 만듭니다.

⑪ 게으름이 나를 가난하게 만듭니다.

⑫ 근심이 나를 비참하게 만든 다는 사실을 모르고 산다는 것입니다.

인생을 산다는 것은 싸움입니다. 특히, 정신적인 싸움의 연속입니다. 게으름과 싸우고, 열등의식과 싸우고, 불행과 싸우고, 병과 싸우고, 불행과 싸워야 합니다.

우리 몸을 괴롭히는 병과 어떤 이는 신체적 장애와 시간이나, 물질을 낭비하는 습관 더러운 욕망, 소극적인 생각, 안일주의, 정욕과 싸워야 합니다. 그리고 무엇보다 밀려오는 근심과 걱정과 싸워야 합니다.

4. 믿음의 작정 기도는 근심을 끄게 됩니다.

기도 안하면 적은 문제도 크게 보여 더욱 근심하게 됩니다. 그러나 기도하면, 특별히 작정 기도는 근심을 다 삭혀 버리고, 덮어 버립니다. 기도하면 능력의 하나님과 관계가 회복되고, 친밀해지기에 근심이 사라집니다. 기도하면 하나님 품속에서 영혼의 평화를 누리게 됩니다. 기도하면 하나님과 화목하고, 사람과 화목하기에 근심은 저절로 사라집니다. 기도하면 새 힘이 넘칩니다. 기도하면 해결됩니다. 기도하면 하나님의 도우심을 받습니다.

근심은 절망으로 가는 과정입니다. 모든 근심, 근심의 재까지도 날려 보냅시다. 근심을 끄고 내려갑시다.

평생 무제한 무료 통화 쿠폰
(렘 33:3, 요 14:14)

한때 이런 우스갯소리가 있었습니다. 이스라엘 총리가 레이건 대통령을 방문했다고 합니다. 그가 백악관 레이건 대통령 집무실에 들어갔을 때 대통령 책상에 전화가 3대가 있는 것을 보았습니다. 그래서 물었습니다.

"이 전화들은 어디에 사용하려고 3대나 있습니까?" 그때 레이건 대통령이 대답하기를 "제일 우측 것은 모든 관료들에게 연락하는 공무용이고, 가운데 것은 집에 연락하거나 사사로운 연락을 위해 사용하는 전화입니다. 그리고 제일 좌측에 있는 것은 하나님과 통화하는 전화입니다" 라고 대답했다고 합니다.

이때 이스라엘 총리가 제일 좌측에 있는 하나님과 통화하는 전화에만 관심을 보이면서 전화를 한 번 쓸 수 있겠느냐고 물었습니다. 그러나 레이건 대통령이 하는 말이 "이 전화에는 통화료가 아주 비쌉니다. 1분에 십만 달러가 되니까 사용하기가 곤란할 겁니다" 라고 농담을 했습니다.

그 후에 레이건 대통령이 이스라엘을 방문해서 총리의 관저 사무실에 들어 가보니 총리의 책상에도 전화가 세대나 있었습니다. 레이건 대통령도 이스라엘 총리가 질문했듯이 물었습니다.

"이 전화들은 어디 어디에 사용하시려고 3대나 있습니까?" 이스라엘 총리도 레이건 대통령과 똑같이 대답했습니다. "하나는 공무용이고, 다른 하나는 사사로운 일에 사용합니다. 그리고 나머지 하나는 하나님과 통화하는 전화입니다."

이때 레이건 대통령이 묻습니다. "이 마지막 전화도 통화료가 우리나라에서처럼 비쌉니까?"

"아니요, 공짜입니다." 총리가 대답했습니다. "왜냐하면 하나님께서는 이스라엘 가장 가까운 곳에 계시기 때문에 그저 구내전화와 마찬가지이기 때문입니다."

여러분! 하나님과의 전화는 구내전화와 같습니다. 평생 무제한 공짜 전화입니다. 오늘 이 쿠폰을 받아 가시기 바랍니다. 이 쿠폰이 오늘 본문입니다. 예레미야 33장 3절은 옛날 디자인 쿠폰이고, 요한복음 14장 14절은 새롭게 디자인해서 만들어진 쿠폰입니다.

믿습니까? 저희는 국제 전화를 참 많이 하는 편입니다. 그런데 한 통화에 천원을 넘지 않습니다. 꼭 할 말만 하고 끊습니다. 그런데 선교사들이 수신자 부담으로 전화를 많이 합니다. 그러면 빨리 끊지를 않아 전화요금이 많이 올라 갈 때가 있습니다.

물론 오지는 못하고, 전화로라도 통화를 좀 길게 하고 싶은 마음 이해는 합니다만 생활 습성도 중요합니다. 그러나 하나님께 통화하는 것은 미국에서 하든, 아프리카에서 하든, 평생 무제한 『공짜통화』입니다. 옆에 계셔서 구내전화와 같기도 하지만 또한 반면에 하나님이 다 이미 요금을 지불하셨습니다.

저는 국민일보를 평생 그냥 받습니다. 왜냐하면 평생회원으로 가입해서 구독료를 선불했기 때문입니다. 그리고 특별히 하나님과의 통화에는 단 한 번도 통화중 걸리는 법이 없습니다. 다만 소리는 세미하게 들릴 때도 있고, 확실하게 들릴 때도 있습니다.

인간은 대화하는 존재입니다. 하나님과 사람, 사람과 사람 사이에 대화를 해야만 살아 갈 수 있습니다. 대화가 끊어진 인간관계는 곧 죽음을 의미합니다.

하나님과 대화가 끊어지면 영이 죽습니다. 사람과 대화가 끊어지면 육이 죽습니다. 공동묘지나 납골당에 가서 여보, 당신, 형님, 아무리 울며 부르짖어도, 큰 소리로 불러도 대답이 없습니다. 왜냐구요? 죽었기 때문입니다. 죽은 영혼은 대화가 불가능합니다.

로우엘 하우(Lowell Howe)라는 목사는 "대화의 기적"이란 말을 했습니다.

북한이 왜 저렇게 어렵습니까? 대화가 안 되지 않습니까? 저들은 주장은 있어도 대화는 없습니다. 공산주의는 대화문화가 아닙니다. 명령, 지시 문화입니다. 한 마디 말이 사람을 살릴 수도 있고, 죽일 수도 있습니다.

기독교는 대화의 종교입니다. 특별히 먼저 하나님과 대화해야 합니다. 하나님과의 대화의 가장 최선의 방법이 통화입니다. 그 통화가 바로 기도입니다.

1. 하나님께 통화 할 때 첫 마디가 중요합니다.

하나님과는 여보시오, 모시모시, 또는 헬로우가 아니라 "하나님 아버지"라고 해야 합니다.

사랑의 하나님 아버지! 자비의 하나님 아버지! 이렇게 하나님과 나의 관계를 먼저 말해야 합니다.

우리 아들한테 지난 주 전화가 왔었습니다.

"아버지 아들입니다" 어떤 분은 하나님 이름을 너무 복잡하게 부릅니다. 옛날에 어떤 장로님은 기도할 때, "태초에 말씀으로 우주 만물을 창조하시고 인간의 생사화복을 주관하시고, 우리를 구원하시기 위해 독생자 예수 그리스도를 이 땅에 보내 주신 전지전능하시고, 무소부재 하시고, 거룩 거룩하신 만군의 주 여호와여!"하고 하나님 이름 부르는데 5분 걸렸답니다. 조직신학에 나오는 하나님의 속성과 명칭을 다 나열하는 것입니다.

저의 아들이 저를 부를 때, "사단법인 한국 기독교 문화예술 총연합회 회장되시고, 코스모스 문예 이사장 되시고, 성북교구 협의회 회장이시며 총회 군선교회 부회장으로 수고하시며 장위제일교회 3대 담임 목사님이신 나의 아버지여!" 그렇게 부릅니까?

아버지! 저예요, 아들입니다. 이렇게 부르면 되는 것 아닙니까? 그리고 먼저 하나님 앞에 영광과 찬송과 존귀와 감사를 드린 후, 참회기도나 중보기도가 있어야 하는 것입니다.

대인 관계에 있어서도 첫 마디가 중요합니다. 잠언서에 아침 일찍이 큰 소리로 축복하면 도리어 저주가 된다고 했습니다. 가정에서나 직장에서 교회에서 희망을 주는 말, 창조적인 말, 사랑과 인정이 담긴 말로 시작해야 합니다.

여러분! 예수님이 가르쳐 주신 기도를 보십시오. "하늘에 계신 우리 아버지여", "이름이 거룩히 여김을 받으시오며", 그리고 사도신경을 보십시오. "전능하사 천지를 만드신 하나님 아버지를 내가 믿사오며"

우리가 하나님과 통화할 때 시작을 잘해서 하나님을 기쁘시게 해야 합니다. 제가 한 번은 핸드폰을 받으니까, "야! 이 개새끼야, 왜 그렇게 연락이 없어" 경상도 사투리를 얼마나 큰 소리로 하는지, 전화 확인도 하지 않고 다짜고짜로, 경상도 사람은 반가우면, 이 새끼, 저 새끼, 개 새끼라고 합니다. 그러나 우리가 하나님과 통화할 때는 먼저 하나님의 이름을 부르고, 높여야 합니다.

2. 간절하고, 진실해야 합니다.

자신의 마음을 그대로 열고 대화해야 합니다. 중언부언의 대화는(마 6:7) 이방인들이 하는 습관입니다. 남에게 보이려고 기도하는 것이 아닙니다(마 6:5). 대화의 정신과 자세는 진실입니다. 하나님 앞에 진실하고 간절해야 됩니다.

시편 17편 1절 "여호와여 정직함을 들으소서 나의 부르짖음에 주의 하소서 거짓되지 않는 입술에서 나오는 나의 기도에 귀를 기울이소서"라고 했습니다(다윗의 기도).

하나님 앞에서는 말로서 설득하기보다 마음으로 고백해야 합니다. 하나님과의 통화는 진지해야 합니다. 진실해야 합니다. 간절은 열심에서 나오는 것입니다. 본래 "열심"이란 말이(인슈지애즘-enthusiasm) 헬라어로는 "하나님 안에서"란 뜻입니다.

3. 하나님과 통화할 때 믿음과 회개가 따라야 합니다.

시편 94편 9절 "귀를 지으신 자가 듣지 아니하시랴, 눈을 만드신 자가 보지 아니하시랴"고 했습니다. 하나님은 죄악을 감찰하시고 다 아십니다(시 13

0:3). 사람 앞에서 대화하듯 하면 안 됩니다.

야고보서 5장 16절 "이러므로 너희 죄를 서로 고하며 병 낫기를 위하여 서로 기도하라. 의인의 간구는 역사 하는 힘이 많으니라." 회개와 믿음의 간구는 응답된다는 것입니다.

예레미야 4장 14절 "예루살렘아 네 마음의 악을 씻어 버리라. 그리하면 구원을 얻으리라...."고 했습니다.

죄가 있으면 통화 불량이 됩니다. 믿음이 없으면 결제가 안 됩니다. 확신의 싸인, 확신의 도장이 찍혀야 됩니다.

4. 긍정적이고 생명 있는 대화를 하도록 합니다.

그럴 때 기적이 일어납니다. 하나님은 긍정적이고 생명 있는 대화 또는 통화를 원하십니다. 하나님 앞에는 통화중은 없고 다만 안 받는 전화는 있습니다. 믿음 없는 자의 기도, 회개 없는 자의 기도, 부정적이고, 생명이 없는 기도는 듣지 않으십니다.

노만 빈센트 필 목사는 "크게 생각하고, 크게 행동하고, 크게 믿으면 큰 결과를 얻는다"고 했습니다.

우리는 생산적인 생각, 생산적인 말을 해야 합니다. 우리 믿는 자에게도 육체적인 시험, 심리적인(정신)시험, 영적인 시험이 있습니다. 그러나 항상 긍정적으로 대처하면 축복이 됩니다. 항상 믿음으로 응답을 상상하면서 긍정적인 사고로 부정적인 생각을 몰아내야 하는 것입니다.

하나님이 능력 주시면 능치 못할 일이 없습니다. 데카르트가 말한 대로 "우리는 생각하는 고로 존재"하는 인격이 아닙니까? 하나님은 생각을 받으십니다. "네 믿음대로 될지어다"라고 하신 주님의 말씀은 생각에서 열매 맺는 믿음을 의미하는 것입니다.

기적을 믿는 자에게 기적을 체험하게 되고, 응답을 믿는 자에게 응답이 옵니다. 생명 있는 대화, 긍정적이고 적극적인 간구에 역사가 일어납니다. 저는 십만 원짜리 국제 전화 무료 쿠폰을 받아 여권에 넣어 놓고, 사용하는 방법을 몰라 그리고 방법을 묻지도 않고, 나중에는 여권 속에 들어 있는 것조차 잊어 버리고 유효기간을 넘겨 버렸습니다.

오늘 우리 신자들 중에도 평생 무제한 공짜 통화 쿠폰을 주셨는데 방법을 몰라서 알려고 하지도 않고 잊어 버려서 허송세월을 보낸 안타까운 자들이 없습니까?

지금부터 사용하시고, 이미 사용하고 있는 자들은 쉬지 말고 기도하시기 바랍니다. 그리고 통화의 질서를 꼭 명심하시기 바랍니다. 하나님과 나와의 관계를 강조하는 이름을 부르고, 높이고, 찬양하십시오. 간절하고 진실한 통화를 하십시오. 통화를 방해하는 요소와 응답되는 믿음의 통화를 하십시오. 긍정적이고 생명 있는 대화를 하십시오. 우리는 이미 승리했습니다. 응답 후의 자아상, 건강한 자아상을 가지십시오.

사랑은 양식(養殖)이다
(요일 4:11)

인구 증가와 공해와 오염으로 자연산 식품이 귀한 시대입니다. 특히 요즈음 젊은 여성들은 자연산 얼굴이 희귀하다고 합니다. 그래서 자녀 결혼을 위해 상견례를 할 때 신부될 사람의 어머니 얼굴을 본다고 합니다. 그것도 눈치 빠른 신부될 처녀의 어머니는 미리 리모델링을 해버린답니다. 신부의 모습이 자연산이냐, 아니냐는 2세가 출생하면 안답니다. 2세는 리모델링한 모습으로 나오지 않고 본래의 모습을 닮았다는 것입니다. 그 이유는 뱃속에서 나올 때부터 어떻게 거짓말을 하겠느냐는 것입니다.

앞으로 줄기세포 연구가 발달되면 자연산 인간도 귀한 때가 올지 모릅니다. 그 이유는 사람도 양식(養殖)을 할테니까 말입니다. 그러나 오늘은 사랑은 양식(養殖)으로만 가능하지 자연산 사랑은 없다는 사실입니다.

하나님만 자연산 사랑이지, 인간은 범죄 이후 자연산 사랑을 상실했습니다. 그래서 가인이 동생 아벨을 죽이고, 동생 야곱이 형 에서를 속이는 역사의 폐단은 반복된 것입니다.

1. 가정은 사랑 양식장(養殖場)이 되어야 가족다운 가족이 되고, 인간다운 인간을 양육할 수 있습니다.

가정에 사랑이 빠지면 하숙집은 되어도 가정은 될 수 없습니다. 우리가 직장이나, 사업장, 사회생활 속에 지치고 피곤할지라도 가정에 들어오면 마음의 평안과 교제의 기쁨이 샘솟는 곳이 되어야 합니다.

가족은 사랑의 관계입니다. 그런데 이 사랑의 관계가 잘 유지되기 위해서는 각자 역할 분담을 잘 해야 합니다. 남편은 남편으로서, 아내는 아내로서, 부모는 부모로서, 자녀는 자녀로서 역할 감당에 충실해야 합니다. 저절로 행복한 가정이 되고, 저절로 화목한 가정이 되고, 저절로 사랑의 가정이 되는 것이 아닙니다.

가족끼리의 협력과 조화는 날마다 사랑이 샘솟는 가정을 유지할 수 있는 비결입니다. 서로가 다른 환경에서 자란 부부가 만났을지라도 서로 협력하고, 조화를 잘 이루어 나가면 아름다운 가정을 이루어 갈 것입니다.

하나님께서 사람을 지으신 창조이야기는 사랑이야기입니다. "하나님이 보시기에 좋았더라"는 것은 기쁨과 즐거움에서 우러나오는 사랑의 표현인 것입니다. 하나님의 사랑이야말로 모든 창조 세계의 원천이자 성취입니다.

모든 존재의 근원은 하나님의 사랑에서 시작된 것입니다. 더더구나 가정은 하나님이 아담 즉 남자만 사는 것을 좋지 않게 여겨 하와 즉, 여자를 지으신 것입니다. 그러므로 가정의 출발도 사랑입니다. 그런데 인생의 비극의 시작은 깨어진 사랑의 관계에서부터 시작된 것입니다. 그래서 인생은 깨어진 사랑으로 살아가게 되는 것입니다. 그러므로 치료하고 양육하지 않으면 안 되는 것입니다.

다시 강조합니다. 인간은 자연산 사랑은 불가능하기 때문에 예수님의 인격화된 사랑을 배워 본받아 실천해야 하는 것입니다.

하나님을 안다는 것은 하나님의 사랑을 아는 것이고, 예수님을 안다는 것은 예수님의 사랑의 삶을 아는 것입니다. 그리고 성령님을 안다는 것은 성령님의 사랑의 역사와 성령님의 사랑의 감동입니다. 사랑이 아니면 거룩한 변화는 불가능합니다. 인간을 변화시키는 것은 하나님의 사랑입니다. 마찬가지로 사랑 없는 교육은 지식을 발달시킬 수는 있어도 그 사람을 변화시킬 수는 없는 것입니다.

공산주의가 망할 수밖에 없는 것은 유물주의, 무신론주의는 사랑이 없기 때문입니다. 인간을 생산수단으로 보기 때문에 사람을 죽이는 것을 가축 죽이는 것보다 더 잔인하게 죽이고, 인권이라는 단어 자체가 없는 것입니다.

수성 여인을 변화시킨 것도, 삭개오를 변화시킨 것도, 사울을 변화시킨 것도, 모두 예수님의 지극한 사랑이었습니다.

사랑을 양식(養殖)해야 하는 것은 잘못된 사랑은 아무런 변화를 일으킬 수 없기 때문입니다. 우리는 때때로 부모가 자녀를 사랑하되 잘못된 방법의 사랑 때문에 오히려 탈선된 결과를 많이 보는 것입니다.

어떤 분이 꽃이 활짝 피고 있는 향내 나는 화분이 너무나 보기도 좋고 향기도 좋아 죽지 않도록 날마다 물을 주고, 비료를 주어서 결국 빠른 시일 내에 죽고 말았다는 것입니다. 너무나 아끼고 사랑했지만 잘못된 방법으로 사랑했기 때문입니다.

2. 교회는 사랑 양식장(養殖場)이 되어야 교회다운 교회가 되고 신자다운 신자가 양육되는 것입니다.

사랑이 행동화 되려면 관심과 이해와 용서와 섬김, 또는 희생이 따라야 하는 것입니다. 관심은 저절로 되는 것이 아니고, 이해가 저절로 되는 것이 아니고, 용서가 저절로 되는 것이 아니고, 섬김이 저절로 되는 것이 아니고, 희생이 저절로 되는 것이 아닙니다. 날마다 가꾸고 키워가야 하는 것입니다.

오늘날 파괴된 사랑에 대한 사건들이 우리를 우울하게 합니다. 부모를 살해한 대학생이나, 성희롱과 성폭행으로 곤욕을 치르고, 정신적 상처에서 헤어나지 못하는 자들이나, 나와 너의 사랑이 아닌 나와 그것의 사랑으로 맺어진 관계가 그것이 사라질 때 사랑의 관계가 아니었음이 드러나는 이별, 이루 말할 수 없는 불행한 일들이 늘어나고 있습니다. 이것은 사랑을 양식(養殖)하여 성숙한 단계에 이르지 못한 결과인 것입니다. 우리는 고린도전서 13장을 통해 사랑을 배우고 키워야 합니다. 성령의 열매가 나타나지 않는 교회는 사랑 양식장(養殖場)의 기능을 다 하지 못한 결과인 것입니다. 성령의 열매는 모두 사랑입니다(갈 5:22-23).

희락은 사랑에서 오는 기쁨입니다. 화평은 사랑에서 오는 마음입니다. 오래 참음은 불굴의 사랑입니다. 자비는 지속적인 사랑입니다. 양선은 사랑의 실천입니다. 충성은 열정적인 사랑입니다. 온유는 사랑의 훈련 결과로 오는 성품입니다. 절제는 질서 있는 사랑이며, 사랑을 단련하는 수단이기도 합니다.

다시 정리하지만 사랑의 행동강령은 관심(concern), 책임(responsibility),

존중(Respect), 이해(understanding)와 주는(giving)것이 아니겠습니까?

우리는 교회 생활을 통해 이런 사랑의 행동강령을 배우고 실천하고, 훈련해야 되는 것입니다. 이것은 교회 그냥 왔다 갔다 한다고 되는 것이 아닙니다. 사람은 어린아이 때만 사랑이 필요한 것이 아니라 나이가 들면 들수록 더욱 더 사랑이 필요한 것입니다.

여러분, 교회 와서 사랑을 배우지 않으면 어디에서 참사랑을 배우겠습니까? 교회가 사랑 양식장(養殖場)이 되지 않으면 존재의 가치도 필요도 없는 것입니다.

3. 크리스천들은 사랑을 양식(養殖)하는 일군들이 다 되어야 합니다.

사랑은 자연산이 없기에 세상에 나가 사랑을 양식(養殖)해야 된다는 것입니다. 그래서 장성한 분량에까지 이르러 세상 속에 그리스도인으로서의 능력을 나타내야 합니다. 그 능력이 바로 사랑입니다. 그래서 크리스천들을 통해서 하나님의 사랑을 깨닫게 해야 되는 것입니다. 사랑은 기적으로 이루어지는 것이 아닙니다. 참고 견디며 노력하는 가운데 이루어지는 것입니다.

이제 말씀을 정리하면서 중요한 것을 결론과 함께 말씀드리고자 합니다. 그것은 뱀의 특성과 흡사한 마귀 사단의 궤계를 물리쳐야 합니다.

사단은 사랑 파괴자입니다. 뱀이 냉혈동물이듯이 마귀는 냉혹하고 잔인한 영물입니다. 그래서 마귀의 영을 받으면 냉혹하고 잔인한 사람이 되는 것입니다(요 8:44, 10:10).

마귀 사단은 뱀처럼 위장술이 뛰어납니다. 사단도 이와 같이 광명한 천사로 나타납니다(요 8:44). 사단은 믿는 자를 넘어뜨리려고 합니다. 뱀이 죽은 것이나 썩은 것을 먹지 않듯이 마귀도 영적으로 죽은 사람을 잡으려고 하지 않습니다. 믿는 자를 유혹합니다(벧전 5:8). 뱀은 틈만 있으면 들어가고 또한 사망의 독이 있습니다(시 58:4).

사단도 이와 같습니다(엡 4:26-27). 그러므로 틈을 주지 말아야 합니다. 사단을 가까이 하지 말아야 합니다. 사단이 좋아하는 일을 하지 말아야 합니다. 뱀은 공격해서 잡아야 하듯이 사단은 예수 이름으로 공격하고 결박해야 합니다. 예수 그리스도의 이름으로 사단을 잡아 결박하지 않으면 가정도, 교회도, 사회도 사랑이 풍성한 곳이 될 수 없는 법입니다.

사랑은 자연산이 아닙니다. 부지런히 양식(養殖)해야 사랑의 열매가 풍성히 맺힐 수 있습니다.

『보이는 떡과 보이지 않는 떡』
(요 6:30~35)

　사람은 먹어야 살고, 또 살아야 먹습니다. 그러나 보이는 떡, 혹은 밥만 먹는다고 사는 것이 아닙니다. 보이지 않는 공기도 마셔야 하고, 그 외에도 우리 생명을 유지하는 데 보이는 부분보다 보이지 않는 부분이 더 많습니다.

　우리 육신은 영과 육으로 구성되어 있습니다. 그러므로 우리 몸에 영이 떠나면 몸은 육체가 아니라 시체가 됩니다. 보이는 육체는 보이는 떡으로 살지만, 보이지 않는 영은 보이지 않는 떡으로 삽니다. 그 보이지 않는 떡이 성경 말씀이고, 예수님이십니다. 보이는 떡은 땅에서 얻을 수 있지만, 보이지 않는 떡은 하늘에서 내려온 것입니다. 이 말씀은 하늘에서 오신 예수 그리스도로 말미암지 않고는 살 수 없다는 것입니다. 인간의 기본적이고 근본적인 필요가 먹는 것입니다. 지금 지구촌에는 10억 이상이 절대 빈곤에 시달리고 있습니다. 그런데 이런 나라들이 거의 하나님을 믿지 않거나, 다른 종교를 숭상하는 나라들입니다.

　기독교는 육신을 무시하거나 천시하지 않습니다. 육체는 영혼을 담고 있는 그릇이기 때문에 중요합니다. 그래서 예수님께서도 배고픈 자들에게 기적을 행해서라도 먹여 주셨습니다.

　그러나 그것 가지고 근본적인 문제가 해결된 것은 아닙니다. 인간은 먹는 것, 입는 것 다 해결되었다고 해서 만족한 것은 아닙니다. 인생의 근원적인 필요는 하나님이십니다. 하나님 없이는 아무리 많은 것을 가졌다 해도 결코 만족 할 수 없습니다. 그것이 부자나라, 복지제도가 잘된 나라, 많이 배운 지식층이 자살률이 더 많은 이유 중의 하나입니다. 돼지는 배만 부르면 살지만, 사람은 영혼이 있기 때문에 영이 하나님과 바른 관계에 있어야 행복을 누릴 수 있는 것입니다.

　하나님을 믿고 하나님과 바른 관계를 맺은 사람은 영원한 생명을 보장 받습니다(6:40). 사람의 육신은 누구나 죽습니다. 그러므로 그 영혼이 영원한 생명을 얻지 못하며, 그 어떤 환경에서도 진정한 행복을 소유 할 수 없는 것입니다. 그래서 성경이 말합니다. 세상에서 제일 미련하고 어리석은 자는 하나님이 없다고 하는 자라는 것입니다(시 14:1).

예수님은 나타나신 하나님이시요, 나타나신 말씀입니다. 예수님은 생명의 떡입니다. 하나님은 육신의 눈으로 보이지 않습니다. 그러므로 보이지 않는 떡입니다. 보이지 않는 떡이란 말은, 보이지 않는 생명이라는 뜻입니다. 우리가 하나님을 믿으면, 영원히 삽니다. 하나님을 믿되 먹는 것처럼 믿어야 합니다. 예수께서 말씀하셨습니다.

"내가 곧 생명의 떡이니 내게 오는 자는 결코 주리지 아니 할 터이요 나를 믿는 자는 영원히 목마르지 아니하리라"(요 6:35).

인류 역사상, 누가 「내게 오는 자, 나를 믿는 자는 결코 배고프지 않고, 영원히 목마르지 아니하리라」고 약속하셨습니까? 예수님은 생명의 떡으로서 자신을 우리에게 주기 위해 이 땅에 오셨습니다. 이 얼마나 복되고 감격스러운 일입니까?

사랑하는 여러분!

인생의 참 만족과 영원한 생명은 오직 예수님께만 있습니다. 하늘과 땅을 지으시고, 사람을 지으신 하나님은 범죄로 말미암아 참된 행복을 잃어버린 인간을 구원하기 위해 사람의 몸을 입으시고 이 땅에 오셔서 영원한 생명과 행복의 길을 주신 예수 그리스도를 믿고, 항상 하나님의 도우심과 인도 속에 살아가는 우리 모두가 되기를 주님의 이름으로 축원합니다.

예수님의 눈물과 분노와 스트레스
(눅 19:41-46, 마 23:13)

예수님이 나 때문에 우신 적이 없으실까요?

예수님이 나 때문에 화나신 적은 없으실까요?

예수님이 나 때문에 스트레스 받으신 적이 없으실까요?

예수님은 핍박자 사울이 직가라 하는 거리에 있는 유다 집에서 기도하고 있는 것을 보시고 큰 기대를 가지셨습니다(행 9:11-15).

사도행전 13장 22-23절에는 "이새의 아들 다윗을 만나니 내 마음에 합한 자"라고 하나님의 마음을 나타내셨습니다. 범죄 이전의 세상은 우주도, 사람도 하나님의 보시기에 좋았습니다. 그러나 인간이 범죄하므로 "땅위에 사람 지으셨음을 한탄하시고 마음에 근심하셨다"(창 6:5-6)고 하셨습니다.

우리가 목사가 아니고, 사모가 아니고 장로가 아니라도 인간은 누구나 하나님을 기쁘시게 하고, 하나님께 영광 돌리는 삶이 인생의 목적인데, 만일 예수님이 나 때문에 우시고 나 때문에 화나시고, 나 때문에 스트레스를 받으신다면, 우리의 인생은 우리의 삶은 분명 잘못된 것이 틀림없습니다.

우리는 앞장서서 마귀를 울게 해야 합니다. 그리고 마귀에게 스트레스를 주고 마귀가 두려워하고, 마귀에게 제일 인기 없는 사람이 되어야 할 것이 분명합니다.

그런데 경우에 따라서는 마귀가 굉장히 좋아하는 사람, 마귀에게 인기 있는 목사, 장로가 될 위험성도 배제할 수 없습니다. 가롯 유다의 마음속에 사단이 들어갔습니다. 그것은 가롯 유다의 마음이 사단이 자리 잡기에 가장 알맞은 곳이었기 때문입니다.

여러분, 예수님을 웃으시게 할 것입니까? 마귀를 기쁘게 하는 자가 될 것입니까? 예수님을 우시게 하겠습니까? 마귀가 슬피 울며 이를 갈도록 만들겠습니까?

　기도 안하고, 거짓말하고, 교회 부흥에 거침돌이 되고, 돈에 눈이 어두워 감각이 마비되면, 분명 마귀에게는 인기를 독차지 할 것입니다. 기도는 하되 바리새인들처럼 헛기도 하고, 말씀을 가르치되 행하지 않는 서기관들처럼 되면 마귀에게 인기 있고, 마귀를 즐겁게 해 주는 자가 될 것입니다.

　저는 장로 때부터 지금까지 26년간 집회를 다니면서 한번은 이런 기도를 드린 적이 있습니다.

　"하나님 한국교회는 사도 바울과 같다고 자청하는 자가 너무 많습니다. 모두들 바울처럼 찌르는 가시라고 해석하는데, 웬 사도 바울이 이렇게 많습니까?"

　신약시대 사도 바울은 한 사람밖에 없었는데, "주여! 바울을 줄여 주시옵소서! 얼마나 크게 쓰시려고 무슨 연단이 한 평생, 아니 자손대대로 갑니까? 그리고 복음을 위해 하는 일도 없는 것 같은데, 혹시 사이비 사도 바울 같다고 하는 경우는 아닙니까? 다른 나라에서는 없었던 기독교의 흐름이 우리나라만 왜 유독 있습니까?"

　고민하며 기도한 적이 있습니다. 원인 진단이 잘못되고, 해석이 잘못 되면 예수님은 스트레스를 받으실 것이고, 마귀는 간교한 웃음을 머금을 것입니다.

　마귀는 불량품 지도자, 함량미달 교계지도자가 늘어나기를 간절히 원합니다. 기도는 하되 회개는 하지 말고 성경은 알되 행하지는 말고 일은 하되 인본주의로 하라고 우리의 타락한 속성에 악령이 더 강하게 감동합니다.

　교회도 크게 짓고, 사람도 많이 모이게 해서 네가 영광 다 받고, 예수님 자리를 은근히 차지해 버려라. 이것이 현대교회에 주는 사단의 메시지입니다.

1. 오늘 본문은 예수님이 예루살렘성을 보시고 우셨습니다(눅 19:41-44)

　예루살렘은 "평화의 도시"요, "평화의 기초"라는 의미입니다. 그러나 종교의 부패는 평화를 잃어버리게 될 것이고, 주님이 애타게 경고하고, 일깨워 주었지만 신령한 감각이 사라진 그들에게는 하나님이 주신 기회를 잃어버렸으니 예수님은 우셨습니다. 정말 애국 애족의 눈물이요, 저들이 깨닫고 회개치 아니함으로 도래할 민족의 비극을 보고 우신 눈물입니다.

오늘 우리의 현실은 어떠합니까?

국가의 정체성이 송두리째 흔들리고 있습니다. "역사 바로 세우기"란 미명하에 역사를 거꾸로 세워가고 있습니다. 민주주의 통치이념이 흔들리고, 좌파사상이 물 만난 고기처럼 기세당당하게 세력을 확장시켜가고 있습니다.

「선동, 조직, 학습」 이 세 가지 방법이 동원되고 있습니다.

공산주의 수출 전략 5가지

① 청년을 타락시켜라.

② 기독교를 멀리하게 하라.

③ 성욕에 빠지게 하라.

④ 정신을 혼란시켜라.

⑤ 사치 풍조를 조성하라.

이 전략을 그대로 사용하고 있습니다. 공산주의는 확실히 사단의 작품입니다. 잔인한 폭력주의, 종교말살과 무신론 사상, 영혼의 존재를 인정하지 않는 유물주의, 실현 불가능한 거짓 이론, 이미 공산주의가 용도 폐기된 거짓 이론임을 만천하에 증명되었는데 유독 우리나라에서만 최후의 발악을 하고 있으니 우리가 회개하고, 정신을 차려서 기도하지 않으면 어떤 비극적 역사가 일어날지 모른다는 사실입니다.

북한에는 기독교가 없습니다. 지금도 공개처형은 자행되고 있습니다. 동족, 우리끼리란 말에 속지 말아야 합니다. 동맹이 안 되는 동족은 아무런 의미가 없습니다. 민주 자유가 빠진 통일은 분단 상태보다 몇 백배 못합니다. 정신을 차려야 합니다.

예루살렘성을 보고 우신 예수님, 오늘 우리나라의 죄악상, 우상문화, 타락문화, 기독교의 무능을 보고 울고 계시지 아니하시는지요? 깨닫는 영의 지각, 영의 귀, 영의 눈이 필요합니다.

2. 예수님은 예루살렘 성전에서 화를 내셨습니다(요 2:13-25).

예수님은 공생애 기간에 두 번이나 성전 정화 작업을 하셨습니다. 예수님은 성전의 변질된 모습을 보고는 화가 나셨습니다. 이것은 혈기가 끓어올라 화를 내신 것이 아니라, 거룩한 속성에서 산출된 의분이었습니다. 예배드리고 기도드리는 성전을 장사하는 집으로 만들어 놓았기 때문입니다.

불신자들이 아닙니다. 잘못 믿은 자들입니다. 성전은 하나님의 집입니다. 하나님의 집이기에 하나님이 원하시는 대로 사용되어야 합니다.

예수님, 사람을 보며 세상을 볼 때 화가 나다가도 성전에 들어오면 주님이 영광 받으시고, 마음이 기뻐야 되는 것 아닙니까?

교회가 명품 교회가 되지 않고 상품 교회가 될 때 예수님을 화나게 하는 것이 됩니다. 한국교회, 대한예수교장로회 총회, 여전도회, 남전도회, 장로회, 예수님을 화나게 해선 안 됩니다. 예수님을 웃으시게, 만족하게 해 드려야 합니다.

3. 예수님은 스트레스를 받으셨습니다.

태초에는 스트레스가 없었습니다. 스트레스는 심령이 상하는 것을 의미합니다.

잠언 15장 3절 "심령이 상했다"는 말이 있습니다. 범죄 후에 스트레스가 찾아왔습니다. 아담과 하와가 범죄 후 자신들의 벗은 몸을 보고 스트레스를 받았습니다. 예수님이 오신 세상은 스트레스를 주는 세상이요, 환경이었습니다.

시편 95편 10절에 하나님께서 "이스라엘의 범죄로 인하여 근심하셨다"는 기록이 있습니다.

사무엘상 15장 11절에는 "사울을 왕 삼으신 것을 후회하신다"고 했습니다.

이사야 63장 10절에는 "성령을 근심하게 했다"고 했습니다.

에베소서 4장 30절에는 "하나님의 성령을 근심케 말라"고 했습니다. 성령께서 말할 수 없는 탄식으로 우리를 위해 친히 간구하신다고 했습니다. 그러니까 하나님이 보시기에 좋았던 인간이 범죄하고 타락하여 본래의 모습과 위치를 상실하고 죄 가운데 살 때 하나님께서 또한 성령께서 엄청난 스트레스를 받게 된다는 것입니다.

예수님의 스트레스는 자신에 대한 갈등이나, 초조나 불안에 근거한 것이 아니라 죄 많은 인간에 동참하신 것이요, 인간을 사랑하는 마음에서 나온 감정이요, 스트레스입니다.

1) 예수님은 바리새인과 서기관들 때문에 스트레스를 받은 것으로 생각됩니다.

그들 때문에 받는 스트레스는 그들의 외식과 형식, 위선, 변질된 신앙 행위 때문입니다. 저들은 회개해서 고칠 생각을 하지 않았습니다. 마음이 강퍅했습니다. 그래서 "화 있을진저, 독사의 새끼들아, 회칠한 무덤"이라고 책망했습니다.

저들은 죄에 대한 감각이 없었습니다. 잘못된 것이 체질화되었습니다. 죄에 대한 감각이 무뎌지는 것은 무서운 것입니다.

얼마 전 "얼굴에 똥칠한 자가 그리운 시대"라는 글을 신문에 올렸습니다. 얼굴에 똥칠한 것은 냄새가 지독해도 닦으면 됩니다. 그러나 얼굴에 철판 깔고, 콘크리트를 해버리면 닦아도, 씻어도 안 됩니다.

다시 말씀드립니다. 예수님께서는 불신자들, 믿지 않는 자들 때문에 스트레스를 받으셨다가도 믿는 자들을 볼 때 중직자들을 볼 때 그들의 믿음, 그들의 충성, 그들의 겸손을 볼 때, 다윗을 본 것처럼 바울을 본 것처럼, 기뻐야 되는데 도리어 더 스트레스를 받으면 되겠느냐는 것입니다.

2) 예수님은 가룟 유다 때문에 스트레스를 많이 받으셨습니다.

그는 욕심 때문에 사단의 하수인이 되어버렸습니다.

3) 예수님은 제자들 때문에 스트레스를 받으셨습니다.

　　① 제자들이 믿음이 없을 때(눅 9:37-45)
　　② 제자들이 믿음이 적을 때
　　③ 제자들이 더디 믿을 때
　　④ 제자들이 예수님을 바로 알지 못할 때

　　가룟 유다도, 바리새인도, 서기관들도 영성 상품 장사꾼들도, 심지어 제자들까지도 모두 예수님을 잘못 알고, 믿음 생활 잘못했기 때문에 예수님은 스트레스를 받으셨습니다.

　이제 말씀을 정리합니다.

　가룟 유다가 차라리 나지 않았으면 좋을 뻔 했던 것처럼 차라리 목사가 되지 않았다면 장로가 되지 않았다면 좋을 뻔했는데 목사가 되고 장로가 되었기 때문에 하나님 영광 가리우고, 교회 부흥을 막고 있는 경우가 있습니다.

　하나님이 보시고 다윗을 택한 것처럼 만족하시겠습니까? 실망하고, 스트레스를 받고 계시겠습니까?

　알짜 신앙, 주님이 인정할 수 있는 신앙 없으면서 믿음 있는 척 행세하고 있지는 않았습니까?

서로의 의무를 다하는 가정
(신 6:7)

행복한 가정은 서로의 의무 감당이 잘 이루어집니다. 특별히 믿음의 가정은 성경이 교훈하는 의무를 잘 감당해야 합니다.

1. 자녀가 부모에게 해야 될 의무(엡 6:1)

부모의 말에 순종해야 합니다. 물론 주 안에서 입니다. 예수 믿지 말라는 말씀이나, 주의 법에 어긋나는 교훈 외에는 다 순종해야 합니다.

2. 부모가 자녀에게 해야 할 도리(신 6:7)

가르쳐야 합니다. 부지런히 가르쳐야 합니다. 성경 말씀을 가르쳐야 합니다. 인간의 도리가 성경에 다 있습니다.

3. 남편이 아내에게 해야 할 의무(골 3:19)

사랑해야 합니다. 진심으로 사랑해야 합니다. 괴롭히지 말아야 합니다. 아내가 감당할 수 없는 무거운 짐을 지우지 말아야 합니다. 더더구나 옛날 유교적인 남존여비사상을 버려야 합니다. 남편과 아내는 먼저와 나중, 또는 질서적인 관계는 무시할 수 없으나 계급적인 관계는 성경적이 아닙니다. 남편과 아내의 관계는 진실한 사랑의 관계입니다.

4. 아내가 남편에게 해야 할 의무(골 3:18)

아내는 남편에게 복종해야 합니다. 그래야 가정의 질서가 무너지지 않습니다. 이것은 사랑의 관계에서 이루어지는 복종입니다. 결코 굴종이 아닙니다. 이것이 주 안에서 마땅하다고 했습니다.

행복한 가정은 각자가 서로의 의무를 다해야 하는 것입니다.

모범적 신앙 부부
(롬 16:3-5, 행 18:18)

성경에는 모범적인 신앙 부부가 많이 등장합니다. 그 중에 오늘 본문 성경에 등장하는 아굴라와 브리스가 부부는 사도 바울을 통해 믿게 된 부부입니다. 이들은 바울과 함께 복음의 동역자가 된 부부입니다.

부부가 함께 신앙이 좋은 가정은 그렇게 흔하지 않습니다. 그리고 그런 경우 복 중의 복이라고 생각합니다.

1. 브리스가와 아굴라 부부는 신앙으로 일치된 부부입니다.

이들은 복음 중심, 선교 중심, 신앙 중심, 교회 중심이었습니다. 이들은 아시아의 모든 믿는 성도들로부터 존경과 칭송을 받고 사도 바울에게 인정받고 칭찬받는 자였습니다.

2. 생활이 안정된 가정이었습니다.

열심히 일하고, 열심히 봉사하고, 열심히 선교하는 가정이었습니다. 가정은 생활을 무시해서는 안 되고 가족 서로의 책임과 의무를 잘 감당하므로 생활이 안정되어야 합니다. 아굴라와 브리스가 부부는 생활이 안정된 상태에서 열심히 선교했습니다.

3. 아굴라와 브리스가 부부는 사랑이 넘치는 부부였습니다.

성경에 그런 직접적인 기록은 없지만 신앙도 일치하고 또 부부의 이름이 똑같이 등장하는 것을 볼 때 활동이나 믿음이나 사랑이 일치하는 가정으로 충분히 인정할 수 있는 줄로 압니다.

같은 믿음, 같은 충성, 같은 사랑, 정말 행복한 가정의 삶이 아니겠습니까?

가정을 신앙으로 무장하자
(행 10:1-5 참고)

고넬료는 하나님께 인정받은 자입니다. 그의 신앙생활이 인정받았습니다. 가정복음화가 이루어진 가정입니다.

1. 온 집으로 하나님을 경외했습니다.

이것은 가정이 복음화, 신앙무장화가 되었다는 것입니다. 가정이 신앙으로 무장되지 않으면 아나니아와 삽비라 가정처럼 망합니다.

2. 가정을 지키기 위해서는 사명을 잘 감당해야 합니다.

또한 신앙이 생활화되어야 합니다.

① 주일성수를 철저히 해야 합니다.

② 불평과 불만과 화를 내지 말아야 합니다.

③ 기도생활, 감사생활이 체질화되어야 합니다.

④ 비교하지 말고 서로 존경하고 귀히 여겨야 합니다.

⑤ 비전과 소망을 잃어버리지도 잊어버리지도 맙시다.

성령은 소망을 주는 영이십니다. 그러므로 성령 충만하면 소망도 충만합니다. 하나님은 신앙으로 무장된 가정에 복을 주시고, 그런 가정에서 하나님의 일군으로 불러내어 사용하십니다.

고넬료의 가정처럼, 나사로의 가정처럼, 마가의 가정처럼 믿음의 생활로 무장합시다.

교만을 치유하면 기적이 일어난다
(왕하 5:1-14 참고)

① 은혜 받습니다.

영안이 열립니다. 영의 귀가 열립니다. 생산적인 아이디어, 성공적인 아이템이 산출됩니다.

② 병고침 받습니다(가나안 여인, 스로보니게, 나아만 장군).

③ 기도가 응답됩니다(과부의 간청).

④ 물질의 축복을 받습니다(잠 22:4, 시 22:6).

⑤ 인격의 수준이 올라가 존경받습니다.

교만은 인격적으로 영적으로 가장 무서운 병입니다. 교만의 원조는 마귀입니다. 교만은 악입니다(막 7:21-22).

교만한 마음을 악한 마음이라고 했습니다. 교만은 세상으로 좇아오는 것입니다(요일 2:16-이생의 자랑).

1. 숫자가 많아지면 교만해지기 쉽습니다(삼하 24:2, 3).

다윗이 그러했습니다. 숫자가 많아 교만하여 버림받기보다 숫자가 적어 겸손하여 하나님의 보호받는 것이 더 좋습니다. 숫자가 많아도 겸손하면 그것이 진정한 겸손입니다.

2. 재물이 많아지면 교만해지기 쉽습니다(겔 28:4, 5).

겸손하던 자가 재물이 늘어나면 교만에 빠질 수 있습니다. 오랫동안 가난하다가 물질이 늘어나면 목에 힘이 들어가게 되고 교만해집니다.

3. (귀한) 보물이 있으면 교만해지기 쉽습니다.

재물과 보물은 대동소이하지만 각론에 들어가면 다릅니다. 보물이 있으면 교만해지기 쉽습니다. 다이아몬드를 2캐럿이나 끼고 다니면 나도 모르는 사이에 목에 힘주고 뽐내는 교만이 따를 위험성이 있습니다.

4. 성공하면 교만해지기 쉽습니다(신 8:11-14).

성공했을 때 조심해야 합니다. 역시 성공하고 교만하기보다 실패하고 겸손해지는 것이 더 낫습니다.

5. 건강하면 교만해지기 쉽습니다.

권력이나 지식, 명예, 건강하면 교만해지기 쉽습니다. 그러므로 항상 경계하는 자세로 살아야 합니다.

6. 특히 종교적(신앙)인 교만은 예수님이 가장 싫어했습니다(눅 18:11)

웃시야 왕이 교만하다가 나병에 걸렸고, 히스기야 왕이 교만하다가 죽을 병에 걸렸습니다.

구약 잠언서에는 교만에 대해 반복적으로 언급하고 있습니다. 하나님이 미워하시는 것 중에 제일 먼저 언급하는 것이 교만입니다(잠 6:16, 17).

오늘 본문은 나아만에 대한 기록입니다. 그는 당시 강대국 아람의 군대 장관이었습니다. 그는 군대생활, 전쟁터에서 지금까지의 인생을 살았다 해도 과언이 아닙니다. 그의 권세는 왕 다음 가는 권세와 실세였습니다. 그는 수차례 이스라엘을 침략하여 포로를 잡아갔습니다.

그는 이스라엘을 무서워하지 않았습니다. 이스라엘의 하나님도 무서워하지 않았습니다. 그는 하나님을 무시했습니다. 영적으로 교만했습니다. 교만 중의 교만은 하나님을 갈망하지 않는 마음과 자세입니다.

그가 나병에 걸렸습니다. 그때 당시의 나병은 불치병이었습니다. 그러므로 저주받은 질병으로 인식하였습니다. 나아만은 육체의 상처를 입었습니다. 결국 사람들로부터 버림받고, 외면당하는 삶을 살아야 했습니다. 그는 모든 것을 동시에 잃어버리는 비참한 신세가 되었습니다. 그에게 교만하던 모든 사치품들이 일시에 헌신짝처럼 될 위기가 왔습니다.

그는 처음에는 드러내지도 못하고 속으로만 고민했을 것입니다. 나중에는 가족들이 알게 되고, 그러다가 이스라엘에서 포로로 잡혀온 여자아이 하나로부터 이스라엘에 있는 능력의 선지자, 엘리사의 치유의 능력에 대한 정보를 얻게 되었습니다. 그래서 아람 대국의 왕의 허락을 받아 이스라엘로 가게 된 것입니다.

이스라엘 왕은 나아만 장군의 소식을 듣고 옷을 찢고 슬퍼하며 불안해 했습니다. 그 이유는 나아만의 병을 핑계 삼아 이스라엘을 또 다시 침략하고, 그래서 힘없는 이스라엘은 곧 망하게 될 것이라고 생각했기 때문입니다.

왕의 신하들이 나아만을 엘리사에게로 보내고자 했습니다. 나아만이 엘리사를 찾아갔습니다. 그런데 엘리사는 나아만을 만나주지도 않고 요단강에 가서 몸을 일곱 번 씻으라고만 말을 전했습니다.

나아만은 자존심이 상했습니다. 그는 화가 났습니다. 자기 나라에도 얼마든지 깨끗한 강이 있는데 이곳까지 와서 요단강에 일곱 번 몸을 담근다고 몸이 낫겠느냐는 것입니다. 아직도 그에게는 교만이 남아 있었습니다. 그래서 당장 고국으로 돌아가려고 했습니다.

그때 종들이 이왕 이곳까지 왔으니, 그보다 더 힘든 일도 병 고치기 위해서는 감수해야 하는데 몸을 일곱 번 담그는 목욕하는 것이야 쉽지 않습니까? 신하들은 강권했습니다.

나아만은 종들의 권고에 순종해서 요단강에 몸을 일곱 번 씻었습니다. 그 결과 그의 몸이 어린아이처럼 깨끗해졌습니다. 나아만은 몸도 변화되고 마음도 변화되었습니다. 그는 겸손해졌습니다. 엘리사를 찾아와 예물을 드리며 감사했습니다. 치유와 생명의 은인에게 감사하는 것도 겸손입니다.

그는 영과 육이 치유되었습니다. 교만이 치유되면 영이 치유되고, 육도 치유됩니다. 나아만은 고국 고향으로 돌아가 오직 하나님만 섬기겠다고 다짐했습니다.

오늘날도 마찬가지입니다. 마음이 교만하면 하나님을 잊어버립니다. 하나님 떠나갑니다. 그 결과 저주를 받습니다(신 8:14, 시 119:21). 특히 하나님께 감사할 줄 모릅니다(딤후 3:2). 이렇게 되면 패망의 길을 갑니다. 성경에는 교만한 자를 저주하는 기도도 있습니다.

시편 31편 18절에 보면, "교만하고 완악한 말로 무례히 의인을 치는 거짓 입술로 벙어리되게 하소서" 했고, 94편 2절에는 "세계를 판단하시는 주여 일어나사 교만한 자에게 상당한 형벌을 주소서"라고 했습니다.

교만하면 망합니다. 헤롯이 교만하다가 충이 먹어 죽었습니다(행 12:21-23). 교만한 앗수르 나라는 역사의 뒷골목으로 사라졌습니다. 교만한 하만은 모르드개를 달아 죽이려고 준비한 그 50규빗이나 되는 높은 나무에 자기가 달려 죽었습니다.

하나님은 교만한 자를 돌아보지 아니하십니다(욥 37:27).

하나님은 교만한 자의 혀를 끊으십니다(시 12:3).

하나님은 교만한 자의 집을 허십니다(잠 15:25).

하나님은 교만한 자를 미워하십니다(잠 6:16, 8:13, 16:5).

그래서 물리치십니다(약 4:6).

하나님은 교만한 자를 끌어내리십니다(렘 49:16, 73).

교만한 자의 기도는 응답이 없습니다(욥 35:12).

시편 119편 21절에는 저주를 받는다고 했고, 신명기 28장 1-3절에는 화가 있다고 했고, 잠언 16장 18절에는 패망한다고 했습니다. 그 외에도 한 두 가지가 아닙니다.

교만은 치유받아야 합니다. 교만한 자의 예배, 기도, 금식, 봉사도 다 하나님은 받지 않으십니다.

① 성령의 감동을 소멸하지 말아야 합니다.

② 말씀을 유리로 보지 말고 거울로 보아야 합니다.

③ 회개의 기도를 해야 합니다.

④ 깨달아야 합니다.

"교만을 꺾기 위한 것입니다" 이것을 못 깨달으면 시간이 오래 걸립니다. 다 깨달아도 핵심을 못 깨달은 것입니다. 교만을 치유받지 못하면 그는 영적으로 죽을 병에 걸린 것과 같습니다.

※ 낮추시는 방법

① 물질을 거두어 가심

② 건강을 거두어 가심

③ 자녀들로 통해

④ 치유를 거두어 가심

낮추고 낮추시면 높이 올라갈 징조입니다. 우리 선한 일군들은 늘 예수님의 마음을 본받아 온유와 겸손한 마음과 자세로 영감 있는 작품들을 생산해야 될 것입니다.

행복은 자연산이 아니라 양식(養殖)하는 것입니다
(신 28:2-6 참고)

하나님이 인간을 지으실 때는 행복한 존재로 지으셨습니다. 그러나 인간이 죄를 범하므로 본래가 행복한 존재였던 인간이 행복을 잃어버리게 되었습니다. 그러므로 저절로 행복하고, 저절로 복된 삶이 되는 것이 아닙니다. 모든 노력과 성공, 결혼은 궁극적으로 행복을 위한 것입니다. 그러나 행복은 저절로 되는 것이 아닙니다.

이번 주 저희가 강원도 속초에 갔다 왔습니다. 대포항에 가니 생선 종류가 많이 있는데 그 중에 광어를 보니까 자연산이 크기는 하지만 한 마리당 12만원이라고 하고, 양식은 좀 적기는 했지만 1만 5천원 정도했습니다.

지금 우리 농산물이나, 생선 종류가 자연산보다 양식이 압도적으로 많습니다. 물론 자연산이 좋지만, 귀합니다. 귀하다 보니 비쌉니다. 그러나 가정을 이루고 사는 부부관계의 사랑은 자연산이 없습니다. 사랑은 양식해야 됩니다. 가꾸고, 키우고, 노력해야 됩니다.

1. 사랑 양식을 위해서는 양식장이 필요합니다.

가정은 사랑양식장이 되어야 합니다. 집에서 싸우고, 미워하고, 대화와 교제가 끊어지면, 그 집은 하숙집은 되어도 가정은 될 수 없습니다. 부부가 서로 사회생활 속에 지치고 피곤할지라도 가정에 들어오면 마음의 평안과 교제의 기쁨이 샘솟는 곳이 되어야 합니다.

2. 사랑 양식을 위해서는 역할 감당을 해야 합니다.

자동차 한 대가 거리로 질주하기 위해서는 각 부속마다 역할 감당을 합니다. 신랑은 신랑으로서, 신부는 신부로서, 부모는 부모로서, 자녀는 자녀로서 역할 감당에 충실해야 합니다. 역할 감당을 못하면 그 사랑은 식어지고 깨어지고 병들고 녹슬게 됩니다.

3. 사랑 양식을 위해서 서로 협력하며 조화를 이루어야 합니다.

서로 조화를 이루지 못하면 거기에 사랑이 자리잡을 수도, 자랄 수도 없습니다. 가족이 서로 이해하고 조화를 이루지 않으면 사랑을 양식하기는커녕 있었던 사랑도 식어집니다. 서로가 다른 환경에서 자라왔지만 결혼을 통하여 조화를 이룰 때 그 가정은 사랑 양식장이 됩니다.

참사랑은 자연산이 없습니다. 사랑은 양식하는 것입니다.

사람은 거듭나야 된다
(요 3:1-3, 6-7 참고)

이 세상은 신자와 불신자가 공존합니다. 주님이 오셔서 심판하는 그 날까지 선악은 공존하며 빛과 어두움은 반복될 것입니다. 또한 불신자 중에도 엄격히 구분한다면 교회 다니는 불신자와 교회 다니지 않는 불신자가 있습니다.

가라지는 자랄 때는 곡식밭에서 곡식과 함께 자라지만 추수 이후에는 가라지는 가라지 모인 곳에 가게 됩니다. 기독교 역사 속에는 교회 다니지 않는 불신자보다 교회 다니는 불신자 때문에 교회는 더 많이 상처를 입고, 부흥과 발전에 장애가 있었습니다.

이것을 가지고 육에 속한 자와 영에 속한 자로 구별합니다. 누가복음 18장 18절에 어떤 부자 관원이 "내가 무엇을 하여야 영생을 얻으리이까?"에 대한 질문에 요한복음 3장에 니고데모에게 그때 예수님의 답변은 무엇이 되어야 한다는 것이었습니다.

즉 무엇을 하기 전에 무엇이 되는 것이 더 중요하다는 것입니다. 그것은 "사람은 거듭나야 된다", "사람은 물과 성령으로 거듭나야 된다"는 사실을 말씀하셨습니다.

육으로 난 것은 육이기 때문에 영으로 나야 영적인 사람이 된다는 것입니다. 거듭나지 않으면 천국 시민이 될 수 없습니다. 거듭나는 것은 단순히 외적인 개혁이나 변화, 더 나아가 행함이 따르지 않는 고백만으로도 아닙니다. 이 변화는 성령에 의한 신적인 변화요, 근본적인 변화로 완전히 바꾸어지는 것입니다.

다시 말씀드립니다. 이 변화는 사람의 노력이나 힘이 아닙니다. 성령의 역사입니다. 그리고 "하나님의 살아 있고 항상 있는 말씀"(벧전 1:23)이 중요한 역할을 합니다.

그런데 예수님의 가르침에 거듭나는 조건이 있습니다. 그것이 믿음입니다. 그 믿음은 "예수께서 그리스도이심을 믿는 믿음"(요일 5:1)입니다. 우리는 자칫 잘못하면 무엇이 되느냐 보다 무엇을 해야 하는데 더 관심을 가집니다.

물론 "가서 너도 이와 같이 하라"는 주님의 교훈대로 무엇을 해야 하는가도 너무나 중요합니다. 그러나 그것보다 먼저 누가 했느냐? 그 사람이 누구냐?가 더 중요합니다.

구약에 가인과 아벨의 제사에서 가인을 받지 않으셨기에 그가 바친 제물도 받지 않으셨습니다. 그러나 아벨은 받으셨기에 그가 드린 제물도 받으신 것입니다.

우리는 일도 중요하지만, 그 일을 누가 했느냐? 일한 자가 누구냐가 더 중요합니다. 가룟 유다가 내세운 구제론, 일리가 있습니다. 향기 한번 품고 없어지는 것보다, 가난한 백성들에게 구제해주는 것이 더 가치 있게 사용되는 방법 같기도 합니다. 그러나 연보를 도적질하는 유다가 말했기 때문에 더 큰 모순이 되는 것입니다.

그리고 또 한 걸음 더 나아가 그것을 누구에게 뿌렸느냐 입니다. 예수님께 뿌리고 부었기 때문에 주님이 기뻐하시고 칭찬의 대상이 된 것입니다.

오늘날 우리나라도 가장 심각한 문제가 무엇입니까?

개혁이 나쁜 것도 아니고, 역사 바로 세우기가 잘못된 것도 아니고, 민주화가 잘못된 것도 아닙니다. 다만 개혁의 대상이 개혁을 부르짖고, 도무지 역사 바로 세우기 연구위원으로 포함되어서는 절대로 안 될 사람이 그 속에 포함되었기 때문에 문제입니다.

1. 사람이 거듭나지 않으면 「언어 사기꾼」이 됩니다.

선동과 그럴듯한 구호나 표현으로 백성들에게 사기를 치는 행동이 비일비재한 것은 거듭나지 않은 자들의 「언어 사기」, 「구호 사기」가 계속되기 때문입니다. 아무리 좋은 말, 귀에 익지 않은 단어를 동원해서 인터넷 강의를 계속해도 사람을 믿지 않기 때문에 그들의 이론을 믿지 않는 것입니다.

나라를 사랑하지 않는 자들이 국가의 정체성을 송두리째 흔드는 자들이, 정권 연장과 권력 쟁취 외에는 다른 생각이라고는 10%도 없는 것 같은 자들에게 나라 일을 맡겨 놓았으니(맡긴 것이 아닌 쟁취한 것) 이제 와서 속았구나 하고 일부 느끼지만 때늦은 후회에 불가한 것입니다.

2. 거듭난 자는 날마다 성령님의 감동과 인도하심을 받으며 살게 됩니다.

육에 속한 자신의 상태가 죄인임을 깨닫고 고백한 자는 하나님의 영이신 성령님에게 자신을 맡기게 됩니다. 우리가 혼동하지 말 것은, 그리고 오해도 하지 말 것은 거듭났다고 해서 완전한 것은 아닙니다. 그러나 이제 자신이 있어야 할 자리, 해야 할 길, 삶의 목표와 방향을 확실히 알고, 성령님의 인도와 도우심을 구하게 된다는 것입니다.

인간은 힘든 노력이나 열정적인 자기 수련만으로 그리스도를 닮아갈 수 있는 존재가 아닙니다. 본질상 부패했기 때문에 성화와 성숙을 위해서는 필연적인 성령님의 도우심에 따르고 순종하는 협력이 필요한 것입니다.

그러므로 거듭나지 못한 자, 즉 비그리스도인들은 영적인 생활이나, 그리스도를 닮아가는 삶을 살기란 사실상 불가능한 것입니다. 그리고 성령님의 감동과 깨닫게 하심이 아니면 예수님을 하나님의 아들로, 우리의 구세주로 알 수도 고백할 수도 없는 것입니다. 그러므로 거듭난 자는 성령님이 그 마음 속에 계셔서 그 마음의 주인이 되셔서 그를 감동하고, 인도하시는 것입니다.

3. 거듭난 자의 삶의 슈퍼모델은 예수님이십니다.

하나님은 거듭난 자의 삶의 궁극적인 목표가 그리스도의 인격을 닮는 것이 되도록 인도하십니다. 그리스도인이 그리스도를 닮는 것은 가시적, 인위적인 모방으로는 되지 않습니다. 그것은 이미 언급했습니다만 내적인 원동력과 성령님의 권능에 힘입은 진실한 노력을 통해서만 가능한 것입니다. 이것이 바로 타락 이전 하나님의 형상으로 지음받은 형상으로의 회복인 것입니다.

하나님은 인간의 훼손되고, 손상된 형상 회복을 위해 하나님의 아들을 이 땅에 보내신 것입니다.

예수님은 탁월한 인격자로 본을 보이셨습니다. 성령님과 말씀의 역사로 거듭나지 못한 성경학자들 중에는 예수님을 허구적으로 묘사하면서 냉소적인 철학자, 신비주의적인 선생, 재주 있는 마법사, 세상을 등진 쿰란파 등으로 언급했지만, 확실한 것은 그들은 예수님과는 전혀 상관없는 자들인 것입니다.

우리는 예수님과의 사귐을 통해 도덕적 정직성과 친절과 성실성을 발견할 수 있고, 이스라엘의 선생이 아닌 메시야이시며 인류의 구세주시고 자신의 구원자임을 발견하게 되는 것입니다. 그리고 믿음으로 구원받은 죄인들은 이 생에서 그리스도의 모범을 완벽하게 드러내지는 못하지만, 날마다 날마다 예수님을 닮아가며 성숙된 하나님의 자녀가 되는 것입니다(엡 4:24, 5:27).

그러므로 그리스도는 우리의 구주일 뿐아니라 우리의 모델이기도 하신 것입니다. 예수님은 본을 보이셨습니다(요 13:15). 교회는 그리스도가 구주가 되시며 또한 우리의 모범이 되신다는 두 가지 사실을 토대로 균형과 조화를 유지해야 합니다.

거듭난 자는 그리스도를 구주로 영접함과 동시에 그 발자취를 따르려고 하는 것이 필연적인 것입니다. 우리가 그리스도를 닮는다는 말에 오해하지 말 것은 신체적으로나 문화적, 유사성으로나 외적인 삶의 과정이나 상황이 아닙니다. 그리스도를 닮는 것은 그리스도의 정신을 이해하고, 그 분의 성품을 함양하며 또는 모든 삶의 상황에 그러한 태도를 적용하기 위해 그리스도의 마음을 품는 것입니다.

물론 성경에 명확히 언급된 내용일 경우에는 그리스도의 마음을 따로 찾을 필요는 없습니다. 그러나 명확히 언급된 내용이 아닌 여러 가지 상황들일 경우에는 그리스도의 마음을 우리의 삶의 지침으로 삼아야 되는 것입니다.

따라서 우리의 내적인 성품, 기질, 그리고 사고방식에 있어서 그리스도를 따라야 합니다. 그러므로 특정한 시대나 문화에 국한되지 않고, 모든 시대와 장소와 상황에 적용되기에 교리의 문제보다 주로 삶의 태도의 문제이기도 합니다.

그 대표적인 본은 온유하고 겸손하셨고(빌 2:3-8, 고후 10:1), 섬김(요 13:14, 15), 용서(골 3:13), 인내(히 12:1-3), 보복하지 않으시고(벧전 2:21-23), 기쁨(요 15:11), 자신을 기쁘게 하는 것이 목적이 아니셨으며(롬 15:1-3), 서로를 이해하고(롬 15:7) 모든 삶에 사랑(요 13:34, 15:12, 엡 5:25)이셨던 예수님입니다.

갈라디아 5장 22-23절에 성령의 열매들이 바로 그리스도의 성품인 것입니다.

이제 말씀을 정리합니다.

거듭나지 않고서는 그리스도를 닮을 수 없으며, 인간의 힘든 노력이나 열정적인 자기 수련만으로는 그리스도를 닮지 못합니다. 거듭나게 하신 성령님의 도우심과 협력이 필요합니다. 그리고 예수님의 삶의 핵심은 생명사랑, 영혼사랑이었습니다. 그래서 가르치시고, 고치시고, 전파하셨습니다. 그리고 빠뜨리기 쉬운 중요한 것이 있습니다.

① 여성을 존중하셨습니다.

② 어린이를 귀하게 여기셨습니다.

③ 병든 자를 환영하셨습니다.

④ 잘못 믿는 그룹들을 고치기 위해 혼신의 노력을 하셨습니다.

그의 리더십은 서기관들처럼 「언어사기」가 아닌 행동으로 보여준 리더십이었으며, 그의 행동은 바리새인들처럼 위선이 아닌 「신성과 인성의 표현」이었습니다.

선교의 궁극적인 목적은 거듭남과 더불어 예수 그리스도의 성품과 삶과 사명을 닮아가도록 하는 예수님의 제자의 사명입니다.

기도를 업그레이드하자
(약 5:15-16 참고)

기도 수준을 올리자는 말입니다. 기도도 수준이 있습니다. 이방인들이 기도하는 것과 제자들이 기도하는 것은 다릅니다. 이방인들은 무엇을 먹을까? 무엇을 입을까? 하는 수준의 기도이지만 먼저 그 나라와 그 의를 구하는 기도는 수준이 높은 기도입니다.

기독교의 역사는 기도의 역사요 교회의 역사는 기도의 역사입니다. 하나님의 역사는 성도들의 기도를 통해 현실화됩니다. 기도가 없는 교회, 기도가 없는 성도는 실탄 없는 총을 든 군인과 같습니다. 세상을 변화시킨 사람들은 재주보다 학력보다 명예보다 권력보다 기도의 무릎이 강한 자들이었습니다.

마귀는 "기도실 문에 가장 강한 군대를 배치한다"는 말이 있습니다. 마귀는 신학박사학위나 M.Div / Ph.D 등 박사학위 많이 가졌다고 두려워하는 존재가 아니라 기도하는 교회, 기도하는 성도, 기도하는 목회자를 가장 두려워합니다. 강한 믿음의 기도는 불가능을 가능케 합니다. 하늘 보좌를 움직이게 하는 위력의 기도가 있습니다.

오늘 본문에 "엘리야는 성정이 우리와 같은 사람이로되 저가 비오지 않기를 간절히 기도한즉 삼년 육 개월 동안 땅에 비가 아니 오고 다시 기도한즉 하늘이 비를 주고 땅이 열매를 내었느니라"고 했습니다.

오늘날 우리의 시대는 영적인 가뭄과 흉년이 계속된다 해도 과언이 아닙니다. 이때 가장 필요한 것은 능력 있는 기도인 줄을 믿습니다.

1. 우리는 의인의 간구를 많이 드려야 합니다(약 5:16).

의인은 누구입니까? 구원의 확신, 믿음의 확신을 가진 자입니다.

의인은 누구입니까? 회개로 용서받은 죄인입니다.

사람은 다 죄인입니다. 그러나 회개하고 죄사함을 받아 하나님의 뜻대로 살려고 노력하는 자는 의인입니다. 이런 자의 기도는 능력이 있습니다. 우리는 능력 있는 기도로 업그레이드 시켜야 합니다.

시편 66편 18절에 보면 "내가 내 마음에 죄악을 품으면 주께서 듣지 아니하시리라"고 했습니다. 주님이 듣지 않으시는 기도도 있다는 표현입니다. 이런 기도는 낮은 기도입니다. 이런 기도는 무능한 기도입니다. 이런 기도는 시간낭비, 세월낭비, 에너지 낭비입니다.

"의인의 간구"는 믿음 있는 자의 기도를 말합니다. 우리는 기도의 내용 못지않게 기도하는 그 사람이 누구냐가 더 중요합니다.

"믿음의 기도는 병든 자를 구원하리니 주께서 저로 일으키시리라" 믿습니까? "이러므로 너희 죄를 서로 고하며 병 낫기를 위하여 기도하라"

고집 때문에, 아집 때문에, 강퍅 체질이 되어 죽어도 회개할 줄 모르면 그 기도는 응답이 없습니다. 무능한 기도입니다. 헛기도입니다. 그러므로 능력 있는 기도로 기도를 업그레이드 시키려면 의인이 기도해야 합니다. 믿음의 기도를 드려야 합니다. 회개의 기도를 드려야 합니다.

이사야 59장 1-2절에 회개가 없는 기도는 "불러도 대답 없는 기도, 부르짖다 지치는 기도"가 됩니다.

2. 기도를 업그레이드하려면 믿음을 업그레이드해야 합니다.

믿음이 크고 강한 만큼, 기도의 능력도 크고 강하게 나타납니다. 급하고 강한 바람 같은 성령의 임재는 강한 믿음의 기도의 결과였습니다. 핍박과 살인의 도시, 예루살렘을 떠나지 않고 생명을 걸고 기도했습니다.

마가복음 11장 23절에 "그러므로 내가 너희에게 말하노니 무엇이든지 기도하고 구하는 것은 받은 줄로 믿으라. 그리하면 너희에게 그대로 되리라"고 했습니다.

인간의 생각으로 불가능해 보이는 것도 크고 강한 믿음만 있으면 가능해진다는 것입니다.

우리는 한 번도 무너져 본적이 없는 여리고 성을 보지 말고, 하나님의 능력은 여리고 성보다 더 강하다는 믿음을 가지고 무너질 줄 믿고 순종하면 무너질 줄 믿습니다. "믿고 구한 것은 받은 줄로 믿으라"고 했으니 기도할 때 이미 받은 줄로 믿고 기도하시기 바랍니다.

"오직 믿음으로 구하고 조금도 의심치 말라"고 했습니다(약 1:6-8).

조금도 의심하지 맙시다. "조금도 의심하지 않겠습니다"라고 고백합시다. 선언합시다. 결단합시다. 두 마음을 품으면 안 됩니다.

3. 기도를 업그레이드하려면 인내의 기도가 되어야 합니다.

기도처럼 인내가 필요한 것이 또한 어디 있겠습니까? 예수님께서도 힘쓰고 애써 기도하셨습니다(눅 22:44). 땀방울이 핏방울같이 되도록 기도했습니다. 신앙생활은 좀 이상한 표현입니다만 "독종"이 되어야 합니다. 비가 오나, 바람이 부나, 추우나, 더우나, 어떻게 보면 "독종"이 아니고는 못합니다. 금식기도도 독종이 되어야 하는 것입니다. 이것은 끈질긴 인내를 말하는 것입니다. "거룩한 독종", 용두사미는 아무것도 못합니다.

돈 놓고 돈 먹는 식으로 교회를 경영하려고 하면 30년, 50년 역사가 지나도 아무것도 못 이룹니다. 그리고 성공한 교회가 없습니다. 장기적 계획을 가지고, 좌로나 위로나 치우치지 않고, 꾸준히 전진해야 하는 것입니다.

엘리야가 갈멜산 꼭대기에서 그 얼굴을 무릎 사이에 넣고(왕상 18:12) 일곱 번이나 기도했습니다. 이것은 구름이 떠올라 비를 내리도록 하실 때까지 인내로 기도했다는 것입니다.

야곱의 밤을 지새우는 인내의 기도, 다니엘의 기도, 모세의 40일 산상금식 기도, 다니엘의 기도, 바울의 아라비아 사막에서 3년간의 기도, 한나의 기도, 과부의 기도 모두 모두 끈질긴 인내의 기도였습니다.

기도의 시간을 업그레이드 시켜야 합니다. 기도의 횟수를 업그레이드 시켜야 합니다.

4. 기도의 내용을 업그레이드시켜야 합니다.

이방인들도 구하는 기도의 수준에서 "그 나라와 그 의", "하나님의 뜻대로 하는 기도"를 드려야 합니다. 내 기도만 아니라 중보기도도 많이 합시다. 또한 하나님 내가 단독으로 선교사를 보내고 싶습니다.

하나님, 나 혼자 1천명을 전도하고 싶습니다. 하나님, 나 혼자 힘으로 교육관 하나 지어 바칠 수 없겠습니까? 하나님, 우리 교회에서 뿐 아니라 대한민국에서 십일조 제일 많이 내는 기업이 되고 싶습니다. 좀 큰 스케일을 가지고 기도하자는 것입니다.

그릇이 커야 축복을 많이 담을 수 있습니다. 그릇이 적은데 많은 것 담으려고 하는 것은 욕심입니다. 바늘구멍에 약대가 통과할 수 있습니까? 믿음도 없고 현실성에도 맞지 않으면 아무것도 체험 할 수 없습니다.

우리는 천사가 나타나기를 기다리기보다 내가 천사가 되어야 하는 것입니다. 내가 천사의 역할을 할 수 있도록 기도해야 합니다.

5. 기도의 장소도 업그레이드시킵시다.

집에서 기도하다가 성전에 나와 기도하고, 저녁기도도 하고, 산상기도도 하고, 금식기도도 하고, 작정기도도 하고, 기도가 업그레이드되면 능력이 업그레이드됩니다. 신앙이 올라갑니다. 축복이 올라갑니다. 예배의 신령성이 올라갑니다. 가족의 영성이 올라갑니다.

모이는 수도 새벽기도, 철야기도, 금식기도 점점 업그레이드되어야 하겠습니다. 교회와 가정과 사업은 기도소리가 커지는 만큼, 기도 동역자가 많아지는 것만큼 부흥됩니다. 발전합니다. 창대해집니다. 아니 그것 자체가 부흥입니다.

기도는 안하고, 장사꾼들이 판을 치고 인산인해 이룬다면 주님은 기뻐하지 않으십니다. 아니 주님이 화를 내십니다. 날마다 기도가 업그레이드되기를 주님의 이름으로 축원합니다.

성경적 기업 경영의 원리 (1)
(욥 22:21-30 참고)

엘리바스가 욥을 정죄하고 권하는 내용이지만, 그러나 성경적 원리에 맞는 내용입니다.

"화평을 만드는 자가 복 있는 자"입니다. 예수님은 평화의 왕으로 오셨습니다. 인간의 모든 행, 불행은 하나님과의 관계 여하에 달렸습니다.

1. 하나님과 화목하는 비결

1) 하나님과 화목은 예수 그리스도를 통해서만 가능합니다.
2) 하나님을 만나야 됩니다.
3) 하나님께로 돌아가는 생활(회개)입니다.
4) 하나님 말씀의 교훈을 받아야 합니다.
5) 재물에 대한 욕심을 버려야 합니다.

2. 하나님과 화목하면

1) 평강의 복을 받습니다(21).
2) 흥하는 복을 받습니다(23).
3) 기도응답의 복을 받습니다(27).
4) 형통의 복을 받습니다(28).
5) 구원의 복을 받습니다(29).

하나님과 화목하면, 영원한 구원과 영적인 복을 받고, 사람과 화목하면 육적인 복을 받습니다.

성경적 기업 경영의 원리 (2)
(눅 10:25-37 참고)
〈Go and do likewise〉
가서 너도 이와 같이 하라

호랑이는 죽어서 가죽을 남기나 인생은 그의 업적을 남깁니다. 내 삶이 금생과 후대에 좋은 교훈을 주는 삶이라면 바람직한 삶입니다. 영국의 철학자이자 저술가인 Russel(1872-1970)은 일생 동안 67권의 책을 저술했습니다. 그의 책은 세계 사상사에 남은 정신의 기념비적입니다.

러셀은 인생의 2대 충동으로 소유충동과 창조충동을 말했습니다. 소유충동은 주로 욕심의 지배하에 사는 삶으로 동물적 인간으로 전락하지만 창조충동은 발전과 인격적인 삶으로 만들며 삶의 보람을 찾게 된다고 했습니다.

저는 거기에 추가해서 성경대로 육적 충동과 정신적 충동 그리고 영적 충동으로 정리하고 싶습니다. 정신적 충동은 인격적인 삶으로 향상시키고, 영적 충동은 종교인이 되게 하는데 종교 중에는 자연종교와 계시종교로 구분할 수 있습니다.

계시종교의 요구는 본래 인간으로 회복하는 것입니다. 그러므로 "내가 거룩하니 너희도 거룩하라"는 것이고, 그 거룩의 모델이 예수님의 삶인 것입니다.

인생은 선택의 연속입니다. 학교를 선택하고 남편과 아내를 선택하고 직업을 선택하고 종교를 선택하는데 가장 중요한 것은 인생관 선택입니다. 올바른 인생관 선택은 그의 모든 선택의 바탕이요, 삶의 방향 설정입니다. 오늘 성경에는 세 종류의 인생관, 또는 인생의 발자취가 있습니다.

즉 삶의 스타일이 있습니다. 그리고 예수님이 우리에게 주는 교훈과 요구가 있습니다.

1. 『네 것이 다 내 것이니 주지 않아도 내 것으로 만들겠다』는 삶의 스타일입니다.

이들은 여리고로 가는 사람에게 폭행을 하고 도망갔습니다. 불한당 즉 강도들입니다. 아마 탈취물을 갖고 도망간 줄 압니다. 이 사람들의 삶의 스타일은 노동의 대가로 사는 것도 아닙니다. 물론 자신이 연마한 기술의 대가로 사는 것도 아닙니다. 다른 사람의 것을 내 것으로 빼앗는 자들입니다. 「네 것이 내 것입니다」는 삶의 자세입니다.

오늘 이 땅의 불행은 이런 삶의 스타일 때문에 옵니다. 이 씨 집에 있어야 할 물건이 박 씨의 집에 있습니다. 박 씨 집에 있어야 할 기둥이 주인이 바뀌었다고 소리 지르는 심판의 날이 올 것입니다. 배운 사람은 팬(pen)대로, 권력자는 권력으로, 무식한 자는 무식한 대로 내 것이 아닌 것을 내 것으로 만들어 가지고 사는 자들이 있습니다.

권력의 힘에 의해 어느 날 녹지가 주택지로 바뀌니 몇 만 원짜리 땅이 몇 백만 원짜리 땅으로 둔갑을 하고, 주식을 조작하니 몇 천 원짜리가 몇 십만 원짜리로 거듭납니다. 이것은 다 네 것이 내 것이라는 삶의 스타일, 즉 빼앗아 취하고 먹고 사는 삶입니다.

2. 『내 것은 내 것이고 네 것은 네 것입니다』는 삶의 스타일입니다.

한 제사장과 한 레위 사람과 같은 삶의 스타일입니다. 이 사람들은 도와주어야 할 불한당 만난 자를 피하여 지나갔습니다. 보는 사람이 없기 때문에, 아니면 그 사람을 구해 줄려다 자기도 봉변을 당할까봐, 아니면 자기 일이 바빠서 피하여 갔는지는 모르겠으나 시간을 다투는 구조가 필요한 자임을 알았던 것은 분명합니다.

여기 「마침」이란 말은 「Now by chance」입니다.

구조가 시급한 때에, 때마침 천만다행으로 그 곳으로 가게 되고 보게 되었다는 의미입니다. 그러나 그는 보고 피하여 지나갔습니다. 이 사람의 인생기록카드는 「피하여 지나감」입니다. 이 사람의 인생철학은 내 것은 내 것이고 네 것은 네 것입니다. 그러니까 내 것을 네게 줄 수 없다는 것입니다.

오늘날 이런 삶의 스타일을 가지고 사는 자들이 많습니다. 자본주의의 역기능이 바로 이것입니다. 나는 남에게 손해도 보이지 않고, 또 다른 사람에게 도움을 받지도 않겠다는 삶입니다. 이런 스타일이 제일 많습니다. 주막 주인, 한 레위인, 한 제사장과 같은 삶입니다.

3. 『내 것은 네 것이니 내 것을 다 주겠다. 가져가라』는 삶의 스타일 입니다.

어떤 사마리아 사람입니다. 보는 것은 다 동일합니다. 그러나 이 사람은 불쌍히 여김이 있었습니다. 강도나 제사장. 레위인에게는 불쌍히 여겼다는 기록이 없습니다. 기독교는 가슴의 종교가 되어야 합니다. 모든 행동은 먼저 마음이 움직여야 합니다.

예수님께서 기적을 행하실 때마다 불쌍히 여겼다는 기록이 있습니다. 때로는 눈물을 흘리셨습니다. 우리는 가슴의 신앙이 되어야 합니다. 그리고 거기에서 끝나지 않고 행동으로 발전되었습니다. 기독교는 행동의 종교요, 몸의 종교입니다. 기독교는 동사의 종교입니다.

「기름과 포도주를 상처에 부었습니다」 뿌리는 정도, 바르는 정도가 아닙니다. 부었습니다. 생명을 구하는 일에 물질을 아끼지 않았습니다. 그리고 끝까지 돌보아 주었습니다.

우리는 기름과 포도주를 어디에 사용하고 있습니까?

이 분은 상인이 아닌가 싶습니다. 왜냐하면 사마리아 사람이고 돌아올 때 부비가 더 들면 갚는다는 말씀이 그렇게 추측할 수 있습니다. 이것이 '개같이 벌어서 정승같이 쓴다'는 말과 같은 것이 아니겠습니까? 나의 인생걸음은 어떠했습니까? 남은 발자취는 어떻게 새겨질 것입니까? 그리고 앞으로 어떤 인생철학으로 살려고 합니까?

예수님이 말씀하셨습니다.

"누가 강도 만난 자의 이웃이 되겠느냐?" 자비를 베푼 사마리아 사람입니다. 다시 말씀하십니다. "가서 너도 이와 같이 하라"고 했습니다.

우리가 공부하는 것도 사업을 하는 것도 우리가 성공을 추구하는 것도 섬김의 디딤돌이 되어야 합니다. 우리의 사명은 평안을 포기하는 데서부터 이루어져야 합니다. 육신의 평안보다 마음의 평강과 보람을 추구해야 합니다. 자비를 베푸는 삶, 이것이 바로 성공보다 더 소중한 성품입니다.

켄터베리의 대주교 도날드 코긴 박사는 기독교 목사들에게 이렇게 말했습니다. "염소들에게 잔치를 베푸는 것이 목사의 사명이 아니라, 양들을 먹이는 것이 그들의 의무이다"라고 말했습니다. 레위인이나 제사장에게 그들의 입장을 동조하는 메시지로 일관하는 한 기독교의 본질과 행동강령은 증발되고야 말 것입니다. 이제 우리의 남은 시간은 중요한 시간입니다.

육체 충족과 자기 충족의 노예가 될 것인가? 아니면 자비를 베푸는 즉 이 시대와 이웃이 필요로 하는 사람으로 살 것인가를 결정해야 됩니다.

나와 만나는 사람들은 다 중요한 사람들입니다. 천하보다 귀한 생명이요, 하나님이 창조하신 자들입니다. 가장 중요한 일은 선을 행하는 사람, 즉 자비를 베푸는 삶입니다. 그것이 바로 예수님을 본받는 삶입니다.

맛있는 직분생활
(막 5:13 참고)

"오늘 본문에 너희는 소금이다. 세상의 소금이다. 그런데 만일 그 소금이 싱겁게 된다면 무엇으로 짜게 하겠느냐? 더 이상 쓸모없다. 다만 밖에 버려진 후 사람들에 의하여 밟힐 뿐이다."

신자로서, 제자로서, 사명을 감당하지 못하는 사람은 짠맛을 잃어버려 음식의 맛을 낼 수 없는 소금으로 비유하고 있습니다. 성도들은 이 땅에 살면서 깨끗하고 건강한 사회를 만들어 누구나 살맛나는 세상이 되게 해야 한다는 의미가 있습니다.

빛은 어두운 세상을 밝게 하고 생명을 주고, 소금은 맛을 내게 합니다. 또한 소금은 맛을 내기 전에 부패를 방지합니다. 그러면 장로들(크리스천)이 맛있는 세상을 만들기 위해서는 자신의 직분 생활이 먼저 즐겁고, 행복하며, 보람이 있어야 합니다.

사람이 살아가는 데 기본적으로 세 가지 즐거움이 있어야 합니다.

① 뭐니뭐니 해도 먹는 즐거움입니다.

② 보는 즐거움입니다.

③ 배워서 깨닫는 즐거움입니다.

모르던 것을 알게 될 때 그 즐거움은 비할 데가 없습니다. 먹는 것이 죄가 아닙니다. 먹지 말라는 것을 먹을 때 죄가 됩니다. 보는 것이 죄가 아닙니다. 보지 말아야 할 것을 볼 때 죄를 짓게 됩니다. 배우고 깨닫는 것이 죄가 아닙니다. 하나님과 같이 되려고 할 때 죄가 되는 것입니다.

직분생활은 항상 감사하고, 감격하고, 기쁨으로 해야 합니다. 예수님은 십자가에 죽으러 가시면서도 찬미하며 가셨습니다. 천국은 노래가 있고 맛있는 먹을 것이 풍성하고 기쁨이 있는 곳입니다. 감사가 충만한 곳입니다. 그러나 마귀와 불신자의 영원한 형무소인 지옥은 고통이 있고, 신음의 소리가 있고, 후회가 있고, 눈물이 있는 곳입니다.

1. 맛있는 직분생활은 말씀을 먹는 즐거움이 계속되어야 합니다.

시편 19편 11절에 보면 "꿀과 송이꿀보다 더 달다"고 했습니다. 우리는 성경을 통하여 살고, 자라고 복을 받습니다. 우리는 성경을 통하여 하나님이 무엇을 원하시는지 다 깨닫습니다. 우리는 성경을 통하여 하나님이 무엇을 바라는지를 다 알 수 있습니다. 우리는 성경을 통하여 하나님의 마음과 사랑을 깨달을 수 있습니다. 우리는 성경을 통하여 하나님이 무엇을 기뻐하시는지 다 알 수 있습니다.

성경은 생명의 피가 흐릅니다. 성경은 예수님의 구원 사역을 기록하고 있습니다. 성경은 마귀의 정체를 폭로하고 있습니다. 성경은 천국으로 안내하는 안내 책자와도 같습니다. 성경은 우리를 도우시는 성령의 역사를 보여주고 있습니다. 성경은 하늘의 복과 땅의 복을 받는 비결을 가르쳐 주고 있습니다.

우리는 말씀을 통해 먹는 즐거움과 깨닫는 즐거움을 누려야 하는 것입니다(출판사: 여운학 장로님-성경원론-1,200 성경구절을 암송한다고 합니다).

2. 맛있는 직분생활은 기도 응답의 맛을 누릴 때 가능합니다.

응답의 즐거움이 있어야 합니다. 우리는 기도를 통하여 하나님을 만나고 그리고 문제가 해결되는 응답을 받아야 합니다.

여러분 기도하는 맛을 누려야 합니다. 기도 응답의 행복을 누려야 합니다. 기도가 힘들고 귀찮고 하기 싫으면 신앙생활의 맛을 잃어버린 것입니다. 우리는 기도를 통하여 축복의 약속도 받고 심판의 경고와 약속도 받기에 답답함도 이기고 억울함도 견디고 고난도 유익할 줄 믿는 것입니다(시 119:71).

기도의 맛을 잃어버리면 신앙생활의 맛을 잃어버립니다. 믿는 자들의 joyful life는 기도의 응답입니다. 하나님과의 교제입니다.

3. 맛있는 직분생활은 교제가 잘 이루어질 때입니다.

교제는 화목과 사랑의 교제이어야 합니다. 우리가 만난 것은 사랑하려고 만났지 미워하고 시기하려고 만나지 않았습니다. 소금이 녹아지면 음식에 맛을 냅니다. 내가 희생하고 내가 화목하면 다 좋게 보입니다. 다른 사람이 나를 위해 희생해 달라고 하니 실족하고 서운하고 미워하고 시기하고 사랑의 교제가 단절되는 것입니다.

우리 사회가 왜 맛을 잃어가고 살벌해집니까? 갈등 구조를 만들어 냅니까? 정치를 그렇게 하고 있기 때문이기도 하고 사람들이 이기주의, 개인주의, 유물주의, 향락주의로 살기 때문입니다. 상식이 통하던 시대는 지나갔습니다. 백성을 속이고 등장한 정권은 계속 속이려고만 하고 있습니다. 그래서 사기 이벤트만 연구하고 있습니다. 앞으로 금년, 내년 사기 이벤트를 많이 만들어 낼 것입니다.

사랑이 있어야, 사랑의 교제가 있어야 살 맛 나는 가정이 됩니다. 사랑이 있어야, 사랑의 교제가 있어야 살 맛 나는 사회가 됩니다. 사랑의 교제는 보배 중의 보배요, 복 중의 복입니다. 사랑이 없는 교제는 아무런 즐거움도 없습니다. 시편 133편에 "형제가 연합하여 동거함이 어찌 그리 선하고 아름다운고"라고 했습니다.

4. 맛있는 직분생활은 순종의 맛과 즐거움을 누려야 합니다.

하나님의 말씀에 순종해야 합니다. 성령의 감동에 순종해야 합니다. 사명에 순종해야 합니다.

순종하니 기적이 일어나고, 순종하니 안 될 것 같은 것이 되고, 순종하니 마음이 기쁘고, 순종하니 축복이 따라오니 그 순종의 맛과 기쁨을 누리지 않을 수 없는 것입니다.

사명에 순종하는 길은 십자가를 져야 합니다. 말씀에 순종하고자 할 때 고난을 각오해야 합니다. 그러나 십지가 뒤에 부활의 영광이 있고, 고난 뒤에 승리가 있고, 순종 뒤에 축복이 있기 때문에 맛을 느끼는 것입니다. 기쁜 것입니다. 믿음에 의한 기대 심리는 헛된 꿈이 아닙니다.

여러분!

변함없이 순종했는데도 기쁨이 없고, 축복이 없습니까? 또한 불순종했는데도 중심에 기쁨이 솟아납니까?

여러분!

여러분들이 맛있는 직분생활을 할 것인가? 기쁨도, 행복도, 맛도, 체험도 없는 직분생활을 할 것인가는 각자의 결단과 태도에 달렸습니다.

탕자의 아버지는 탕자를 변함없이 사랑하고 있지만, 그래서 돌아오기를 기다리시지만 가서 멱살을 잡고 끌고 오지는 않았습니다. 탕자 스스로 결단하고 돌아오기를 기다리셨습니다. 탕자의 결단의 행동의 결과가 어떻게 되었습니까? 감사와 기쁨과 행복이 아닙니까?

5. 맛있는 직분생활은 주는 기쁨, 나누는 재미입니다. 그리고 무엇보다 하나님께 드리는 행복입니다.

열심히 노력해서 얻는 지식이나 지위나 재능이나 물질, 건강을 나누기 위한 것이어야 합니다. 주는 기쁨, 나누는 재미 얼마나 맛있고, 멋있는지 체험해 보지 않는 자는 모릅니다.

누가복음 6장 38절 "주라 그리하면 너희에게 줄 것이니, 곧 후히 되어 누르고 흔들어 넘치도록 하여 너희에게 안겨 주리라 너희의 헤아리는 그 헤아림으로 너희도 헤아림을 도로 받은 것이니라"고 했습니다.

고인 물은 썩지만 계속 마시는 물은 썩지 않습니다. 우리는 모든 것이 하나님께 바치기 위해 이웃에게 주고 나누기 위한 것이어야 합니다.

공산체제는 가지지 못한 자들에게 나누어 준다는 선동하에 가진 자들의 것을 빼앗고 착취하고 강탈했습니다. 그러나 실상은 제대로 나눈 공산체제가 지구상에는 없습니다. 모두 독재자들의 개인 소유물, 독재 정권 유지 재산으로 만들어 버렸습니다.

그러므로 오늘날 사학 재단에 대한 사학법을 교계 지도자들이 5천 명, 만

명 모여 기도하며 순교적 각오로 막는 것은 사유재산을 빼앗고, 교육계를 사로잡아 공산화시키려고 수순을 밟고 있는 악법이기 때문입니다. 공산주의와 민주주의는 "양극화"될 수밖에 없습니다.

그러나 우리 사회가 양극화는 아닙니다. 양극화는 극한 대립 현상인데 주로 이념문제입니다. 지금 우리는 10%도 안 되는 공산주의자들 때문에 그들이 사생결단으로 선동과 사기를 치기 때문에 전·분야에 이용당하고 있는 것입니다.

그러므로 양극화를 조장하고 선동하는 계략에 이용당하지 말아야 합니다. 주고 나눈 것이 수고한 자, 가진 자의 보람입니다. 우리가 드리고, 주고, 나누는 생활을 할 때 우리의 직분 생활은 즐겁습니다. 맛을 느낍니다.

6. 맛있는 직분생활은 성령 충만이 계속되어야 합니다.

예수님께서도 성령으로 기뻐하셨습니다. 바울과 실라는 성령 충만해서 옥중에서도 기도하고 찬미했습니다. 성령 충만한 스데반은 돌에 맞아 죽으면서도 그 얼굴이 천사의 얼굴 같았다고 그 죽음의 광경(모습)을 본 자들이 기록하고 있습니다. 성령이 내 마음을 주장하면 기쁨과 평강과 사랑과 소망이 넘칩니다. 악령은 마음에 불안을 줍니다. 슬픈 기색을 하도록 합니다. 성령이 내 마음을 주장하는데 사단의 표정과 사단 이미지가 나타날 수 없습니다.

사도행전 13장 52절을 보십시오.

"제자들은 기쁨과 성령이 충만하리라"고 했습니다. 성령이 역사하는 곳에는 기쁨과 감사가 넘칩니다. 어차피 우리 모두 믿다가 죽어서 천국 갈 것인데 기쁘게, 감사하게, 맛있는 직분생활을 하시기를 주님의 이름으로 축원합니다. 아멘.

능력을 발휘하는 성도
(사 40:27-31 참고)

세상은 힘이 지배하는 시대입니다. 힘이 선하게 사용될 때는 훌륭한 지도력을 발휘할 수 있습니다. 그러나 힘이 악하게 사용될 때는 포악한 지배력이 됩니다. 힘이 만사를 결정하고 모든 것을 이끌어 갑니다. 힘이 없으면 세상에 되는 일이 없습니다.

힘이 없는 정의는 불의를 이기지 못합니다. 아무리 훌륭하고 좋은 뜻을 가슴이 터지도록 품었다 할지라도 힘이 없으면 물거품처럼 사라지고 맙니다. 우리나라는 61년 전 해방이 되기까지는 36년이란 기나긴 세월 동안 일본의 압제 밑에 살았습니다. 이것은 우리가 힘이 없었기에 일본의 침략에 자유를 강탈당한 것입니다. 그래서 오랜 세월 육체적 자유, 정신적 자유, 정치적 자유, 문화적 자유, 신앙과 양심의 자유까지 빼앗겼던 것입니다.

우리의 영적인 세계, 신앙생활의 세계도 마찬가지입니다. 힘이 없는 성도는 우는 사자 같은 사단에게 밥이 되고 맙니다. 사도행전의 초대 교회 부흥은 사도들에게 힘 있는 성령이 임했습니다. 주님의 능력 있는 말씀이 역사했고 은사가 힘 있게 나타났습니다. 우리가 신앙생활 할 때도 능력 있는 신자가 있는가 하면 능력 없는 신자도 있고 또는 한 때 능력 있는 생활을 하다가 지금에 와서는 그 능력을 잃어버린 사람도 있습니다. 우리가 예수 믿는 신자가 되어도 능력 잃어버리면 머리카락 잘린 삼손처럼 불행해집니다.

그러므로 성도는 힘이 있어야 합니다. 성도는 천국 가는 날까지 세 가지 대적과 싸워야 합니다. 육신의 정욕과 안목의 정욕, 이생의 자랑입니다. 이 3대 적에게 지면 마귀의 밥이 되고 지옥의 공동체의 일원이 되고 맙니다. 복음을 전하는 일에도 힘이 있어야 합니다. 말을 할 때도 그렇습니다. 무슨 말을 했느냐보다는 누가 그 말을 했느냐가 더 중요합니다. 인격에 흠이 있는 자의 말은 사람들에게 어필되지 않습니다.

세상에는 보편적인 세 가지 힘이 있습니다.

1. 금력입니다.

돈을 가진 자가 힘이 있다는 것입니다. 금력은 인생의 가장 근본적이고 필수적인 수단입니다. 돈 가지면 어눌한 말이라도 힘이 있습니다. 듣기 싫어도 듣는 척 합니다. 아부합니다. 그러나 돈이 전부는 아닙니다. 인생의 목적이 되어서는 안 됩니다. 인격자에게 주어진 돈은 유익을 주지만 비인격자가 가진 돈은 어린이가 칼을 든 것과 같습니다.

2. 지력입니다.

아는 것이 힘입니다. 금력만 있고 지력이 없으면 그 금력은 오래가지 못합니다. 맥아더 장군의 아버지가 항상 하는 격언이 "머리가 텅 빈 사람이 쏘는 화살에는 힘이 없는 법이다"라고 했습니다. 속된 말로 알아야 면장을 합니다. 요즈음 세상이 이상하게 돌아가서 초보 운전자들이 고참 운전자들을 다 밀어내고 있습니다. 장인 정신이 푸대접을 받습니다. 거꾸로 가는 세상입니다. 우리는 무엇이든지 충분히 배우고 준비해서 해야 합니다. 교회 일도 마찬가지입니다. 알아야 합니다. 알고해야 합니다.

3. 영력입니다.

이 힘은 하나님께로서 오는 힘입니다. 출애굽기 15장 2절에 "여호와는 나의 힘이니라" 고 했습니다. "하나님의 나라는 말에 있지 않고 오직 능력에 있다"라고 했습니다(고전 4:20).

로마서 8장 9절에 "누구든지 그리스도의 영이 없으면 그리스도의 사람이 아니니라"했습니다. 영력은 금력이나 지력을 초월합니다. 오늘 이 세대의 문제나 위기는 영력 있는 지도자, 영력 있는 백성의 수가 많지 않은 데 있습니다. 신자는 비록 체력이나 재력이나, 권력이나, 지식이나, 무력이 없다 해도 성령의 능력을 소유해야 합니다. 그럴 때에 승리할 줄 믿습니다.

힘을 가꾸어야 합니다. 있는 힘을 키워야 합니다. 어떤 힘이든지 힘은 키워야 합니다. 힘은 길러서 큰 힘이 되어야 역사를 이룹니다. 사과나무가 사과열매를 내기까지는 가지가 무게를 견디도록 튼튼해야 합니다. 힘을 기르지 못한 나라는 적에게 먹힙니다.

지금 우리는 영적 경쟁 시대에 살아가고 있습니다. 영적인 힘이 없는 교인은 세속화됩니다. 영적인 힘이 없는 교회는 날마다 퇴보합니다. 그러나 영력 있는 교회는 시험을 이깁니다. 유혹에 넘어지지 않습니다. 우리나라도 힘을 길러야 합니다. 선진국이 머리를 싸매고 신제품 개발에 열중하고 있는데 우리는 대모나 하고, 촛불 시위나 하고, 온라인 포르노에 정신 상태가 병들어 있고, 담배 연기 자욱한 다방에 앉아 시간을 소비하면 되겠습니까?

우리는 힘을 길러야 합니다. 생산적인 힘을 쏟아야 하는데 거리의 투사들, 대모 진압에 국력을 낭비하고 있습니다. 북한은 적화 통일 목표를 바꾸지 않고, 3백만이 굶어 죽어도 핵무기를 만들고 미사일을 만들어 쌓아 놓고 국제 깡패 국가로 행세하고 있는데 허황된 감언이설에 속아서 무장 해제 하고 있으면 되겠습니까?

힘을 길러야 됩니다. 힘이 없으면 농사는 내가 짓고 열매는 적군의 식탁에 가 있습니다. 임진왜란이 나기 전 일본에 사신으로 다녀온 황윤길이가 일본의 이상한 낌새를 얘기했습니다. 그러나 조정에서는 국방을 튼튼히 해야 한다는 데 중지를 모으기는커녕 당파 싸움과 자리다툼 기생방 출입을 하며 기강이 무너지고 있었습니다. 힘이 없는 성도는 발에 밟히는 소금이 되고 말 것입니다.

성도의 말은 누가 들어도 인정받아야만 합니다. 성도의 행동은 누가 보아도 인정되어야 합니다. 성도의 힘은 구조와 제도의 힘이 아니라 인격의 힘입니다. 신앙의 힘입니다. 자기가 죽는 힘입니다. 낮아지는 힘입니다. 십자가를 지는 힘입니다. 패배자 같으나 부활하는 힘입니다.

성도는 힘을 모아야 합니다. 개인의 힘이 하나로 모아져야 합니다. 그럴 때에야 강력한 능력을 나타내게 됩니다. 이승만 대통령이 백성들에게 호소하기를 "뭉치면 살고 흩어지면 죽는다"라고 했습니다. 왜냐하면 우리는 약한 힘 밖에 없었습니다. 그러나 약한 힘이라도 모이면 큰 힘이 도는 것입니다. 개울

물이 한 곳으로 모이면 호수를 이루지만 이것이 흩어져버리면 아무것도 아닙니다. 그래서 제가 어릴 때 유년주일학교에서 이런 노래를 배웠습니다.

"모래알이 비록 적고 적으나 쌓이고 쌓이면 큰 뫼가 된다. 빗방울이 비록 적고 적으나 모이고 모이면 바다가 된다"

가내야마 초대 일본 대사가 임기를 마치고 귀국할 때 어떤 기자가 물었습니다. 한국을 어떻게 보느냐 라고 묻자 이렇게 대답했습니다. " 일본인과 한국인이 일대일로 싸우면 우리 일본인이 틀림없이 지지만 일본인3인과 한국인 3인이 싸우면 그때는 문제가 달라진다고 했습니다. 무슨 말이냐 하면 일본인은 단결심이 강하고 한국인은 단결심이 약하다는 것입니다.

지금 우리나라를 보십시오. 북한의 교란 공작에 놀아나고 이용당하기 때문입니다. 또한 일제의 잔재입니다. 그들이 우리가 단결하지 못하도록 감투를 주어 자신의 하수인으로 만들었습니다. 남북이 갈라질 때도 그러하지 않았습니까? 불평분자들을 포섭해서 이용하지 않았습니까? 왜 우리가 단결하지 못합니까? 3.1절 기미년 독립만세를 부를 때 얼마나 단결이 잘 되었습니까? 그런데 주변 국가의 교란 작전에 의해서 어리석게 이용당하고 있습니다. 우리는 단합이 잘되는 고대사의 전통을 다시 찾아야합니다.

제2차 세계대전 후 잿더미 위에 앉은 독일이 오늘날에 와서는 저렇게 부강을 이루어 놓은 것은 무엇 때문입니까? 게르만 민족의 단결된 힘의 소산이 아니겠습니까? 역사적으로 볼 때 연개소문 장군의 세 아들의 분열은 결국 고구려가 망하게 되는 비극을 맞지 아니하였습니까?

중국을 통일한 징기스칸이 하루는 아들 4형제들을 불러 놓고 그들에게 유언으로 실물교육을 시켰습니다. 징기스칸은 아들들에게 막대기 하나씩을 나누어 주면서 부러뜨려 보라고 했습니다. 그들은 쉽사리 부러뜨렸습니다. 두 번째는 2개를 주었습니다. 두 번째도 무난히 부러뜨렸습니다. 다음 세 번째는 3개를 주니 부러뜨리기는 했으나 온갖 힘을 다해서 겨우 부러뜨렸습니다. 마지막으로 4개를 나누어 주자 모두들 부러뜨릴 수 없었습니다. 이 때 징기스칸은 비로소 말했습니다.

"너희들 하나하나는 약하지만 4형제가 힘을 모아서 나라를 지켜나 가면 어느 누구도 너희들을 무너뜨리지 못할 것이다"라고 했습니다.

여러분, 우리가 알 것은 기적이나 하나님의 능력은 탕자가 술집에서 팁을 뿌리 듯 마구 주어지는 것이 아니라는 것입니다. 사람들이 간절한 마음이 한데 모아지고 생각과 기도가 완전히 뜨겁도록 하나가 되어질 때 역사가 일어나는 줄 믿으시기 바랍니다. 삼겹줄은 쉽게 끊어지지 않습니다. 어느 단체나 조직이든 도떼기시장처럼 문란해지면 망하는 것입니다.

여러분, 사도행전의 교회가 왜 능력의 교회였는가를 살펴보니 "모였다" "같이"라는 단어가 많이 나옵니다. 마음을 같이, 기도를 같이, 구제를 같이, 사랑을 같이, 전도를 같이 하여 힘을 모았습니다.

여러분! 우리교회 한 가정, 한 사람을 볼 때는 힘이 없습니다. 저도 우리 지역 수준을 맞추는 데 보통 힘들지 않았습니다. 큰 재벌도, 학 박사도, 유명인도, 권력자도 없습니다. 그러나 한 사람 한 사람 힘을 합할 때 어느 교회 못하지 않은 큰 역사를 이룰 줄 믿습니다.

사이공 대학 3학년 다니다가 한국에 온 칭승이란 젊은이가 월남이 패망하게 된 것은 힘이 없어서가 아니라 힘을 한데 뭉치는 데 실패했기 때문이라고 했습니다. 얼마나 뼈에 사무치는 절규입니까? 이스라엘 300만 명이 아랍1억 인구를 6일 동안 어떻게 물리쳤나요? 그들은 똘똘 뭉쳤습니다. 월남의 힘의 분산은 간첩들 때문이었습니다.

국방부에도, 대통령 보좌관도 간첩이 들어가 마음을 분열시키고, 힘을 분열시켰던 것입니다. 우리나라도 보수, 진보, 수구, 개혁으로 왜 갈라놓습니까? 보수도 있어야 하고, 진보도 있어야 하고, 어느 나라이든 수구가 있어야 개혁을 해도 나라가 흔들리지 않습니다.

왜 역사를 파괴합니까? 왜 질서를 파괴합니까? 목적이 무엇입니까? 왜 원수 삼을 재료만 찾고 있습니까? 힘을 분산시키기 위한 교묘한 검은 동기가 숨어 있다는 사실을 명심해야 합니다.

오늘 본문의 31절에 새 힘이 나옵니다. 힘 중의 제일 좋은 힘은 새 힘입니다. 이 새 힘은 하나님이 주십니다.

마지막으로 힘을 잘 선용해야 합니다. 기르고 모아서 뭉친 힘을 잘 써야 합니다. 힘을 잘 못쓰면 그것이 파괴를 일삼게 되고 스스로 불행하게 됩니다. 좀 죄송한 표현이지만 고춧가루를 반찬에 넣으면 입맛을 내지만 눈에 넣으면 큰 일 납니다. 물이 없으면 목말라 죽지만 코에 부으면 숨을 못 쉽니다. 물고문이 됩니다.

잠언 31장 3절에 "네 힘을 여자에게 쓰지 말라"고 했습니다. 삼손은 힘을 잘못 사용하여 패배하고 비참하게 되었습니다. 요셉은 천신만고 끝에 모든 권력을 민족을 보호하는 데 사용했습니다. 우리 각자는 저력이 있습니다. 이 힘을 기르고 모아서 하나님께 영광 돌립시다.

할렐루야!

인자되신 예수님의 살과 피
(요 6:52-59 참고)

예수님은 하나님이십니다. 예수님은 하나님의 아들로 이 세상에 오셨습니다. 그러므로 예수님은 참 하나님이시며 참 사람이십니다.

인자는 참 사람이란 뜻입니다. 성경에 인자는 죄가 없는 사람을 의미합니다. 신약에서 인자란 말이 80회 이상 사용되고 있습니다.

인자는,

① 장차 올 자에 대한 설명입니다.

② 고난과 죽음에 관한 내용이 있습니다.

③ 교훈과 병 고침에 대한 그의 지상의 사역을 설명할 때 인자란 말을 사용했습니다.

그러므로 여기에 인자란 말은 살과 피가 있는 몸을 입으신 예수님, 그리고 십자가에서 피와 물을 쏟으시고, 고난당하시고, 죽으셔야 하는 예수님에 대해 말씀하시기 위해 "인자"라는 말을 사용하셨습니다.

다시 말씀드립니다만, 예수님이 사람의 몸을 입고, 이 땅에 오시고, 직접적으로 고난당하실 것을 말할 때는 "인자"라고 말씀하셨다는 것입니다.

오늘 본문 6장 51-59절까지는 예수님의 설교 중 세 번째 부분입니다. 먼저 생명의 떡에 대해 말씀하셨습니다. 이 떡은 하늘에서 내려온 떡이기에 떡은 떡이로되 신성하고 신비한 떡입니다.

이 떡은 산 떡입니다. 산 떡이기에 생명을 줍니다. 그러므로 이 떡은 세상을 위한 생명의 떡입니다. 생명을 위한 떡이기에 충분하다는 것입니다. 이 떡이 사람들에게 주어졌습니다.

이스라엘 백성들이 광야에서 만나를 먹었지만, 죽음이 없어지거나, 영생을 보장받은 것은 아닙니다. 그러나 이 떡을 먹는 자는 죽지 않고 영생을 얻습니다. 이 떡은 하나님에서 내려온 참된 만나라는 것입니다. 그리고 이 떡이 누구냐? 예수 그리스도가 떡인데 산 떡이요, 영생하는 떡이라는 사실입니다. 이것이 기독교의 신비요, 신성입니다. 여기 먹는다는 것은 믿는 것을 의미합니다. 체험적으로 믿는 것을 의미합니다. 그리고 이어서 인자의 살과 피에 대해서 말씀하고 있습니다.

이 인자의 살과 피도 먹고 마셔야 생명이 있다고 말씀하십니다. 이 말씀도 문자적으로 해석하면 식인종이 될 것입니다.

랄프 엘스킨은 "그리스도는 내 생명의 피이시다. 그리스도가 그의 살과 피로 나를 먹이시지 않으시면 나는 살 수 없다"고 했습니다.

1. 영적 생명은 예수님의 피를 마시는 데부터 시작됩니다.

피는 생명입니다. 우리가 예수님을 구주로 영접하는 순간에 그때부터 예수님의 피가 내 속에 흐르게 됩니다. 예수님께서 친히 "인자의 살과 피는 참된 양식이다"고 하셨습니다(55).

여기 살과 피를 먹는다는 것은 다시 설명 드립니다만 그리스도에 대한 사모와 갈급함이 음식을 사모하는 것처럼 있다는 것입니다. 또한 먹는 양식만이 영양이 되듯이 믿는 자만이 영생을 얻습니다. 이것은 예수 그리스도를 실제로 우리 삶에 적용시키는 것입니다. 뿐만 아니라 먹는 것은 즐거움과 힘이 되듯이 그리스도와의 즐거운 교제를 의미합니다. 인간의 주영양분은 음식입니다.

먹는다는 것은 그에게서 오는 영양분을 뜻합니다. 그 영양분 섭취가 예수님을 믿는 것, 영접하는 것입니다. 영접하는 것이 곧 그를 먹고 마시는 일입니다.

2. 예수 그리스도를 먹고 마시는 자만이 영생을 소유하게 됩니다 (요6:54).

범죄 후 사람의 피는 죽습니다. 그러나 하나님의 혈통 즉, 성령을 통해 다시 태어나게 될 때 죽은 피가 아닌 살리는 피인 예수 그리스도의 피가 우리를 살리게 되는 것입니다.

요한복음(본문) 6장 56절에는 예수님의 피를 먹는 자는 예수 안에 거하고, 예수도 그 안에 거한다고 했습니다. 우리가 예수 안에 거하고 예수 내 안에 거하면 필연적으로 생명을 얻게 되고 예수와 불가분리의 관계를 맺게 되는 것입니다. 병에 걸린 사람의 피를 수혈하면 그 병에 걸리듯이 예수 그리스도의 피를 받으면 예수님의 생명을 얻게 되는 것입니다.

마태복음 26장 25절에는 예수께서 흘리는 피는 죄사함을 얻게 하려고 많은 사람을 위하여 흘리는 언약의 피라고 했습니다.

3. 영적인 생명은 인자의 죽음과 믿음으로 통해서만 오게 됩니다.

주님은 죽기 위해 오셨습니다. 죽어야 하기 때문에 사람의 몸을 입으셨습니다. 영은 죽음이 없습니다. 영의 죽음은 하나님과의 교제의 단절입니다. 주님의 살과 피는 죽지 않으면 우리에게 유익이 될 수 없습니다. 주님의 대속의 죽음에 의해서만 우리가 영생을 얻게 됩니다.

우리는 십자가에서 완전히 죽으신 예수님을 믿음으로 받아들일 때 영적인 생명을 얻게 됩니다. 우리는 예수님을 먹고 마시는 것처럼 간절히, 그리고 단순하게 믿어야 합니다. 그럴 때 영원한 영적인 생명을 얻게 되는 것입니다.

4. 영적인 생명은 주님이 함께 하실 때 유지가 됩니다.

주님과 함께 하실 때 주님의 생명과 인격에 동참하게 되고, 예수 그리스도를 닮아가는 영적인 생명이 되는 것입니다.

사랑하는 성도 여러분! 오늘 이 거룩한 예식에 참여한 여러분!

인자되신 예수 그리스도께서 사람의 몸을 입고, 살과 피가 있는 몸을 입고 이 땅에 오신 것은 그리고 배척의 고난과 억울한 누명의 고난과 수치와 모욕을 참으신 것은 그리고 십자가를 지시고, 십자가 위에서 죄 없으신 분이 죄인으로 죽으신 것은, 물과 피를 쏟으시고 비참하게 죽으신 것은 우리에게 영원한 생명을 주시기 위함인 줄 믿으시기 바랍니다.

그러므로 누구든지 예수 그리스도의 피를 믿는 자는 영생하는 피, 영원한 생명에 동참하는 줄 믿으시기를 주님의 이름으로 축원합니다.

*
행복은 자연산이 아니라 양식입니다
*
초판 1쇄 - 2007년 9월 30일
*
지은이 - 김 기 원
펴낸이 - 채 주 희
펴낸곳 - 엘맨출판사
*
서울시 마포구 합정동 433-62
출판등록 - 제10-1562호(1985.10.29)
*
Tel. 02-323-4060. Fax, 02-323-6416
E-mail - elman1985@hanmail.net
*
잘못된 책은 바꾸어 드립니다.
무단복제를 금합니다.
*
값 12,000원